会津の文人たち

笹川壽夫

歴史春秋社

会津の文人たち

文人とは

「文人」という言葉は、非常に広い意味合いを持ち、且つ微妙に食い違うところがある。それほど曖昧な意味を持つ言葉である。時代によって、内容も異なるし、使われるカテゴリーも違うのである。「多芸で、反俗的で、作品のみならず自らの生活をも芸術化しているといった要素が、文人と呼ばれるものの条件」（塚原学『地方文人』教育社）というところが一般的な最大公約数であろう。さらに付け加えるならば、「武人」に対する「文人」という対語によれば、はっきりするだろう。

近世の人名録の分類によると、「儒家」「詩人」「書家」「画家」「歌人」「俳人」「和学者」「医者」「物産」「数学」「種芸」などが文人の範疇に含まれる。江戸の成熟した時代になってくると、個性的で、多種多芸な文人たちが多く登場する。俳人や戯作者、画家、狂歌人などが文人としての存在を誇示してくる時代になってくる。

ここでは、学者、教育者とか、学芸全般に関わっている文化人といった幅広い意味にとりたい。つまり、「文人」という言葉を「武人」の対立概念として幅広くとらえる事にする。

始めに仏教文化ありき

会津の文化の始まりは、仏教文化であった。それは全国どこでも当てはまる事だ。だからこの時代の文人とは、僧侶が代表していた事はいうまでもないだろう。

九世紀初めに徳一《とくいつ》が仏教の教義を齎《もた》らした事から会津に初めて文化が芽生えた。これは画期的な出来事だった。徳一は、奈良東大寺の修円に学んだ新進気鋭の法相宗《ほっそうしゅう》の学僧であった。

当時、官寺の特権に胡坐《あぐら》をかいて戒律を守ろうとしない堕落した僧たちの姿を見て、彼は東国という新天地にやって来たという。ところが、徳一がなぜ会津という所にやって来たかは不明である。

しかし、結果的に見て徳一が仏教の教義を説いた事が、会津の文化を高めるきっかけになったのは確かである。しかも、徳一の周りには幾多の仏教集団を連れて来た形跡も考えられる。それは会津に残された仏像からも判断できよう。

中世に入ると、ますます仏教文化が繁栄してくる。特に禅僧を中心に、鎌倉新仏教の影響が目覚ましいものとなってくる。さらに、大陸との様々な文化交流は仏教僧を通して大きく進化してくる。

全国への中国文化・漢学の伝播《でんぱ》は目覚ましいものがあった。会津においても葦名時代になって学問の主流は仏教の影響の下にあった。したがってこの時代に、名僧高僧が数多く輩出された事によっても、会津の文化・学問が高い水準に達していた事がよくわかる。その高僧たちは、ほとんど葦名氏との関係が深かったのも注目すべき事であろう。

覚明《かくみょう》（一二七二～一三六二）、日什《にちじゅう》（一三一四～一三九二）、源翁《げんのう》（一三二九～一四〇〇）、傑堂《けつどう》（一三五五～一四二七）、岌州《ぎゅうしゅう》（？～一五九二）、天海《てんかい》（一五三六～一六四三）たちが全国規模で活躍する。

文人としての蒲生氏郷の影響

一方、貴族は和歌の世界に閉じ籠もってしまうが、「古今伝授《こきんでんじゅ》」などによって和歌の世界におけるイニシアティブをとっていた。中世後期になると、新文芸の連歌《れんが》が盛んになってくる。会津においても神社、寺院を中心に連歌の催しが行われている。

会津を代表する猪苗代兼載《けんさい》が連歌界で活躍する。彼は堯恵《ぎょうえ》から「古今伝授」を受け、飛鳥井雅親《あすかいまさやす》に和歌を学び、連歌を心敬《しんけい》に師事している。延徳元年（一四八九）北野天満宮連歌会所奉行に就任している。そして、宗祇《そうぎ》と共に『新撰菟玖波集《しんせんつくばしゅう》』を編纂する。このように、当時の文人としての兼載の存在は大きかった。

戦国時代になると、次第に武士階級が文化の担い手として登場してくる。この頃、会津では葦名の重臣金上盛備《かながみもりはる》と蒲生氏郷《がもううじさと》が和歌においては目立つ存在だった。金上盛備は、伊達氏との戦いで討死しており、歌人としてそれほど知られてはいないが、当時の有名な歌人であった細川幽斎《ゆうさい》の高弟であった。

蒲生氏郷の会津支配は、天正十八年（一五九〇）から文禄四年（一五九五）までの僅か五年あまりであった。武人のみならず、文人としても知られた武将である。歌道を三条西実枝《さんじょうにしさねき》、谷宗養、里村紹巴《じょうは》らに学ぶ。また、紀行文には『蒲生氏郷紀行』（『群書類従』巻三三九所収）がある。茶道においても千利休の七人の弟子の中に数えられている。利休切腹の天正十九年（一五九一）会津入りした時に千少庵を預って連れて来た。それはまさに千家の茶道の跡を守ったともいえよう。このように、蒲生氏郷は会津における文武両道の草分けともいえる人物だった。

藩祖保科正之の学問

近世の文人の世界を見てみると、会津藩主保科正之《ほしなまさゆき》の影響が大きかった。江戸時代も徳川四代将軍家綱の世になると、「武断政治」から「文治政治」へと移り変わってくる。その時、幕政の中心にいたのが保科正之だった。

各藩でも武力重視の時代から内政重視の時代へとなり、文化的学問が盛況となる。そして、平和が長く続いた時代に、藩士たちは武官よりも文官の能力が求められるようになる。その為、各藩では藩校を開校して、様々な文化的な活動が盛んになってくる。

会津の学問は、藩祖保科正之の唱えた学問を受け継ぎ、後々まで引きずる事となる。正之の主張する儒学（朱子学）や神道の学は、強烈に後々の藩士たちに受け継がれていく。

正之は儒学を初め高遠藩《たかとおはん》時代、建福寺の鉄舟から学んだ。承応元年（一六五二）四十歳頃、朱子の『小学』を読み、学問の要は儒学にあると悟り、仏教・老荘の書を焼いてしまったという話が伝わっている。その後、人倫を実行する儒学にこそ学の基本があるとして、寛文五年（一六六五）、山崎闇斎《あんさい》を師として本格的に儒学の講義を受けている。闇斎は神道にも強い関心を寄せ、吉川惟足《これたり》から吉田神道を学び、「垂加霊社《しでます》」の神号を授けられる。

正之も吉川惟足に師事し「土津霊社《はにつ》」の神号を贈られる。ここで正之は惟足との問答から、五倫のうちでも儒は「孝」を第一としているが、「君」の為に「親」を捨てる道はあれども、「親」の為に「君」を捨てる道はない、という惟足の主張に共感を覚えている。

そして、「我が神ながらの道は殆んど仏徒に犯されている」として会津領内で邪祠などを廃して、正しい神の道を再興しようとしている。正之の前までは仏教信仰が篤かったが、正之の時代になり俄然神道崇敬の精神が重んじられてくるのである。

会津藩の教育重視

寛文四年（一六六四）閏五月、儒学者横田俊益《としのます》の提唱によって、若松城下に学問所が開かれた。これは民間人によるものとしては、日本最初の私立の学問所だった。「稽古堂」と名付けられ、士農工商の子弟数百人が金を出し合って開いたのである。

この事は、当時の会津人の学問への願望ぶりがいかに強かったかが、よく窺われる大きな出来事であった。俊益の希望で、肥前国の禅僧、無為庵如黙《むいあんじょもく》を堂主に立てた。受講者が堂外に溢れるほどの盛況ぶりだった。

この「稽古堂」こそ、会津の学問が第一歩を踏み出した記念すべき出来事であった。元禄二年（一六八九）になると、この稽古堂は廃され、代わりに藩経営の「講所」が開かれる。

藩学の儒教に対して、それ以外の学問としては、島田貞継《さだつぐ》、安藤有益《ゆうえき》らの算法・暦学の発展では見るべきものがあった。また、会津の農業に大きな影響を与えた佐瀬与次右衛門が果たした役割は大きい。彼の著書『会津農書』は現在でもその価値を高く評価する研究者が多い。

彼の農学は、あくまで実践の中から出てきた事に特徴がある。さらに、一般の農民にも理解できるようにと、農事に関する事柄を千六百七十首ほどの歌で作った。それを『会津歌農書』に著して啓蒙している事は、この当時、極めて目新しかった。このように、学問の分野は広くなってくる。

田中玄宰の教育改革

江戸の中期になると、世は朱子学から荻生徂徠《そらい》の天下を統治する「経世学《けいせいがく》」へと関心度が移り変わる思潮にあった。「修己」の個別倫理だけでは不十分で、学問の実用性を重視し、学問を統治の場に生かすべきだという徂徠の考えは新鮮なものだった。

江戸中期から社会構造が変化し、貨幣制度が強く押し寄せてくる。そして、農業だけでは経済の成長が停滞してくるのである。会津藩では藩祖正之没後、百年ほど経つと、泰平に慣れた怠惰な空気が漂う。寛延三年（一七五〇）には約三十万両ほどだった負債が、二十年ほどの間に約二倍の五十七万両に増えてしまった。財政的には破綻寸前の状態となってきた。それらを乗り越えて各種の改革を試みたのが田中玄宰《はるなか》であった。

徂徠学を尊信していた田中玄宰は、熊本藩の細川重賢《しげかた》の藩政刷新に着目した。それに携わった古屋昔陽《せきよう》を招聘し、財政改革をはじめ、学制改革など各種の改革を行った。闇斎派の学問が主力であった藩学に、徂徠派の学を導入する事には、様々な抵抗があって並大抵な事ではなかったが、五代藩主容頌《かたのぶ》の後押しを得て思い切った政策を採った。

特に田中玄宰は殖産興業の奨励と文武両道に力を尽くした。その結果、寛政の教育改革の一環として藩校日新館を享和元年（一八〇一）十月に落成させた。この事は会津の学問の発展に大きな影響を与えた。

藩士のすべての子弟たちは義務制の学校として段階を経て、順を追って文武の道を学ぶ事となった。ここでは、学問・文芸・神道・歌道・雅楽・謡曲・書道・天文・算術・医学以下文武百般に関する学問を教えていた。したがって、様々な学問を修める事ができたのである。学問のレベルも全国的に見ても高く、質の高い総合的な教育が行われるようになった。

一方、町方や在郷では、塾が各地で開かれ庶民の学問熱も高まってきた。また、武士が和歌を学ぶと同時に、庶民は俳諧を嗜む者が多くなり、会津各地に寺子屋が開かれ、武士以外の文人たちの活躍も目覚ましいものがあった。これにより、会津は相当レベルの高い教育が行われていた事がよくわかる。

文武両道のすすめ

十八世紀の中頃になると「文」も「武」と同じくらい重視されてくる。そして、「文武両道」とか「文武兼備」とかいう事が叫ばれてくる。会津藩でも寛政の改革から文官も重用され始めてきた。『家世實紀』の天明の八、九年の項にも、「文武の修業を勧める」とか「諸臣の子弟に文武を講習させる」とかの言葉がしきりに出てきている。

「武」を修める場合でも、一つだけの専門分野に留まらず、藩の方針だが、複数の武術の習得を勧めるようになる。幕末になると、幾つもの武術を習得している家臣が多く出てきた。幕末の武芸者、黒河内傳五郎のように、武芸十八般ともいえるものを修める者も出てくる。

文芸の世界においても、漢学の一つだけに精通しているというだけでは通用しなくなる。そんな時に文化の改革者ともいえる澤田名垂《なたり》が登場する。彼は歌や和学は勿論、建築史から戯作に至るまでの幅広いマルチな活躍で、会津では稀に見る非常にエネルギッシュな人物であった。江戸にて長く活躍していれば文人として相当高い評価を得ただろう。だが、幅広い文化活動の結果、大きな才能を発揮した割には卓越した分野での名声には恵まれなかった。多くの才能を持っていた名垂でさえも、当時は身分の低い者なるが故に、武人ほどには認められていない事も影響していた。しかし、名垂の影響を受けた会津の文人たちが育った事も強調しておきたい。

儒学者の医師への進出

さて、十九世紀に入ると、文化三年から三年間に、五代藩主の容頌、古屋昔陽、田中玄宰の改革派の三人がほぼ同時に立て続けに亡くなる。それにより、朱子学への転向というリバイバルが起こってくる。

初め、徂徠派の古屋昔陽に学んだ安部井褧《けい》（帽山《ぼうざん》）、高津泰《ひろし》などが昌平黌《しょうへいこう》で学んだ後、帰藩すると朱子学が回帰する。そして、重んじられるようになってくる。

嘉永六年（一八五三）のペリーの来航によって、各地で急速に学問の分野の広がりを見せてきた。それは蘭学の隆盛である。蘭学を通した学問は、武では「兵学」、文では「医学」の二つの面で大きな影響を与えてくる。

洋学の浸透は「兵学」をも大きく変えさせた。それは、鉄砲、火砲の威力をまじまじと示し、戦いの方法もまったく変化してしまう。会津の兵学も保守派の藩士たちの抵抗はあったが、山本覚馬を中心に兵学の改革が行われていた。

一方「医学」の世界では、儒学者が医者の世界に進出してくる。これは儒者だけの生活では苦しくなり、医者となって暮らしを立てていく者が出てきたからであり、漢学と医学を兼修する者が出現してくる。

さらに、蘭方医学の隆盛から、漢方医との折衷も行われるようになってくる。しかし、それは漢方から蘭方への単なる移り変わりではなく、加賀山翼《たすく》のようにあくまで漢方と蘭方との兼備が主であった。

会津藩でも藩医の学問研鑽を奨励し、藩医の加賀山翼を中心に医師たちが資金を出し合い、町医からも治療功者を取り立てるようになる。天保七年（一八三六）には各藩に先立ち、領内の若者の遊学資金を出す仕組みを作り、医師の養成に尽力しているのは、全国的にも注目すべき事であった。

蘭学への強い関心

儒学のメッカ、昌平黌で学んでいた南摩《なんま》綱紀《つなのり》は、蘭学習得へと舵をとった。昌平黌でこの事が騒動を巻き起こす事になる。仙台藩士の岡鹿門《ろくもん》が『在臆話記』の中で「南摩ナドハ、箕作（注　蘭学者箕作阮甫の所）ニ通学、蘭文典ヲ学ブ。聖賢ノ書ヲ講ズル聖堂ニ於テ蟹行字《カイコウジ》（横文字）ヲ学ブハ以テノ外ノ事トテ大議論トナレリ」と述べている。

これは、官学である儒学を学ぶ者でも、異学の洋学への強い魅力を抑えきれないほどになってきた事を物語るものである。もはや世の中は儒学だけでは成り立たなくなっていた事を示している。

この時期、会津においても会津の学問が急転回する。あくまで儒学を学の基本にした事はいうまでもないが、儒学者や漢方医たちの洋学への関心が強くなる傾向がはっきりしてくる。

日新館でも蘭学の必要性から、安政四年（一八五七）山本覚馬、南摩綱紀らが教授になり、蘭学を教えるようになる。幕末の会津藩ではこの二人が、未だ洋学への蔑視の中、苦労しながら啓蒙に尽くす。

幕末になると、会津でも下級武士や、農民、町人などの中から文人として各方面に活躍する者が目立ってくる。会津では数少ない蘭方外科医の古川春英《しゅんえい》がその代表的な一人であろう。

高田組の郷頭、田中月歩《げっぽ》・重好《しげよし》父子など、知識階級の啓蒙的活動が目立ってくる。そのような能力ある者を登用する者がいて、ようやく評価され始めてその力が発揮できる舞台ができつつあった。

会津では能楽を武士の嗜みとして重用したが、町人も謡や仕舞を学ぶ者が多かった。慶長年間から観世・金春《こんぱる》両派が隆盛を極めた。会津でも三代藩主正容《まさかた》が金春流の師範を取得するほどだった。江戸後期となると、観世から宝生へと移るようになった。幕末から明治にかけて、職分の桐谷鉞治郎《えつじろう》や長命新蔵らが会津に定住してから会津宝生流が盛んとなる。明治になると野出蕉雨《のでしょうう》によって会津の宝生流がますます隆盛となってくる。

また、書では、山内香雪《こうせつ》、加須屋磐梯《かすやばんだい》、牧原半陶《はんとう》、星研堂《けんどう》、奇人として荘田膽齋《しょうだたんさい》などの活躍で、会津の書家の力を高めていった。画家としては、加藤遠澤《えんたく》、佐竹永海《えいかい》、遠藤香村《こうそん》らの優れた画人たちが、中央の絵師から学び、その事蹟は高く評価されていた。

キリスト教から西洋文化を

幕末から明治にかけて、会津の文人たちは、キリスト教を通して西洋の文化へのアプローチが行われてきた。山本覚馬・八重兄妹、海老名リン、若松賤子《しずこ》、井深梶之助などはその主な者である。

明治学院の第二代総理となった井深梶之助は、日新館で儒学を学び、明治五年（一八七二）、中村敬宇《けいう》の『擬泰西建白書』を読み感動して、西洋の基礎はキリスト教にあるといって、キリスト教文化の発展に寄与している。女性では、会津の幼児教育、女子教育の先鞭を着け、我が家をクリスチャンホームにした海老名リンが活躍する。

明治時代の文学界で大きな足跡を残したのは、若松賤子と、東海散士《とうかいさんし》（柴四朗）の二人だった。若松賤子は、戊辰の役では五歳。横浜の織物商の番頭、大川甚兵衛はその利口で可愛い幼い甲子（賤子）を見て養女とする。

明治四年ミス・ギダーの学校（後のフェリス和英女学校）に入り、その第一回卒業生となる。明治十年、十四歳になった賤子は洗礼を受ける。後、『女学雑誌』の主宰者の巖本善治と結婚する。

そして、家庭的・宗教的な文学の口語での翻訳に力を注ぐ。バーネット女史の作品を読んで感動し、それを『小公子』と名付けて四十五回にわたって『女学雑誌』に連載した。この文体は翻訳王といわれた森田思軒《しけん》ら、当時の評論家たちを驚嘆させた。

多くの母親たちに読んでもらおうと、わかり易さを心がけた。その結果、女性に圧倒的な支持を得て明治の出版界に迎えられた。しかし、残念な事に三十三歳で夭死する。

もう一人の東海散士は、明治十八年十月に『佳人之奇遇』と題して出版されるや、若者たちに熱狂的な支持を受ける。好評につき次から次へと続編を出し、ベストセラーとなっていった。特にその中の漢詩は当時の書生たちの間で盛んに朗詠された。

アメリカ留学を終えて帰国した柴四朗の目に映った日本の姿は、欧化主義の大騒ぎの最中にあった。それに憤慨して書いたはずの著書なのに、憂国の士にもてはやされて大受けされてしまったのである。したがって、会津生まれの若松賤子とこの東海散士（柴四朗）の文芸界に起こした反響は、明治前期の文芸界に大きな足跡を残したのである。

教育界での旧藩士たち

明治の教育界に影響を与えた会津の文人たちが多く輩出してくる。山本覚馬（同志社大学の創立）、秋月悌次郎（旧制第五高校教授）、山川健次郎（東京帝国大学総長）、南摩綱紀（高等師範教授）、高嶺秀夫（開発教育者）などの教育界への貢献は見るべきものがあった。

一方、屈辱に満ちた戊辰の役における会津藩の真実を示そうとした書が多出してくる。小川渉《わたる》の『会津藩教育考』、北原雅長著『七年史』、山川浩、健次郎兄弟による『京都守護職始末』は世の中が平穏になるにつれて、会津戊辰戦争の歴史を振り返ってみようとする試みが多くなってきた事も特筆すべき事柄だろう。

このような会津の文人たちの経緯を見ていくと、明治の時代が進むにつれ会津人の活躍は目覚ましいものとなる。それは会津藩政時代に培われた知的財産があり、教育や人材の育成が積み重ねられてきたからだった。

戊辰戦争による敗戦をバネにして、焼野原から苦しみながら、怨念を抱きながら、その反発心によって、中央へと姿をあらわした。だから、薩長藩閥政治では会津藩士の有能な人材を多く利用しようとしていた。ところが、敗者の会津人には、決して権力の中枢には参加できない事がよくわかっていた。それは山川浩が西南の役などの活躍によって少将になった時、長州藩閥で陸軍のボスの山縣有朋は「会津人が将軍になるとはどうしてだ」と激しく腹を立てて、敵軍の旧家老の山川を憎んだという事からもわかる。

また、薩長土肥の主だった者が能力ある会津人を登用しようと動いた事もしばしばあった。しかし、広沢安任や秋月悌次郎たちは、官界入りには強く断り続けた。それは、会津人は軍人、官界では優遇されない事を有能な人物たちは見抜いていたからである。武井柯亭《かてい》、南摩綱紀たちも官僚や軍人から顔を背けていたのだ。

その反面、文人の場での活躍が目立ってくる。敗戦になっても勉強好きな会津人は、苦しい中で中央に出て文人としての能力を発揮したのだ。その代表的なのが、秋月悌次郎であり、山川健次郎であり、南摩綱紀であった。明治の新文化に馴染んで来た頃、会津の女性たちも、戊辰の頃を回顧した文章を綴るようになり、山川操子、新島八重、間瀬みつ、日向《ひなた》ユキ等が想い出を語るようになってきた。（宮崎十三八編『会津戊辰戦争資料集』）

望まれる会津人の芸術界での活躍

ここでは会津の文化、学問の流れを述べてきたが、広い意味での「文人」を取り上げてみた。それは、会津の文人の活動を示す事によって、主に江戸期から明治期にかけての「会津の学的活動」の跡を追ってみたいと思ったからで、その為には、会津の様々な多くの文人たちを知ってもらう必要があると思った。

しかし、どうも、会津では文芸や芸術に秀でた人物は多く育たない。その中でも大正期になると、柳沢健が活躍する。柳沢健は木村毅から「高山樗牛《ちょぎゅう》を継ぐものだ」とその素質を買われていたほどだ。特に『川田主水の切腹』（『三田文学』所収）は「白虎隊余聞」ともいうべきもので、評価が高かった。しかし、詩の分野では名は挙がっていたが、外交官との二股を掛けていたので、文名はそれほど高く伝わってないのは残念である。

明治から大正期にかけては、世界の医学界で活躍した野口英世の存在はいうまでもない事だろう。さらに戦後には、会津高校時代から異能ぶりを発揮していた、故小室直樹の経済学者としての存在は貴重なものだった。

しかし、それ以後でも文芸世界において、大きな影響を与えた有名な人物はあらわれない。平成になって下郷町出身の室井光広が『おどるでく』で第百十一回芥川賞を受賞しただけで、文芸の世界では極めて寂しい。

会津は「武」の国といわれてきた。確かに多くの傑出した武人・軍人を世に送り出してきた。しかし、戊辰戦争以後、世に知られざる会津の文人たちも少なからず出ている事も忘れてはならない。その一端をここに書き留めてみた。

もくじ

会津の文人たち —— 1
澤田名垂の人と作品 —— 20
会津高田組郷頭　田中重好の世界 —— 53
会津の文人小伝 —— 74
一、仏道
徳　一（?　）74
天　海（?～一六四三）80
如　活（?～一七四一）86
大雄　得明（?～一八〇五）87
二、儒学・神道
服部　安休（一六一九～一六八一）90
横田　俊益（三友）（一六二〇～一七〇二）91

友松　氏興（一六二二～一六八七）97
松本　重文（一六七九～一七五八）100
中野　義都（一七二八～一七九八）101
大竹　政文（一七五〇～一八一九）103
一柳　直陽（一七五三～一八三四）105
安部井　褧（帽山）（一七七八～一八四五）106
高津　泰（淄川）（一七八五～一八六五）109
松本　重信（寒緑）（一七八九～一八三八）112
宮城　三平（一八二〇～一八九六）113
小笠原午橋（一八二二～一八八一）116
南摩　綱紀（羽峰）（一八二三～一九〇九）117
伊東左大夫（一八二八～一八七一）120
高橋誠三郎（古渓）（一八三一～一八六一）121

三、和学・和歌

野矢　常方（一八〇二～一八六八）124
齋藤　和節（一八一三～一八七六）127
星　　暁邨（一八一五～一九〇〇）133
小川直餘之（清流）（一八二〇～一八九二）136

四、科学・医術

安藤　有益（一六二四〜一七〇八）139
向井　吉重（一六二六〜一六九四）142
佐瀬与次右衛門（一六三〇〜一七一一）145
田村　三省（一七三四〜一八〇六）150
山内　玄齢（一七八八〜一八五四）154
加賀山　翼（一八一一〜一八七一）155
古川　春英（一八二八〜一八七〇）158

五、教　育

岡田　如黙（無為庵）（一六二七〜一六九一）164
吉村　寛泰（一七六九〜一八五一）166
堀　長勝（一八〇一〜一八五八）168
山本　覚馬（一八二八〜一八九二）169
瓜生　岩子（一八二九〜一八九七）175
佐原　盛純（一八三六〜一九〇八）179
小川　渉（一八四三〜一九〇七）181
海老名リン（一八四九〜一九〇九）183
高嶺　秀夫（一八五四〜一九一〇）185

山川健次郎（一八五四〜一九二四） 188
井深梶之助（一八五四〜一九四〇） 194

六、政治・経済

田中　玄宰（一七四八〜一八〇八） 198
林　和右衛門（光正）（?　　　） 203
横山　主税（常徳）（一八〇一〜一八六四） 205
武井　柯亭（完平）（一八二三〜一八九五） 207
広沢富次郎（安任）（一八三〇〜一八九一） 209
秋月悌次郎（胤永）（一八三五〜一九〇〇） 212
初瀬川建増（一八五一〜一九二四） 218

七、書　道

加賀山蕭山（知常）（一七五一〜一八二八） 221
星　研堂（一七九三〜一八六九） 222
山内　香雪（一七九八〜一八六〇） 224
荘田　膽斎（一八一五〜一八七六） 226
佐瀬　得所（一八五四〜一九一〇） 227

八、絵画・工芸

水野瀬戸右衛門（?　〜一六六〇） 229

九、連歌・俳諧

三善　長道　（一六三三～一六八五）　230
加藤　遠澤　（一六四三～一七三〇）　232
山川　賢隆（東雲）　（一七六五～一八二一）　234
萩原　盤山　（一七七四～一八四六）　235
遠藤　香村　（一七八七～一八六四）　237
佐竹　永海　（一八〇三～一八七四）　243
左　一山　（一八〇四～一八五七）　247
塩田　牛渚　（一八二九～一八六六）　248
野出　蕉雨　（一八四七～一九四二）　250
猪苗代兼載　（一四五二～一五一〇）　253
関本　如髪　（一七四八～一八二九）　260
田中　東昌（月歩）　（一七六三～一八三八）　261
齋藤　皐雄　（一七七九～一八六四）　265
根本　精器（宗兵衛）　（？　～一八六三）　266
伊藤　朶年　（一八〇〇～一八七九）　267
五十嵐茶三　（一八〇八～一八六九）　268

澤田名垂の人と作品

一、澤田名垂の評価

会津における「文人」の代表的な人物として、澤田名垂《なたり》をあげることに異存はないであろう。その理由は、名垂の「多種多芸」に尽きるからだ。会津において彼ほど幅広い文芸活動に精出したものはいない。名垂の門弟たちも、「当会津などには昔より名垂大人ほどの博学多識の人あらずと、諸士言ひあへり」（齋藤和節『耳目集《じもくしゅう》』）と異口同音に認めていた。

和歌・狂歌・和学・言語・物語（戯作）・絵画・伝記・紀行・音曲・記録・有職故実など数えきれないほどの分野で、その多少の差はあろうが、多種な面での活動が目立つのである。武芸十八般があるが、文芸十八般があるとすれば、まさに澤田名垂こそ、その持主と言っていいだろう。

会津藩士の中でも、武芸十八般の持ち主としては、黒河内傳五郎が第一番にあげられるだろう。彼は、剣・居合・鎗・薙刀・柔・手棒・手裏剣・吹き矢・鎖鎌などの達人であった。したがって、会津藩では武芸では黒河内傳五郎、文芸では澤田名垂が多種多芸の持主だったと言える。更に、この黒河内傳五郎が、名垂の歌の門人であったというから面白い。

また、名垂は「雅」と「俗」と使い分けが巧みであったという（注1）。中野三敏は十八世紀のキーワードは、「雅と俗」との観点だという（注2）。

大平櫟山《れきざん》は「真面目なる学者の業績を残して居ると共に、また粋人の反面を持っていた。多面的な研究をなし、良く社会の下情にも通じて居ったと思われる」（『歴史公論』第七号）という。

確かに名垂の才はこの二つ、「多種多芸」と「雅俗の二面性」において、彼の強烈なアイデンティティーがあらわれるのである。

一方、名垂は、和学者として、その指導者としての評価も高い。和学に関するものでは、村田春海《はるみ》の『和学大概』(注3)がその理屈を整然としてまとめている。また、大田南畝《なんぽ》の『宛丘伝』(注4)における五体の文体の例示などが和学の本質を述べているようである。

名垂の和学論は、『和学仕方の意見書』にも見えるように、あくまで、和学師範の立場からのものなので、多方面にわたって論を進めている。特に他分野の学問との比較や、学習の方法などが具体的に進めてある。その点ユニークな和学論を呈している。この事が博学である名垂の和学者としての価値を一層高めている。

二、澤田名垂の生涯

名垂の生涯の概略については、明治二十二年に書かれた、渋谷源蔵の「澤田名垂小伝」（『しがらみ草紙』十五号）が、最も端的に書かれてあるので、長いが、全文を掲載しておく。

澤田名垂《ナタリ》、初の名は成裕《シゲヤス》。通称は友治、又蕃《シゲリ》、後新右衛門名垂と改む。自ら園中に五架を陪植し、五家園、又木隠《コガクレ》翁之号と別に和気在躬《ワケアルミ》とも称す。會津藩の世臣たり。鶴城ノ南花畑ニ住す。幼より学を好み和歌を嗜む。長ずるに及びて、同藩士和学師範安部井武氏に従ひて国風を学ぶ。後、公命を奉じて上京し、芝山大納言持豊卿の門に入りて二条家の蘊奥を極めて其名一時に轟きて、享和二年六月、藩庁ニ在りて、諸老職列座、題を與へられて一時〈今の二時間〉百首を詠ず。漏刻、猶余り有りて又十首を加ふ。時に年、二十六也。斯く常に詠歌を能くするを以て世人は、或は歌人視するも、和漢の諸書に博識なる。一藩中、古今に卓絶して、尋常歌学者流の類ひを犯さりしの書を讀むも、猶、窺ひ知るべきや。中年、藩命を受けて日新舘童子訓、及び新編會津風土記の編輯に與りて力あり。文化二年、藩校日新舘和学師範を命ぜられ、修学法の諮問有りて、意見書一巻を奏進し、博く古今を徴明して極論し、大に嘉納せられ始めて学視成備に至る。奉仕中常に近習に陪選し、時の藩主忠恭《マサオ》霊神容敬朝臣に侍詠す。兼ねて古実に精しく傍ら畫を能くして、自ら一家の風を為す。古図を模写し、又古書に註せしもの千餘部有り。悉く官庫に納む。是を以て藩公寵遇浅からず、累に昇班加禄の賞有り。又興に乗じて戯書を巧みにし、筆に任せて異名を記す。酒興により酩酊□□には自列亭良名《ジレッテイヨシナ》、老後髪翁とも時ニ當りて戯書す。其他謡曲音律より俗謡に至るまで、身に兼ねざる所なし。著書は、

為政雑談　家屋雑考　四季の御狩　宿直物語　阿里志朝気　桃太郎傳　哢唖詞　猿蟹傳　油揚傳
安奈遠可志　古字考　日文奥書　和歌体六種辨　五家園雑記　無名歌集

等。後年江戸の和学者塙保己一、群書類従編集の時に當りて、何れよりか、無名歌集を得て稀代の古珍書なり、と大に悦び信じて疑はず。将に同書中に編入せんとす。會々同藩士、佐藤甚右衛門々にあり。塙、誇示すに奇書を得たるを以てす。甚だ一見忽ち曰く、此は是、我藩士、澤田名垂の閑に乗じて戯れに南朝行宮の時代の古体を擬作せし者也と、塙、聞きて大に驚き歎じて曰く、實に然りや、扨て〳〵妙作哉、と嘆かねかへにし。終に発て已めしと云。右の如く著作、畫譜、注釈等許多なりしも

未だ一も印行するに至らざりし中、明治戊辰の冤難に、兵燹《ヘイセン》に罹り烏有となりて、現存するもの我家詠歌中、五家園歌集の如きは、一門生なる原清卿が師、筆記して墨名を題書し置きたる哉。千万首中の僅かに存する所の一なるのみ。惜しき哉、翁、弘化二年四月、病で没す。享年七十一。墓は大窪山ニ在り。

右小傳ハ諸氏の筆記、或ハ口碑に存するもの等を見聞き従て集録し、中ニも先生の親炙生なる小川清流翁の記臆に存する聞書を最多しと得候ふ

明治二十二年八月　　後学渋谷源蔵　撰述

これは、僅か四頁に過ぎないが、よくまとまったものであり、ここから各書に引用されているのが多い。更に名垂の他に、野矢常方《のやつねかた》、星暁邨《ぎょうそん》などの小伝も書いて、『しがらみ草紙』に寄稿したものである。特に、この「澤田名垂小伝」の最後に、諸氏の筆記、或は口碑に存するものなどを見聞において集録したとあり、名垂の親しくしていた晩年の門弟の小川清流翁の記憶に存する聞書を基にして書いたとある。

この頃は、名垂の伝記については、名垂の門人知友なる者も生存していたので、その言い伝えが未だ残っていたようだ。

澤田家の祖先は、近江の浅井一族であったという。初め蒲生家に仕え、祖父五右衛門（諱は将盈）の時、会津三代藩主正容に仕える。父、泰蔵英《さかる》は江戸詰で藩の儒者となり、六代藩主容住《かたおき》に侍講し日新館の学頭となる。

母は十重子、長谷川氏重の三女。名垂三十歳の時に加藤千蔭へ母の墓碑文を書いてもらっている。それ

によると、幼い頃より中古の物語を好んで、古典に長じ文才にも優れ、家族で「花月の夕べに雅を交はして楽しむ」という家庭環境を醸し出していたという。

特に和歌を嗜み、その影響で名垂も七歳の時に、「ゐのころは野でみたよりも花立てにたてて見たれば面白きかな」という歌を詠んで周りを驚かしている。このような家庭で育った名垂は自然と和学への関心を増していったと思われる。

儒者であった父、英の後を継ぐことなく、和学の世界になぜ入ったかは、はっきりわからないが、この母親の影響を受けたことは一つのきっかけであったろう。

漢学や儒学の素養は、父の指導を受けたと思われ、相当あったこととみてよい。だから、彼をただ単なる和学者として理解できない点がある。それは単なる和学者としてではなく、多様性と柔軟な発想力とを身に付けたユニークな和学者として存在するのである。

漢学の基礎の上に立った和学だからこそ、水戸の藤田東湖は、彼の「和学仕方意見書」が公平な評論として感嘆の声をあげている。また、重野安繹《しげのやすつぐ》も明治十七年の『学士会院雑誌六ノ二』に「和学者、漢学者、各門戸ノ見ヲ張リ、偏頗ノ説多カリシニ、新右衛門、独リ此ノ偏私ヲ去リ、議論公平ニ帰セシハ、実ニ識者ト謂フベシ」と述べているようにバランスをとった、彼の学問への姿勢を高く評価している。そして、その姿勢が、名垂を慕い寄って来る基となって多くの門弟たちが、集まって来るのだった。

三、澤田名垂研究の経過

澤田名垂に関する研究は、本格的にまとめたものは未だ出てはいない。その最初と思われるものは、前章にあげておいた渋谷光信（源蔵）の「澤田名垂小伝」であろう。明治期には、明治十六年八月に序文を書き、明治三十二年に脱稿した小川渉の『会津藩教育考』の中の「古人事歴」で名垂も取り上げられている。

昭和になって、昭和七年七月に、鈴木行三が「澤田名垂」（『書物展望』第二巻七号）を書いている。これは和歌に関するものが主であった。昭和十一年になると、湯本喜作「澤田名垂研究」（雑誌『短歌研究』昭和十一年三月号）が出ているが、この文章は二年後の昭和十三年三月に、『福島県の三歌人』にも再録されている。

ここでは、学統・父母・一時《ひととき》百十首・業績・和学仕方意見書・擬古體の歌文・無名歌集・名垂の長歌・名垂の狂歌・名垂の著書・五家園家集・高弟野矢常方などの項目で、特に歌人としての名垂を中心に、幅広い文芸活動について述べられている。

そして、門人の小川清流が『嵐の餘波』二十七巻に、採録した「詠歌六体雅俗対照辨」「宿直物語」「為政雑談」「五家園雑記」の写本を所蔵している猪股芳美氏の事を紹介している。

中でも、「詠歌六体雅俗対照辨」については、他に触れられていないので、貴重なものである。歌には態様といって雅と俗の歌を対照しながら説明している。そへ歌、かぞへ歌、なずらへ歌、たとへ歌、ただごと歌、いはひ歌の六体で名垂が具体的に説明していることを紹介している。

歌人としての業績を主に、大平撫山が「澤田名垂と其の歌」を『一橋會津會々報』第三号に述べている。ここでは、澤田名垂の生涯と名垂の歌の二部構成で、特に名垂の歌は〈知の歌であり、才の歌であった〉と結論付けている。なお、大平は、同年八月にも『歴史公論』五巻七号に「澤田名垂の歌」を発表している。ここで、注目されることは、最後に述べている部分である。それを引用してみる。

それは、彼の性格の二面性である。一面に於て前述の如き真面目の学者の業績を残して居ると共に又、いきな粋人の反面を持っていた。『家屋雑考』（故実叢書）の一文を見ても和学者の地位を肯けるのであるが、これと並んで『あなをかし』の著が残されて居るのは甚だ面白いことである。

という見解は彼が初めて提起した考えで、名垂の雅俗の〈二面性〉に目を向けていることは注目してよいだろう。真面目な学者の業績を残していると共に、粋人の一面を持っていた事を強調している。『家屋雑考』（故実叢書）の学問的な書を出すと共に、反面『阿奈遠可志《あなおかし》』の艶笑物語が書かれていることからも、その〈二面性〉が窺われるという。

戦後になって、稲林敬一が、齋藤和節の『耳目集』を読み、その中から名垂に関する記事を紹介している。中でも、昭和五十七年十月発行の『歴史春秋』第16号に「人物列伝澤田名垂」が二十七頁に亘って掲載されている。そこには、①母十重子の碑文②澤田新右衛門系譜③四季の御狩の本文（紅葉狩・鷹狩）④一時百十首歌の全文が掲載されている。

更に稲林敬一は昭和五十八年十一月に『会津艶笑譚・阿奈遠可志』（歴史春秋社刊）の現代語訳の解説で、〈名垂の略伝〉を要領よくまとめている。ここには、名垂の育った家庭環境について書かれている。また、母親の十重子の碑文の紹介、澤田家の家訓、逸話、著書などについても触れられている。

更に、昭和四十九年七月に出版された『江戸文学選一』の『阿奈遠可志　上』の解題にも名垂についての解説が載っている[注5]。

四、『耳目集』の中の澤田名垂

齋藤和節の『耳目集』によって、名垂が巷間伝えられたところの逸話や風聞などが貴重にも残されている。名垂の作品や記録は会津戊辰戦争で灰となった。しかし、筆まめな和節のメモ的な記録によって、名垂の逸話が断片的ではあるが、残されていたのは貴重なものである。

若松の商人、齋藤和應《かずたか》・和節父子は二代に亘って名垂の門人であった。その晩年の門人和節が厖大なメモ書きとも思われる記録を残している。(注6)

だから、この『耳目集』によって、世に伝播している逸話の大部分を知ることができるのである。稲村敬一は、この『耳目集』に目を通して名垂の言動を紹介している。(注7)

このように齋藤和節が師、名垂のことを書き留めていなかったならば、名垂の文人としての特性を理解することができなかったであろう。だから、これによって名垂の多種多芸な人物像を把握するのに役立ったのである。

和節の『耳目集』は、いろいろな作品の写しや雑学の成果を秩序のないままに書き連ねている。名垂についてはバラバラに思い付くままに記載されているが、興味、関心の惹かれる箇所もある。

そんな中から、名垂の逸話などの記録から、名垂の人間的な面をいくつか述べてみたい。名垂の人間性、特に当意即妙の言動に関しては、逸話が和節の『耳目集』(巻百二十八)の中に散在している。次の話は著名な話なのでよく引かれるところである。

❶師の名垂の社中での集まりの時、遅れてなかなか先生が来られず門弟たちが罵り合っていた。そこで、先生が参られたならば、難題の歌一首をお詠み下さいと、題をこちらにて出すことにした。先生を待ちかねていた所にようやく来られて時の挨拶がすむやいなや、難題の歌一首をお詠み下さい、と異口同音に申し上げたところ、名垂が言うには、「難題といへども常様の題成るべし」と言われた。そこで、門弟の主だった者が、題は「祝言」と書いて、初句の五文字は〈かなしさよ〉と先生の前に差出したところ、先生は「是は面白し」と言って、〈かなしさよ〉の下に「憂さよと嘆く嘆きも知らで年経る宿のめでたさよ」と書きだしたので、一同、閉口頓首して「恐れ入りました」と言った。この事を和節は「当意即妙といふべし。吾師が頓智の早き事他にあるべからず」と感じ入っている。

❷名垂が若かりし折、子、四、五人もあったが、妻を亡くしたので、後添を迎えた。此の後妻は目、盲にて先妻よりも容貌が劣っていた。そこで、朋友たちが祝儀にやって来て、各々酒宴に着き「いかに先生、貴公ほどの人が五体不具足の者を娶るとは、笑止千万なり、と騒ぐのを、先生、硯を引き寄せ取りあへず、女房は家のかためと思ふべし美めのよきのはふためなりけり、と物に書きいたされければ」と書いたものを読んで、皆、口を閉じたという。さらに、「心持の善悪は言はずして、只美目かたちのみ吟味して女房約束するなり」といい、「実に女房は其の家の堅めにして大黒柱の礎なり。美目よき女は我が顔のみを心として亭主を蔑ろにするもあり」といって、美目よき女は不為《ふため》である。だから、「堅め」「不為」両眼の当意即妙は並の人の及ばぬ所だといって感心したと言う。

五、澤田名垂と和歌

歌人としての名垂の名声は勿論大きい。日新館の和学、和歌師範としての立場上、門人も数多存在していた。中でも、原清郷《きよさと》、野矢常方、齋藤和應・和節、相川櫟亭《れきてい》、深井良水、西郷近登之《ちかとし》、小川清流などが名を連ねている。

名垂は始め、安部井武氏《たけうじ》に学ぶ。二十三歳の時、学校和歌会で安部井師範へ手伝い、世話を仰せ付けられている。

君命により京の芝山従二位大納言持豊の門に入った。その年はいつだったかは、正確には記載されたものがない。ただ、『会津藩諸士系譜』には、文化二年の項に「……但右以前京都芝山家へ御入門修業罷在候処當年より右京都東脩之分金五百疋宛年々御渡被成下候」とあって、藩から東脩料などが出ていたことがわかる。しかし、いつの日から門弟となったかは、はっきりしない。ただ、文化二年、三十歳の時には京都で修業していることはわかる。

二条派の歌を身に付ける。このことが、彼の文人としての特性を引き出すことになる。芝山持豊は、単なる堂上歌人ではなく、自由闊達で進歩的なところがあった。名垂もその新しい空気に触れることができ、その後の多彩な文芸への道にすこぶる影響を与えたと思われる。

江戸においては、各藩の江戸屋敷で、歌会が頻繁に催されていた。最初は儀礼的なものだったが、これが、各藩の国元の歌会と連動し、更に「堂上武家歌壇」へと進むという。つまり、京都（公家）→江戸屋敷→国元歌壇という構造になっていくことが顕著となる。

仙台藩主伊達重村が、藩儒で歌人でもあった畑中盛雄を君命で積極的に他家の詩会や歌会に参加させている。各藩でも類似なことがあって、会津藩でも名垂が君命により、京都、芝山持豊へ修業させていることからも、堂上、江戸、国元の歌壇の交流が強かったのではないか。会津においては大きな存在だったし、門人たちからも優れた歌人が輩出したことは大いに評価されるところである。(注8)

江戸後期になると、江戸派の加藤千蔭、村田春海の影響を受けてくる。当時「詠歌は千蔭、歌学は春海」という共通の理解ができていたようだが、揖斐高《いびたかし》は「両者の歌論的な文章を読み比べてみると、春海ものが、理論的かつ分析的であるのに対し、千蔭のものが印象的かつ断片的なことは否定できない」という。(注9)

確かに春海の『和文大概』を読んでもわかるようにその論は整然とした論述となっている。更に揖斐高は「ただ千蔭は詠歌の問題を心の雅俗と詞の雅俗とに分け、詞の雅をもとめることよりも、心を雅にすることを優先し、まず歌人は古風を学んで心を〈みやび〉にし〈みやび〉になった心のまゝに〈みやび言〉を用いて歌を詠めば、〈おのづから古へ通ふべき〉優れた歌になると主張した」という。(注10)

このような傾向が当時の風潮とするならば、名垂にとっても、雅と俗を意識するようになったのではないか。特にそれは俗の中にあっても、雅の部分が含まれていなければ、ただ単なる通俗的な滑稽な仕様に終わってしまうことを把握していたように思われる。機転のきく和歌の中にもきらりと光る雅の部分がなければ、和学の範疇に入らないと考えられた。それは特に、彼の散文の端々に散見する。とにかく彼にとって、「雅」と「俗」のことが絶えず頭にあったことは確かであった。

『一時百十首』

享和二（一八〇二）年八月、二十六歳の時、画期的なことが起こる。それは学校で、「一時百十首」を詠みあげたことだった。これは、主だった家臣の前で、題を与えられて二時間の間に歌を百首詠めということであった。名垂は、百首読んで更に時間が余ったので、十首を加えた。その場にいた重臣たちは、その詠歌の能力に驚嘆してしまったという。多作、即興に秀でていた名垂の面目躍如といったところだった。『諸士系譜』にも、享和二年、二十七歳の項に、「学校におゐて和歌致数詠一時之間に百首組題幷難題十首一時之間に致詠出候に付、為御褒美、小鷹檀紙五拾枚被下置候事」と公的にも記録されてある。

この事については、当時名声を博していた皆川淇園《きえん》（注11）兄弟に同じような逸話が残っている。齋藤和節はそれについて次のように述べている。

> 淇園皆川先生曰く、余、亡弟と一夜百首を作り、丑の刻に至らずして、余、已に是を成す。亡弟は常に余よりもすみやかなるに、半刻を過ぐとも成らず。余、これをあやしみ、甚だ怠りを責むれば、や、ありて成れりといふ。是を見れば詩百篇に同じ韻をもて和歌百首を詠みたり。然るに夜未だ七鼓に及ばざりしと語られき。兄弟とも別才といふべし。
>
> 因みに曰く、和節が師、五家園澤田先生、二十六歳の夏、六月廿二日辰の上刻より百首を詠み玉ふ所に、いまだ一時に、早しとて常題の百首の外に難題十首を詠み玉ふや。是を世に名垂先生の一時百十首の和歌とて流れを汲む人は珍重せり。己れ和節の家は其の草稿を蔵せり。是は父和應、其の道に入りし折、師より賜りつる由なり。本文、淇園先生兄弟にもおさおさ劣るべうも覚えず。惜しむ哉、田

舎に世を送られつる故に皆川の如く他邦には知らるる人は稀なり。しかはあれど、名は海内に轟くとなん。（『耳目集』巻五十九）

ここでは二つのことが述べられている。それは、淇園兄弟が優れた詩歌人である点と、特に淇園の弟、冨士《ふじ》谷《たに》成章《なりあきら》が「淇園の漢詩に同じ韻をもて和歌百首」を詠んだ点である。ただ、歌を詠む速さにおいては、名垂の方がむしろ優れていると評価している。田舎で世を送っていたので、その名声が淇園兄弟ほど世に知られなかったことへの不満を持っていた。

もう一つは、名垂の草稿が、齋藤和節の父和應に与えられ、齋藤家に表裏一軸に仕立てて残っていたこと。これは会津戊辰の役で焼けずに残っており、貴重な出来事が記録されていたということである。なお、後に秋月胤徳が二軸に改装したものも残っているが、その基となったのは、勿論、この齋藤家に残っていたものである。

『無名歌集』

『無名歌集』のいきさつについては、若干異なる点がある。この事件は、澤田名垂が南北朝時代の歌集を擬作したことにある。この歌集は当時、塙保己一が『群書類従』を編んでいた時、名垂の『無名歌集』を得て（注12）、稀代の珍書と言い、同書に入れようとしたところ、会津藩士、佐藤甚右衛門が塙の門にあったので「これは同藩士、澤田名垂が南朝時代の古体を擬作したもの」と指摘した。塙は驚き、歎じて「実に妙作かな」と感嘆したという話である。これは、渋谷源蔵の「澤田名垂小伝」を基にして広まったようである。

ところが、『耳目集』に記載されている話は、通説とはやや異なるところがある。おそらくこの逸話が伝播していくうちにいろいろ脚色されていったものと思われる。父子共に名垂の近くに居た和節の話として注意しておくのもいいと思い、次にあげておく。

吾師、五家園翁いと若かりし折、塙保己一翁、群書類従といふものを著はし数百部に至る。是大往昔より中古の末まで印行ならざる諸家百家に伝はれる所の古写本をあなくり、求めて己が力もて他の手を得ずして蔵版になして世に弘むる折から、名垂大人いざさらば塙保己一を驚かさんとて、此の翁物語と無名歌（家）集とを書かれたるなりけり。草稿なりて後、江戸竹芝邸、定詰士、佐藤甚右衛門某、彼の塙方へ持ち至りて、わが相津に云々の本伝はり、持てるものありて、おのが師なる澤田新右衛門名垂がり持て行きて如何なるもの歟、いつばかりのもの歟、を問ふにいと珍しきよしをいひて、無名家集などにも筆をそひたり。はた、これをも筆、そはまくせしかと、まづまづここのをちに問はまほしく持ち来りしなり。よくよく見聞きていつの頃いかなる人の筆号みなりやを知らしめ玉はん事をひたすらに請ふものなりと言へば、塙の翁はもとより目しゐたる人ゆえ、とみの挨拶もえならねば、五三日借り玉ひねと、留め置きて頗る珍書のよしを応ふ。写しとめて後、我が蔵梓の類従に加ひてん。猶、今五三日借し玉へといふ。よて立ち返り名垂大人に告げて、はかりごとなれりと喜べば、大人よからず。早く行きて、しかじかなりと、真ことを述べ、取り返し来玉ひかしと言はれしかば、後行きて其のことを語り聞かせければまたまた打ち驚き、かかる辺鄙の会津表にもかかる人のゐませつるが居て会ひて、物事打ち語らひつつ問ひ問はれたきものなりといひつ。それより名垂大人の名も世に轟きたりとぞ。こは文化の中頃とてか、聞たりき。故に無名家集なども世に知る人多し。後はかたみに心やすく行きかひせられしよしなり。（巻百三十五）

そもそも、塙保己一が『群書類従』の編纂をしていることを聞いて、名垂が塙翁を驚かそうと書いたこと。それを佐藤甚右衛門が塙翁に持ち込んで、どのような本なのかを、試しに訊ねたところ、非常なる珍書とし、類従に加えたいから貸してほしいと言われた。帰って名垂にそのことを話すと、名垂はびっくりして、早く取り戻させた。

塙翁は又も驚き、辺鄙な会津にもこのような優れた歌人がいるとは、ぜひ会ってみたいと言われた。それから名垂の名声が高まり、この『無名家集』も世に知る人が多くなった、というのである。

塙保己一がこの歌集をどのような事情から手に入れたかは、はっきりしないが、和節は佐藤甚右衛門の持ち込みだと述べている。これが名垂の擬作と知り得た事情としているが、この記録は、和節の晩年（明治七年戌年）に思い出して書いたものなので、信頼性は低い。

しかし、この『耳目集』は、そのいきさつが極めてどの伝記よりも具体的に記録されている点、一瞥してもよいと思われる。

『五家園家集』

『五家園家集』は『日本歌学全書』の『近世名家家集』の中に選集として納められている。撰者の佐々木信綱は、『五家園家集（抄）』の最後で「五家園家集は、門人原清郷のしるしおけるもの、又所々の屏風短冊等にありしを、萩野重英氏の輯《あつ》められし也。今、そが中より抄出し、又一時百首無名歌集の中よりも探れり」とある。

これは名垂の歌から選集の形で人に与えた短冊などから、原清郷が保持していた物の中から選んだものだろう。それにしても明治の歌壇で重きをなしていた佐々木信綱が、この『近世名家家集』の中に名垂の歌を選んでいるのは、近世和歌史の中で、名垂がひとつの位置を示していたことが窺われる。

撰者が特に選んだ歌で、終わりの部分に吉野での詠歌として『無名歌集』の中から、

百首歌奉りける折雁を
なきつるゝかりがね高しみ吉野の
よし野のあけの秋霧の空

など、詞書と共に十四五首ほど採られている。

名垂の歌は、多作で、当意即妙、機微機転、言葉の用法など巧みな才能が目立つところから、近世和歌史上、稀に見る《才の人》だったことが、彼の歌作によくあらわれている。

澤田名垂と野矢常方

澤田名垂の歌を述べるには、門人の野矢常方のことに必ず触れねばならない。名垂が歌人としては、会津藩内においては名が上っていったが、中央の歌壇では、それほど広く知られたものではなかったようだ。江戸の歌壇においては、江戸派の中でもそれほど有名にはなっていなかった。著名な江戸歌壇の歌人との交流の跡が記されていないところからも、和歌よりも和学者として、文人としての交流が強かったのでは

ないか。会津においては大きな存在だったし、門人たちからは優れた歌人が輩出したことから、その指導力については大いに評価されるところではある。

名垂といえば、優れた歌詠みと言われているが、門弟の野矢常方の方が、彼の死後、歌人としての評価が高かったという。齋藤和節も、或人の言として「家隆は歌詠みで、定家が歌作りといい、名垂は歌詠み、常方は歌作りなり」と言い、「此の兩大人、都にましませば、大八州はさらなり、異国までも名は流るべきに、惜しひ哉。あまざかる鄙の住まい故に、井の中の蛙にて全国には知る人、少なしとぞ」（『耳目集』巻百二十八）と言うが、これは会津における一般的な評判だった。

しかし、名垂の歌人としての評判がなぜ高まったかについて、大平櫟山が述べているので、次にあげておきたい。

> 澤田名垂が中央歌壇に知られ、近世和歌史にその名を記せられるに到ったのは、やはり野矢常方の師匠としての関係からであった。野矢常方の櫻井の里の歌（注13）は、元治元年千首、秋草集、武蔵野集、明治五百人一首、和歌千種の花などに掲載されて居るが、その伝記的な記事は、近藤芳樹の寄居歌談《がうなのうたがたり》の巻四に出て居った。この文を見て、井上通泰氏が、しがらみ草紙第十号に引き、常方の小伝めいたものをものした。これを機縁に、会津の渋谷源蔵氏が、名垂と常方との伝記及び歌をしがらみ草紙十五号に寄稿して、茲に常方と共にその師名垂の名が中央歌壇に知られるに到ったのである。これは明治二十三年の事である。（大平櫟山『歴史公論』第五巻七号「澤田名垂の歌」）

これによると、常方の方が巷間話されているように、名垂よりも、歌に関しては、当時の評判としては高かった、ということが理解できる。常方の方が中央には広まっていたのである。このことは、和節の『耳目集』巻百二にも記されているので、左にあげる。

和節曰く、吾先師、澤田名垂大人は和漢の学に秀才にして、和歌は頗る名人なり。其うへ画もよくして古器故筆鑑定に妙あり。されども一世貧しく書画及び色紙、たにざく（短冊）は門下の外に請ふ者まれにありけるのみ。去年までも師と仰ぎし、野矢常方大人は名垂の門に育ち、我若かりし頃は會の日などには席の上に居られたるのみと思ひ居りしが、いつしか、時に合ひ玉ひて、江戸はいふに及ばず、京都よりも歌を乞ふ者ありけり。東海道所国筋などにも其の名、響き渡れり。常に常方大人の閑居を訪ふに画賛、たにざく（短冊）、扇面は山の如し。其の外、屏風、襖の押張りも山をなせり。たまたまその名を聞きて、掛軸類、屏風などたのみて歌を願ふといへども、とみには書き玉はぬなり。是、時にあひし人といふべし。名垂大人などは、時にあはぬ人にはあらねど、常方うしには遥かに劣り玉ふといふべし。時の幸、不幸這にあり。然れども名垂大人は果て玉ひて、今年で廿五年なれども、一周忌の追善より、三年、七年、十三年迄は其の神霊を弔ふ者、いづれの追善にても其の席、弐百人に及びて誠に賑はしくて、探題當座合点にて終日終夜にぞ及びしなり。
常方大人は六十六歳の初秋迄は、門前市をなす程には至らずとも、其の訪ひ来る人は引きも切らぬ位にて、一世いと豊けかりしが、去年の秋、国乱討入の日に果て玉ひけり。さる故に追善を営む程の人もあるまじ。然れば此の幸、不幸はいかにいはんや。和節などの知る所にはあらず。

これによると、常方の方が〈時にあひし人〉で、色紙、短冊などへの歌を請う者が多かったが、戊辰の役の国乱に遭って、悲壮な最期を遂げる。それに対して、名垂は戊辰の役に遭わずに死去したせいか、または、彼の人間性によるのか、死後の追善には多くの人々が集まり、名垂を慕う者が後を絶たなかったという。そこには、歌の力量の差はあったろうが、名垂と常方の人間の幅の広さの差が感じられよう。

六、和学者としての澤田名垂

名垂が最も優れているところは、和学者としての価値と思われる。それは、父澤田英から受けた、漢学儒学の基礎があったこと、また母十重子から受けた古典作品の素養が何といっても大きい。

この幅広い基礎的学習を基本として、いろいろな分野へと放射線状に広がりを見せていったのである。このような様々な分野に発展した会津人は恐らくいなかったろう。今ならまさしくマルチな活躍として有名になったことだろう。彼のところに集まって来る様々な者が多いというのも肯ける。

ただ単なる一般的な和学者ではなく、指導者としての見識をも十二分に持っていた名垂であった。だから彼は詠歌のみならず、古典や故実への飽くなき追求により、和学者として幅広く厚みのある活動を行い得たのである。和歌や古典の豊富な知識は、更に戯作風の作品にその才能が発揮されるのである。

『国学者伝記集成』の本居大平《おおひら》（本居宣長の養子）の項に「教え子名簿」が載せてある。その中に、会津からは、齋藤吉之助和應と澤田蕃《しげる》名垂の二人の名が載っている。大平に和学を学んだ名垂は、帰郷して藩校日新館の和学師範となった。知識欲の貪欲さの強い名垂は、江戸勤務の折に様々な人物と交流していたと思われる。ところが、そのような身辺雑話的なものを残していない。残していても会津戊辰戦争で焼失してしまったかで、残念ながら残っていない。
和学者としての名垂の名声は高かった。しかし、その業績を示すものとして、二つの書が残されているだけである。それは、『和学仕方の意見書』と『家屋雑考』である。この両書からしか、彼の和学に関する活躍の姿を見ることができないのである。

『和学仕方の意見書』

この書のタイトルは、「澤田新右衛門和学仕方ノ意見書」（『国学者伝記集成』）、「会津学風申出書」（『国書人名辞典』）、「澤田名垂意見書」（『会津藩教育考別録』）など様々である。そのいきさつについては、最初に「学校内和学修行方に付、御書取を以御尋被成愚存之趣取撮左に奉申上候」とある。「文政十年間ニ藩主ノ命ニ因リ、和学ノ仕方ヲ陳ベシモノナリ」と重野安繹は言う。そして、その項目を次のようにあげている。

和学の名称　所謂和学者は古学に偏せり　真の和学者　授業の方法　和学と神道　神道
神書の研究　歌学のこと　詠歌の事　擬古躰の歌文　古を学ぶは今を利するにあり　古学者の弊　文体　仮名交り文　漢語を忌む弊　仮名のこと　てにをはの事　先王の法服法書

このように十八の項目をあげているが、水戸藩主斉昭公が学制改革をするに当たって、会津藩主容敬公に諮問された時に、この名垂の『意見書』を以て回答した。それを読んで水戸藩士たちは大いに感心してその学識、才能、議論公平なることを称賛したという。中でも藤田東湖は、跋を付け加えて書いてそのいきさつを記したので、名垂の和学者としての評判が大いに高まった。

　この書の中には各分野の学問の道と和学との相違を指摘してはいるが、その根本となるところは、和学を他学問との融和、または融合を目指しているように思える。つまり、和学を総合的学問との位置付けを図ったのかもしれない。和学の初心者に対しては、

……幼年の諸生など最初より国史有識の書等、句読を授け居候ふ體の事にては迚も果敢々々しき儀に至り申すまじく候ふ所詮真文の和書読み兼ね候ふ程のものは、最初より和学懇望に候とも、先づ素読所へ差し出され、四書五経等素読相済み、史記漢書の類、相応じ独り看相成り候ふ頃より和学所へ罷り出し、儒学はもとより、弓馬槍刀剣等修行の暇々和書をも兼ね学び候ふ様、成り置かれ然るべく存じ奉り候ふ。さ候はば、是を以て初めより国史・有職の書など申す順序に之無く、……


と述べる。和学の学習には、四書五経の素読が済んでから、というように儒学の基礎をまず学んでから古典の作品に入り、更に戦記物語へ入ることを述べている。その後、故実の理解へと進むことを強調している。これは、あくまで和学は他の学問との誘導により総合的な学へと進むことを述べているようである。例えば、和学は神道とはっきり区別できないともいい、和学が総合的な「学」への道筋を示しているように思える。

　また、現在通用している文体を、漢文・仮名文・書札の文との三体に分けて説明している。大田南畝も、書上之体・俗文の体・漢学者の文体・和学者の文体・当時雅俗と共に通ずべき体、の五つの文体の例を『宛丘伝』[注14]の文章によって例示している。このことから、和学の文体に和学者たちは特に注目していることが

よくわかる。名垂も和文の文体に関心をもっていたことを示していた。このように彼の和学は、儒学・古典を基礎に学んでから国史・有職故実へと進むべきだという。この名垂の「和学仕方の意見書」は明治になっても識者に関心をもたれるほど、相当高いレベルの書であったことがわかる。

『家屋雑考』

序文によると「天保十三年葉月十日餘り　臣　澤田名垂」とある。名垂の亡くなる三年前の六十八歳の最晩年に完成したものである。この序文を読むと、まず禁中、神社、仏閣などの制度は古くから伝えられているが、堂上家、武家の家作りを明らかにし、「名と作り」を説明したものである。そして、これは公にするものではなく、草稿のまま藩主に掲出したものであるという。

この書は、明治二十四（一八九一）年に『百家説林』第七巻として初めて活字化されたものである。これは、この原本（写本カ？）を大槻修二が所蔵していたものであるという。

その後、『増訂故実叢書』と『古事類縁・居處部』（部分的）にも載せられていて、建築史の面からも注目された書となった。この書には挿絵や図解が多く載せられている。名垂の絵筆の確かさを示すもので、特に、寝殿造の絵が、昭和四十年頃まで高校の日本史や古典の教科書にはその見取り図が必ず載せてあった。この名垂の建築学上での功績について小倉強は、

家屋雑考の特質として挙げられるのは、単なる建築用語辞典としてではなく、我が国の住宅建築史の体系を整えた事である。家作沿革の項で其れを述べ、更に寝殿造、武家造の様式を詳述している。之

は前人未踏の企てであって、現代までも学界の貴重なる業績である。(注15)
と述べ、江戸後期における画期的な成果として称賛している。これも名垂の幅広い学問のあらわれといえよう。

七、随筆・説話・物語

『四季の御狩』—紅葉狩・鷹狩・桜狩

『四季の御狩』については、故、星勝氏が『会津史談』69号から72号に亘って連載されている。刊本したのは星氏が初めてであろう。(注16)これによると、名垂の原本は失われ、写本が諸所流布していたが、誤りも多いと言われている。星氏の解説によると、この作品の背景について、

文政五(一八二二)年二月、藩主であった兄容衆の死により、八代藩主となった容敬は、藩政を見ること三十余年、天保初めの改革を遂行し、内外の情勢が一そうきびしくなってきた嘉永五(一八五二)年二月、病のために死去した。会津藩は、天明・寛政の改革で藩政中期の危機をしのぎ、やや安定した文化・文政時代を迎えたが、天保初期、凶作が続き、藩財政は困窮した。庶民の救済とその対策に腐心し、天保十一年ごろには漸く平作にもどり、天保の改革は一応の成果を見た。

という。『四季の御狩』は、天保十(一八三九)年冬から始まる藩主の巡行を名垂が彼の古典の素養に基づいた文章で綴っている。

ただ、最後の「川狩」の部分は、門人の野矢常方の著述の分である。「紅葉狩」は天保十年九月二十日頃から、藩主に御供して、滝沢村の白糸の滝や大杉の里、猫山瓔珞の滝を廻り紅葉を愛でてきた紀行文である。「鷹狩」は同じ年の冬、本郷の高倉山で鷹狩を行ったこと。「桜狩」は翌年三月、石部桜、大夫桜を観賞し、牛が墓から種蒔桜や御薬園を廻った時の紀行文である。名垂六十四、五歳の頃のことである。「川狩」は嘉永三（一八五〇）年夏、野矢常方の筆になるものである。初め、この「川狩」を書いたが、草稿を失ってしまい、再び書こうとしているうちに名垂が亡くなったので、師の意思を継いで常方が書いたものであるという。

この『四季の御狩』は、当時、日新館の課外授業のテキストとして用いられたと言われるほどだった。漢詩も幾つか詠まれていて、会津における和文の水準を見る上で重要な作品である。

この紀行文で名垂は、どちらかというと、流暢な和文らしい文であるが、「川狩」の常方は、整然とした漢文調で格調高く書かれていて、両者の性格や学問の広さなどが窺われて面白い。

「桃大郎子《モモノオホイラツコ》傳」

名垂の数多い作品の中では、現在残存している中でも「戯作」風の作品も幾つか目立つ。「猿蟹傳」「哢《ろう》唖《あ》詞」「油揚傳」などの御伽草子や昔話に基づく作品の題名は見受けられるが、本文は「桃大郎子傳」だけしか現存していない。作品の題だけ残っているのを見ても戯作的なものと思われるものが目立つ。

形式は古代の物語風の形式をとってはいるが、「擬作」としていろいろ工夫している。特に「一書曰」という部分があって、考証じみた箇所を出して、いかにも通説の「桃太郎」の物語とは異なっているかのごとく、事実に基づいていることを強調している。

星氏の解説によると、本書は会津図書館所蔵の、『幽蘭室雑誌』三十下所載、澤田名垂著「桃大郎子傳」による、とある。これは同じく、齋藤和節の『耳目集』巻百三十五にも、本文が写されている。細かい語句の違いがあるが、内容はほぼ同じである。序文に、この書の作の由来について書かれてある。

それによると、乳母の〈おみの老刀自〉が、早くからこの書を好んで、この書に書いてない事までよく知っていた。そこで、友の三大郎や米松たちとこの「桃大郎子傳」を習ったという設定になっている。

更に、その序文の部分の最後に、「凡例」が三か条について記されてある。そこを抜粋して次にあげてみる。


一本傳今の世に流布するもの数本あり。所謂赤本・黒表紙・黄表紙・豆本是なり。其うち赤本(注17)最も古くて正しきにゝたりといへども桃大郎子の大の字を太とし郎の字下に子の字を脱し淤迩賀島を鬼之嶌と改めたる類ひ誤猶多からずとせず。故に此本文、もはら古写本に従へり。

ここには戯作の意識が強いことがあらわれている。また、字の違いをわざとしている「フリ」をしているが、すべて古写本どおりにしたと言い訳している。これは、江戸文芸独特の戯作の持つ特質ともいえるが、彼特有の「擬装」に過ぎない。しかし、もっともらしい「擬装」ぶりは、相当の古典的知識がないとできないことである。ここにも名垂の有職故実の豊富なことが窺われる。二番目に、

一本傳もと漢文なりしを後人の仮名にかきかへしハまがふべくもあらず。故に通篇悉く古言を用ると

いへども猶からふミよみのうつれる誤り多し。

ここでは、漢文で書かれてあったという、「フリ」をしてもっともぶっている名垂の姿が垣間見えて面白い。わざと間違った字を用いながら、言い訳しているのは、江戸風戯作の「もじり」を示しているようだ。

これについては、前記星勝氏の解説では「この桃大郎子伝はもと漢文であったのを、後の人が仮名に書きなおしたものであることは、間違いない。それで前編を通して全部古語をもちいているが、なお漢文読みが写っている誤りが多い」という。

その関係でか、齋藤写本の方は、所々に平仮名の部分に読みやすいように頻繁に漢字を添書きしてある。形態は『古事記』や『日本書紀』などの古書により、擬作風の雰囲気を出している。名付けて「校正桃太郎傳」と述べているところもなにやら擬装じみているようだ。

内容としては、まず、桃太郎の誕生を、流れてきた桃から生まれたとは異なり、媼が桃の実を持ち帰って翁と二人で食べたところ、味は甘くてまるで酒に酔った気持ちになった。そのうちに二人は急に若返って髪の毛も黒くなり、皺も伸びて艶やかになった。そのうち、媼は三年経ってから男の子を産んだ。それで名を「桃大郎子《モモノオホイラツコ》」と付けた、という話に転化させている。そのアイディアは凄く巧みでもある。ただ、それは一般に流布している御伽話とは異なるので、「一書曰」という形式で示している。

更に、所々に地名伝説的な説明をしている。荒地に足がたつことができたので、そこを「あだちが原」（安達が原）という話などが出てくる。また、附録として「鬼之島考」が付けられてあるが、本傳の「淤迩賀」を誤り伝えたものとして、その考証を薀蓄を傾けて述べているところは圧巻である。

また、「いぶかしく思ふ人もあるべけれど、本傳に見えたるをもて、まさしく古語の徴《しるし》とすべし。ゆめゆめ他の書をもて此の書を疑ふことなかれ」といっている。次に名垂の「擬装ぶり」がよくあらわれているところなので、あげてみる。

しかるに淤迹賀島の名、本傳より外には他書に見及ばざれば、猶疑ふ人もあるべけれども、皇国の古史に概ね帝王本紀の体裁にして、国津神、国津臣のことまでは詳かにしも記されず、嶋の名はさらなり。さばかり勲功ありし太郎子の名すら載せられず。前に此の傳の世に残れるはこよなき幸ひなれば、見む人、この傳をもて他書の欠けたるを補ふとも、かへすがへすも他の書をもて此の傳を疑ふ事なかれ。

太郎丸　誌

とある。ここに名垂の「擬装」ぶり、言うなれば、本物の「フリ」を真面目くさって行う、名垂の見事な装いぶりが発揮されている。「本傳をさへ浮世の偽書ならむと疑ふ者あり。大いなる誤りといふべし」と言っているが、本気になって主張しているわけでもないのである。ただ真実な「フリ」をしているだけで、それを、漢文で書いたとか、和名抄、古事記、日本書紀を初め、万葉集、続日本紀、景行記、漢書の周易まで引き出して、擬装している名垂の姿は、会津の文人に珍しい特色を示している。

『阿奈遠可志』

多芸で多作の名垂の作品が全て残っていないのは残念であるが、それでも門弟たちが、保持していたり、写本を集めたりして残されていたのは僥倖《ぎょうこう》と言わざるを得ない。
中でも最も有名なのは、艶笑物語と言われる『阿奈遠可志』である。奥書によると、本書は文政五（一八二二）年水無月に完成したものである。作者四十八歳の作である。
この作は「歌物語」の形をとっているが、たしかに『伊勢物語』を模したところがある。それに江戸期独特の諧謔と軽い滑稽さを味付けたところに特徴がある。ただ単なる性愛物語ではなく、岡田甫氏は江戸の三奇書の中では傑出したものだと高く評価している。（注18）
序文にはこの戯言を書き始めたのは月日も年も覚えていないと言って、わざと朧化している。また、下巻の奥書（ある本とないのとがあるが）には、

この一巻、まずうち見るより、いと思はゆくて、おもがくしにさへ開かるるものから、女の心得べきこと、はたなきにしもあらざンめるをと、我が大人の勧めここえ給ふ間に間に、汗あえつつ辛うじて写し留めぬ。渠の狂女の伝へ如きは暇のあらむを折、別に知るさまほしうなむ。時に文政五年壬午水無月、清水氏の女記しぬ。

とある。この艶笑物語を書くにあたっては、ひどく恥ずかしくて遠慮がちに開かれるだろうが、女の心得ねばならないことが無いわけではない、といって弁解じみて書いている。そして、書いた狂女については、わざと別の機会に書くということにして、あくまで擬装している。だから、思い切って赤裸々な話でも遠慮なく書くことができたのだろう。

第一話では、

尻のあな、そのとなりめく所を呼びて、前どのはまだおめざめ給はぬにや。よべはいかなるまれびとのいはしましつるにか、いとにぎにぎはゝしくて、よそながらいもねられ侍らざりきといふ。前いとはずかしげにて、何ばかりのことも侍らざりしが、よべはなき人の逮夜にて侍れば、いさゝかものりんのわざをいとなみ侍りしといふ。尻うなづきて、げにさればにや、見なれぬ大法師の、いでいりしげくはべりつるはとぞいひける。

という調子で書かれている。軽妙洒脱なタッチで描かれ、少しも違和感が感じられないところは、さすが。多くの書に親しみ、古典の素養が各所にあらわれているのは、やはり、和歌の効用にある。それが、下卑た通俗に流されず一歩手前で踏みとどまっているわけである。その和歌も、岡田甫氏によると、古歌からの用語を縦横無尽に使用していると指摘している。

しかし、その背後にあるのは、いかにも他人が書いたように装う擬態さが出ている、それも、自然なものではなく、すぐ見破られるような「擬装」なのである。擬装しているということが、逆に言うと、わざわざばれやすい姿態をとっているように思われて仕方がない。

なお、この『阿奈遠可志』の写本又は模写本が伝播する一端が、齋藤和節の『耳目集』に書かれている。それにしても、この作品は、写本が更に転写本へと多く世に出回っていた。しかし、印行を明治になって試みてはいるが、内容が内容なので、発禁の憂き目に遭うといって、実行できないでいた。

大正八年に『会津図書館本』が刊行されたが、よく発禁にならなかったことは不思議である。ただこの本については名垂の玄孫の澤田薫（例外）の澤田本が発刊されている。詳しくは『歴史春秋』第77号の「齋藤和節と『耳目集』（三）」を参照していただきたい。

『宿直物語』

この『宿直物語――一名うなゐ物語』は『続日本随筆大成』第五巻に所収されている。その解題には「極めて滑稽の談を主とした随筆である」とあり、あとがきには、「先に著はせる桃太郎子伝と、もに、辺見の老刀自がもとより伝へ得る所にして、何人の誌せる書なる事を知らず。其の事から大むね世の語りつぎ、」とあって、あくまで、伝聞形式により本物らしい「擬装」の形態をとっている。

また、その最初には、「とのゐのつれづれに若き人々と語りあひて、こよなくをかしゝとおぼへつることも、猶あかぬ餘り物にさへ書いつけてんとおもひなりぬ」というように説話的要素を多く取り入れている。

この書に最初に着目したのが、児童文学者の巌谷《いわや》小波《さざなみ》であった。一種の説話物語のようなもので、ここでもその話の中で和歌が挿まれているが、彼独特の軽妙な歌が、その書を効果的にしている。その十六話に、

或る法師、国々行脚して宮城野を尋ね行き、萩のいとをかしう咲き乱れたるに見とれて日をくらしけるが、厠を求め煩ひたりしが、花のかげに居隠れてものしたるけるに、風のいみじゅう吹て、萩の葉するやうにくそまり多くはじき飛ばしければ、法師驚き、衣の裾高うかゝげながら方へに踊りのき、しばしあきれてたてりけるが、

宮城野やくそまり散らばいかにせん
はた織るむしの殿もこそあれ

と独りごちけり。所がらやさしき心しらひになんありける。

とある。このように、当意即妙で、軽妙な話や、不思議な説話風のものなど、長短の長さはあって、一定の文量にはなっていない。

上巻二十四話、下巻には二十三話あって、どちらかというと、中古の歌物語を擬作したような体裁をとっている。そして、和歌と文との融合に工夫を凝らしているところが多々見かけられる。手慣れた文体により、滑稽な戯作風の中にも雅な味を出そうとしているところは、名垂の才のもたらすところとして評価が認められる。このような俗の中に潜む雅の部分が、単なる戯作に陥らない名垂の真価なのだろう。戯作『阿奈遠可志』の評価を指摘する者が多いのも和歌によって辛うじて「雅」をあらわしているからであろう。

「擬装する文人」澤田名垂

前に澤田名垂に関するものを書いた時、作品をじっくりと読んでみるとその特性がつかめるのではないかということを課題として残しておいた。

今回、名垂の作品を改めて読んでいくうちに「才の人」の名にふさわしい文人と再確認した。そして「多種多芸の活動」「雅と俗の意識」によってそれが彼の持ち味となっていることに、改めて感じ入ったのだった。

更に今回は、「擬装する文人」の姿にこそ、澤田名垂の本質があるという事に気付いたのである。「擬装」

という概念はあまり良い意味に用いられないが、文人が必ず持たなければならない性質のものである。フィクションとか虚構は作品にとって必ず必要な要素である。しかし、「擬装」はもっといやらしいものなのである。つまり、もっともらしい「フリ」をどのように示せるか、という高級な仕様なのである。それがこの名垂にあるのだから面白い。

その「擬装」ぶりが最もあらわれているのが『無名歌集』である。この吉野朝の歌集を模倣した作品を作り出した名垂の力は凄い。塙保己一がこの歌集を本気になって取り上げて『群書類従』に入れようとした逸話に、彼の作品に対する向き合う姿勢がよくわかる。その上、彼のその「擬装」ぶりは、心底から本気になってはいないのだから悩ましいのである。それも、「擬装」だとわかるような「フリ」をするのは見事と言うしかない。

更に、戯作風の作品にはその「擬装」ぶりの本領が発揮されるのである。古典や漢書を駆使しながら、その「フリ」をして面白おかしく「擬装」する姿勢は、江戸の戯作者とは異質なものを示しているようだ。それは和漢の知識と教養を身に付けていた事からくる、体臭みたいなものを持っていたとしか言いようがない。

彼は、もっともらしい「フリ」をしながらそれを楽しんでいるかのようである。『阿奈遠可志』や『宿直物語』では王朝風の物語の「フリ」をしている。それが、「桃大郎子傳」では『御伽草子』に基づく「異聞桃太郎傳」を創り上げて、しかも、考証的な薀蓄を傾けて通説との違いをくどくどと述べるところに、文人、澤田名垂の姿が髣髴と浮かんでくる。だから不思議な文人である。そして、会津には珍しい特異な文人の存在なのである。

注

（1）笹川壽夫『会津の文化』「澤田名垂の人間像」（歴史春秋社）
（2）中野三敏『十八世紀の江戸文芸』（岩波書店）
（3）『続々群書類従』第十教育部
（4）『大田南畝全集第十巻、随筆Ｉ』
（5）なお会津史学会の間島勲会長が総会で「澤田名垂」についての講演を行っている
（6）この『耳目集』については『歴史春秋』第76号から第78号にわたって掲載している
（7）『歴史春秋』第16号や『阿奈遠可志』解説にも『耳目集』からの引用が多い
（8）松野陽一「近世和歌史と江戸武家歌壇」（新日本古典体系『近世和歌文集上』所収）
（9）（10）揖斐高『江戸詩歌論』第四部・第二章「江戸派成立―新古典主義歌論の位相」（汲古書院）
（11）皆川淇園。江戸期の漢学者で、寛政期第一の漢詩人としても高く評されている。実弟、富士谷成章は国学者。和歌は有栖川宮熾仁親王に師事す。国語学史上の業績も多い
（12）名垂の『無名歌集』を塙保己一が手に入れたいきさつははっきりしない。またここでは名垂が「保己一を驚かせようとして書いた」ことになっているが、その事実に関してもよくわからない
（13）楠公父子が櫻井の駅で詠んだ訣別の歌
君がため散れと教へて己なで嵐にむかふ櫻井の里
（14）『大田南畝全集』第十八巻。「寛政十一年六月七日『宛丘傳』」
「五体書上文之体、江戸青山久保丁薬種屋長兵衛」所収
（15）小倉強　仙台高等工業学校校友会雑誌『萩の友』第二十九号「澤田名垂翁と家屋雑考」（昭和十一年一月二十日）
（16）一般に発行されたものではなく、『会津若松市史』資料の一環として活字化されたもの。
（17）赤本は、昔話の伝承など、子供向けの娯楽的読み物で、江戸中期から後期にかけて刊行された絵入りの本
（18）『秘籍　江戸文学選』第一巻解説（昭和四十九年七月刊）（日輪閣）

（『歴史春秋』第81号より）

会津高田組郷頭　田中重好の世界

地元でも関係者以外にはあまり知られていない、会津高田組の郷頭田中重好《しげよし》について述べてみたい。郷頭や肝煎は、村々の行政・犯罪から監察・殖産・生活全般、村の全てに亘って関わっていかなければならない。したがって、郷頭や肝煎の働きや才智によって、在郷の暮らしぶりが変わってくる。江戸の後期になると、米の経済から貨幣の経済へと変遷していく。それにしたがって、宿駅のある村は、商業生活へと発展していく。このように郷村の生活事態の変遷は目を見張るものがある。そんな中で郷頭の役割も複雑になってくる。

一、田中文庫の存在

現在、会津美里町高田の天野セイ子さん宅には、田中家の文書が保管されている。目録によると、一二九三点の文書が残されている。そのうち、ほとんどは田中家三十三代目の田中重好が執筆したものである。その多筆ぶりは恐ろしい程であり、一人の者が書いた文書がこれほどたくさん残っているのは珍しい。今は亡き天野謙吉氏が実家の田中家に残っていた文書を大切に保管していたことが、このような幸運を生んだのである。天野謙吉氏は京都大学医学部に学んでいる。

その時、新島八重と親しくしていて、新島家には、会津の旧新鶴村出身の風間久彦氏とよく顔を出していた。『歴史春秋』第77号の集合写真にはお歴々が写っているが、その一番右端にいるのが天野謙吉氏である。

謙吉さんの姉さんが天野家に嫁いだが、後継者がいないので、弟の謙吉さんが養子となって天野家を継いだ。戦後になって、会津高田町に戻って医院を開業した。そのお蔭で田中家に残された文書を整理して、保存に努めることができたのである。

そして、田中家の古文書の解読に中心となって携わっていたのが、元会津史学会会長の金田實氏と理事の故伊東實氏だった。その結果、田中文庫の文書を整理して目録もできた。その主なリストを資料1としてあげておく。(71頁)

①から④までは旧記に当たる表向きの記録といえる。この四件は町指定文化財にもなっている。⑤から⑧は内向きの由緒物と言われるものである。⑨は、伊東實氏が『会津史談』67号で、既に紹介されている。最後の㊱から㊴は、重好以外の田中家の代々の当主が執筆したものである。

二、田中氏の系譜の記録から

次に、田中氏のことに若干触れてみる。『田中氏系譜』の中から主なものをあげる。

○田中氏の祖がはっきりするのは、十七代氏綱で、その後二十代頼任からは葦名の旗下となる。

○二十一代盛俊―盛高、高田城陥落の際、小俣幸高の首級をあげ高田邑五十貫文の地を与えられ、盛高の一字を与えられる。

○二十三代道綱―南山長沼氏との戦いに功績あり、高田周辺の地、五十貫文の地を賜る。

○二十五代重綱―伊達政宗に敗れ、蒲生氏の要請あるも恥を忍んで二君に仕えず。

○二十八代重久―坂内五郎兵衛の代りに郷頭となる。

○三十二代慶名―幼児より神童、多才博学で、俳諧師として名を成す。
このように始めは武士として活躍し、土着した後は郷頭として在地勢力の中心となっていく姿がよくわかる。

これは、戦国時代末期に武勇を誇った家は江戸期に入ると、世の中が平穏になって、武士としての活躍の場がなくなってくる。すると、武士達は土着して豪族化するうちに、次第に村の有力者となっていくことは、しばしば見受けられることである。

田中氏の系譜をたどってくると、このような経歴を経ていく典型的なケースは各地にみられる。葦名以後、度重なる会津の領主の交代によって、この地域の土着の豪族達が勢力を温存しながら、広域の村々を支配下に収めて強烈な郷頭へと変貌する。(注1)

三、田中重好の執筆活動

彼の書いたものを内容から分けてみると、「外向きのもの（公的な記録など）」と「内向きなもの（私的な田中家向きのもの）」になる。行政者として、残さねばならない郷村の記録や表向きの田中氏の由緒などと、あくまで子孫のために残しておきたい私的な記録や暮らしに役立つものとに分類することができる。

中でも、外向きの記録よりも、重好の気持ちが時々顔を出す内向きの私的なものに興味関心が動く。特に『田中氏相伝雑記』と『諏方暦』の空白部にメモした記録を紹介しながら、田中重好の世界を述べてみよう。

重好が、多種多様で厖大な記録をなぜ残したのか、『田中氏相伝雑記』「慶名君之事」から引用してみよう。

予、去年の春より殊に身体衰ひ、世に處するの日、僅かふる事を知り、不幸にして男子を失ひ、重徳を聟として家を継がせんとせしに早世し、孫なる昌次郎は無頼の悪徳によりて家に居る事なく、其の弟は又不才にして、母は女なれば、得て遺言するも程なく、家の事は後に知る者なからん事を思ひて、幼稚より聞覚へたる事を記して後に伝ふるなり。言質他の人に深く秘して祖先の是非をいはるゝ事を免がるべし。然る時は、予が此の伝を書きたるは、却て用なく中には祖先の過ちを説くにあたれど、是非得失は天理終に顕れざる事なく、其の先祖の事につきては、昔の人の志気をも知り、時の損益をはかるに甚だ助けあるを以て竊かに筆記して、子孫に残すものなり。

この書は家のことなど、後になってわからなくなることを心配して、幼い頃より聞き覚えたことを子孫に記して残すのだと述べている。また『新編会津風土記之事』には次のように記されている。

❶新編会津風土記、旧家に、坂内・吉原・渋川の三家のみ有りて我が家の事なく、又伊佐須美神社の記に、道綱様智鏡に従ひて上京せし事をも載せられざるは故ある事なり。
❷智鏡の事ハ廣く世の傳ふる所にして、又舊事雑考を始め書きたる本もあれば、是を捨つべき様なく智鏡が奏によりて、神階を給りし事は載られたり。されば、道綱の事も載せられず成りしなり。道綱、上京の事は昔より里人の口碑にも傳へ、又伊佐須美の社の記載にも慥なとは、神主より書き送る文書

も今存在して、古文書の中に納め置きぬ。此の時、其の撰ぶ人に就きて、祖先の事を載せ家の光を増すべしといひし者も有りしかど、我、弱冠の時、志気誠に甚しく賄賂などいふ事ハ甚だ嫌ひし故、他の家々は夫々の送り物などして頼みたる由は聞しかど、我は実なる事を人に頼みては、却て人の虚と疑はん事を恐れて、頼みの事は、ふつにせざりし故、是を正すの役人、実を申さずして我が家をば載せられざりしなり。

❸此の風土記にはすべて誤る事のみ多き故、予、桜農栞を撰ぶの日、其の違へるを論弁して、伊佐須美の神主、渡邊惟一則に見せて違へる事あらば、其の正斧を得て実を書し、後世に伝へんと云ひ送りしに、数月留めて是を写し、人の諱など覚へ語るをば、附託して返したる時、貴所の撰ぶ所は実録なれば、申す所なく當宮にても重宝なるよし、書き送りなしなり。

ここには『新編会津風土記』編纂に関することが書かれている。これによると、会津高田の「旧家」として、坂内・吉原・渋川の三家のみ載せて、我家のことを載せてないのはおかしいと述べている。❷の点線部の通り、有力者の家では、家のこと、祖先のことに光を当てるように運動していることが書かれている。そのことを重好も勧められているが、当時、重好は十九歳で、父慶名の後を継いで郷頭になったばかりだった。

歳若く〈賄賂〉などということに対しては潔癖であって、そんなことまでして却って人にウソだと思われることを恐れて、運動などしなかった。だから我家のことが載せられなかったのだと言っている。

このような村々の調査は、直接村人と接して書上げたのは、おそらく郡方の役人だったというが、直接村々を廻ったかどうかは不明である。したがって、〈賄賂〉の件は具体的には叙述されていないので、詳細はわからない。恐らく下部の役人達に対してのことだろう。それにしても重好にとっては、〈賄賂〉という言葉を使っているところから、余程悔しかったに相違ない。

このように祖先や家柄の優れていることをしつこく望むことは、当時の風潮だった。それは、古い家系がものをいう時代で、競って旧家であることを誇ろうとする姿勢が見受けられる。

田中家でも、旧家の中に入れないということは、田中家のアイデンティティをゆるがすものだった。だから、公式の風土記という地誌の「旧家の項」に記載がないことは、旧家を証明する機会がなくなり、逆に田中氏の由緒が根底から覆される大事なことになりかねない。

だから❸で「風土記にはすべて誤る事多き故、予、桜農栞を選ぶ」と不満を述べて、弁明する書を書く理由を記すこととなるのである。藩の編纂した公の風土記に対して、このように不満をはっきり述べているが、これは重好の持ち味である「事実に対する異常なまでの執着心」の執筆態度のあらわれとも思われる。

「高が旧家に入らなくとも」と思いがちだが、筆の怖さを人一倍知っている重好にとっては、このまま見過ごしてそれが後々に残ってしまうことを極端に恐れていたのである。

だから、『桜農栞』「村中の巻」のところでは、

❶古ヨリ旧家ト称スル家ハ皆武士ノ子孫ニシテ、一城ノ主タル者モ少カラズ。暫ク世ノ機ヲ見テ隠レ居ル者ノ類ナレバ、凡テ正シキヲノミ事トセシガ、時ナルカナ、命ナルカ、百五十年来、旧家次第ニ

滅シテ今纔ニ残ル者七、八姓ニ過ギズ。
❷古旧家……田中氏二軒・坂内氏・礒氏・船木氏・芦原氏・丹藤氏・小林氏・佐瀬氏・福田氏・渋川氏・猪俣氏・西田氏等ハ皆武門ノ家ニテ牢人シテ久シカラザル故、内ニテハ皆苗字ヲ用ヒテ書キタリ。此ノ事ハ延宝元年（一六七三）ヨリ記スル田中重久日記ニ詳カナリ。
❸文明以来、伊佐須美ノ太神ヲ世々信仰厚カリシニ、文亀三年此ノ社、回禄シテ位記口宣ヲ焼失セシヲ深ク憂ヒ、法幢寺ノ智鏡上人ト心ヲ一ツニシ、五十貫文ノ地ヲ其ノ料トシテ積ム事、数十年ニ至リ、終ニ智鏡ト伴ヒテ、京師ニ至リ、便ニ因リテ歎キ訴ヒ、天文二十年辛亥十二月十四日、再ビ正一位ノ口宣ヲ賜ハル。此ノ時、道綱先祖ノ例ニ因リテ、左衛門尉ニ任ジ、正六位上ニ叙ス。此ノ時、参内ノ衣服、今猶家ニ伝フ。

とある。この「村中の巻」では、『新編会津風土記』には書かれていない事柄について書いてある。❶❷のように高田の旧家として正しい事実を詳述しようとしている。

そこには『桜農栞』五部作や『徴古録』などを書かねばならない動機がわかってくる。特に、「古旧家の項」には三十六枚もの分量を使って色々な資料をあげて、力を入れて書いている。

中でも、漏れた旧家のうち舟木家のことが、十三枚に亘って書いてある。さらに、天海慈眼大師のことや系図のことも委しく書いてある。そしてその次の項に田中家のことが五枚ほど書かれてある。これを思うに、この舟木家と田中家のことはぜひ載せて貰いたかった強い気持ちがよくあらわれている。

また❸には、伊佐須美神社の件について、田中家二十三代目の道綱の業績が改めて述べてある。文亀三

（一五〇三）年六月二十一日に回禄（焼失）して、正一位の位記を焼いてしまったので、二十三代の道綱が智鏡上人と一緒に京に行き、一位の口宣を貰って来る。『会津旧事雑考』には「法幢寺住、智鏡天聴に達し賜ふ」とあって、先祖の道綱の功績が記載されていないことに対しての不満も露骨に示されている。

四、父、慶名（東昌）のこと

ところが、重好は父、慶名のことになると、賞賛の言葉に溢れている。確かに父、田中慶名（東昌）は天才でカリスマ性のある多種多才な粋人であったことは事実である。その一端を重好は次のように書いている。

❶長ズルニ及ビテ、百技ニ渉リ、又物産ノ学ヲ好ミテ、桂川甫周翁ヲ師トシ、製物、平賀鳩渓（源内）ガ右ニ出ルモノアリ。越後ニ産スル燃水ハ日本紀ノ古ニ出レドモ、千有余年、常ノ燈トスル事ヲ知ラズ。東昌、越ニ游ブノ日、是ヲ製シテ悪臭ヲ去リ、燈盞ニ盛リテ燃ヤスコトヲ教ユ。其ノ技ノ態ヲ美ニシテ人其ノ名ヲ云ハズ。一才一人ト称シ、芸技ノ府庫トス。書画道和禮武技喫茶瓶花鉄筆、皆ナサザル所ナク、又、世用ノ酒菓、食物ヲ始メ、瑣末ノ事ト雖モ皆ヨク通暁ス。

❷或ル時、北越ノ米山ヲ過リ、一偉ノ翁ニ会ヒテ韜畧ノ奥秘ヲ伝ハリ、秘シテ人ニ語ラザル事、数十年、晩年、其ノ道ヲ仙台ノ隠士、大屋士由、本藩桜井弥一郎右衛門、及ビ、男、田中重好ニ伝フ。

❸東昌ギリト名ヅクル護身ノ妙器ヲ製シ、忽チ千数十ノ人ヲ卒倒スルノ技ヲ発ス。又、兩股ノ鎗ヲ製シテ、天来鎗ト名ヅケ、当世ノ戦争、古人ノ知ラザル隙ヲ繋ツノ器ヲ作レリ。然レドモ人多ク其ノ態

ヲ知ラズ。竟ニ挙ゲ用ユル人ナシ。門人諸国ニアル所、千五百余ニ及べリ。此ノ村天海以後ノ英才タルヲ以テ其ノ伝ヲココニ記シヌ。

（『桜農栞』村中之巻より）

ここでは、「石油の事」「韜畧（兵法）の事」「東昌ギリの妙器」の三点をあげている。

ただ残念に思っていることは「何を書き給ひても終り給ふ事なく、ただ随筆一巻は予を側に置き、しかじかと物語書く」

（『田中氏相伝雑記』）

ここでは、父東昌が物書きをほとんどしなかったので、書いた表向きの記録は勿論、私的な書も残さなかったことが残念だと述べている。

父、慶名（東昌）の誕生のいきさつは、子に恵まれなかった父が出羽の国、八聖山に祈ってようやく生まれたので、「出来蔵」と名付けられたという。

幼児から神童と呼ばれ、十四、五歳の頃、「殊に夜を込めて文見給ふに、眠りしきりに気ざる故。熊膽《くまきも》を飲んで眠りを覚ました」というが、熊膽は高価なものだったので、机の上に小刀を置き、もし眠れば忽ち喉を突いて眠気を覚まして一心に書を読んだという。才能があってもさらに学ぼうとする姿勢がわかる話である。

また、高田の自宅で継声館という塾を開き、郷村の子弟に学問を講義している。このことは『継声館日記』が残されており、子の重好も親の後を継いでこの塾の運営を続けている。(注2)

重好の書いた『諏方暦』のメモには、弘化元（一八四四）年から毎年正月の項には受講生の数などが書いてある。弘化三（一八四六）年には「学問始メ　男十八人、女八人、以上廿六人、不参十一人」と記載してある。同年九月の項には継声館に、有力者の娘達が三名親に連れられて入門していることも記されている。また、この時の講義では、儒教の四書五経の講義が行われ、学問の進度によって高度な儒学に進む者もいたようだ。

このように重好の父、東昌は優れた業績を残しているが、安積艮斎の「東昌田中翁墓碑銘」には、平賀鳩渓《きゅうけい》（源内）とも匹敵するほどの物産学に秀でた人物と高く評価している。

一般にはそれほど知られていないのは、先に述べたように、記録や書を残さない彼の生き方に原因があったと思うが、子の重好は逆に物凄い記録魔だったので、東昌のことが明らかになっている。

しかし、重好の自分の活動については誰も書き残してくれなかったので、詳しいことは彼の書き残した書でしかわからないのは皮肉である。そんな彼の凄い執筆ぶりは、若松の商人、齋藤和節と並んでその多筆ぶりにはもっと注目されてよいと思われる。

そこで、重好の執筆姿勢をまとめてみよう。まず多筆で、あらゆる方面のことを記録している「記録魔」である。そして、古文書などを探索したり、様々な分野の書や書付、刊本などを写している。『自理辨疑《べんぎ》（検便法）』『名酒造方悪酒直方』『女子帯かつき初之事』などにも及んでいる。

その執筆方法は、証拠を出して論理的、考証的に述べようとする。例えば、『十目抄』には湧き水の比重を計って、土の良否を計っていることが書かれている。和漢の古典を学びその知識に基づくものもあり、各地からの情報は聞書きや記録などをみてみると、意外に早く伝わっていることがわかる。会津地方の郷村の動向など郷頭の活動状況が、この重好の残した記録の山によって明らかになると思われる。

五、天海慈眼大師との関係

高田生まれの天海大僧正、慈眼大師とこの重好との関係に触れてみる。

❶『慈眼大師誕辰考』より

天保己亥十月廿五日ノ午後ニ、龍興寺五十一世ノ主、甚雄、急ガハシク令書ヲ携ヘ来ル。（中略）時ハ申ニ向カハントス。予、イソガハシク筆ヲ採リテ、其ノ夜ノ三更ニ草稿ナリ。又、翌日書クニ随ヒテ写サシメ、其ノ日ノ暮ニ至リテ、甚雄ニ送ル。是ヲ以テ可否ヲ選ブニ暇ナク、唯思フ所ヲツヅリヌ。後ニ聞ケバ、此ノ年ノ師走ノ頃、江戸ニ送リタルトゾ。

❷『諏方暦』メモより

天保十年十月廿三日　昼後、龍興寺来リ、慈眼大師書上ノケン云。
　十月廿四日　今日ヨリ慈眼大師誕辰考ニカカル。
　十月廿九日　今日モ雪タマル、誕辰考成ル。
　十一月廿三日　慈眼大師ノ書上草稿、龍興寺ヱ渡ス。

天海が亡くなってから、天保十三（一八四二）年で丁度二百回忌を迎える。そのため、その三年前の天保十年に、寛永寺から若松の延寿寺を経て年譜作成のため、天海が得度した高田の龍興寺（田中家の菩提寺）の住職、甚雄の所に天海生誕に関する書上書の送付を依頼してきたという。

その経緯が❶❷の資料に述べてある。❶は『慈眼大師誕辰考』のあとがきの部分である。寛永寺で出した『慈眼大師全集』の下巻にも掲載されている。❷の方は、『諏方暦』空欄のメモである。

この二つからその経緯について述べてみると、天保十年十月廿五日に龍興寺の五十一世住持の甚雄が郷頭の田中重好の所に慌ててやって来て、役寺から書上書の提出を求められたが、この寺の住職になって日が浅いので、詳細についてはよくわからないから、代わりに書上げて貰いたいとのことだった。

重好は一応断るが強いて頼まれ、やむを得ず「思うところを書くから、あなたもわかっているところを付け加えて、それをまとめたらどうか」と言って、その草稿を渡したということが述べられている。

ところが、❷の重好の書いた『諏方暦』のメモによると、そこには、十月廿三日に、この件について住職が依頼してきたと書かれている。そして、次の日から原稿書きにかかり、十月廿九日の記載で、草稿が出来上がっていることが記されている。

さらに二十日ほど過ぎて十一月廿三日の項には、「慈眼大師ノ書上草稿　龍興寺ニ渡ス」とある。これと先の『慈眼大師誕辰考』の方と日付がズレている。

これは、おそらく外向きの書上げと、内向きの記録・メモとの違いだと思われる。『誕辰考』の正式な書上書では、言いわけしたり、謙遜したりしている箇所がある。重好のメモからみると、正式には二十日ほどかかって龍興寺に提出している。その間、推敲を重ねたり、付け加えたりしていたようである。

ここら辺が、メモと書上書とのズレがみえていて面白い。『誕辰考』の方は「此ノ年ノ師走ノ頃、江戸ニ送リタルトゾ」とあるが、どうも内向きのメモの方が事実のように思われてしかたがない。この書上書を書くに当たっては、天海の実家の舟木家のことをよく調べている。だからこの当時、高田で最も詳しい天海の縁起だったと思われる。

なお、田中家の子孫の田中仙三が、明治から大正にかけて高田町長になっているが、須田光暉が大正五年の『天海大僧正』を書いた時に、田中家に残された資料をみているようだ。

六、佐竹永海との関係

さて、この天海慈眼大師と重好の関係がもう一つある。『諏方暦』のメモの中からその部分から次にあげてみる。

◆『諏方暦』（仮称　重好日記）弘化元年九月
同三日…此ノ時、文晁（谷）門人、當国ノ産、永海ト云画工久シク東都ニ有テ上達甚高名ナリ。彦根侯エ十七口ニテ被召出、近習並ニテ御奉公ト云云。此人、慈眼大師ヲ甚尊信シテ、當村ハ御誕生ノ地元ナル由ヲ聞キ、星岩松ヨリ典章ヲ以テ、我等留守ヲ尋ヌ。ヨッテ先ヅ龍興寺ニツカハス所、東都ヨリノト云者席書ヲナシ、終ニハ有竹君ノ助言ニテ永海扇面二本書キ、夫ヨリ権平方ニテ宿ヲナス。同四日、御奉行御起後、平山エ行キ永海ニ面談、又画ヲカクヲ見ル。門人周水モ画ヲ書ク。夫ヨリ酒食ヲナシ帰ル。八ツ頃永海来リ什宝ノ書画ヲ見セル。（中略）扨、永海、懇切ノ望ニヨッテ慈眼大師御衣ノキレ、我等代々伝フル所ノ品ヲ半分永海ニユヅル。酒モリ以前ヨリ永海妻に中シテ扇面三本ヲ画キ、幾四郎ガ手本ニ簾紙へ馬ト鍾馗ヲ二枚カキ、日暮方ニ帰宅ス。且江戸表へ暇取延ノ飛脚ノ左右無心許ニヨッテ不止宿帰ル。

弘化元（一八四四）年九月に佐竹永海は会津に来ていることが、上段の資料でわかる。そこでは、永海がわざわざ高田にやって来た理由が述べられている。永海は物凄く天海慈眼大師を崇敬していたので、ぜひ天海生誕の地である高田の郷を訪れたいと思ってやって来たという。

重好は平山権平宅に行って、永海とその弟子、周水の絵を描くのを見学している。翌日、田中家にやって来て、田中家の什宝をみている。その時、永海は、慈眼大師の御衣の切れ端をぜひ貰いたいと強く願っている。

そこで、重好は我家に代々伝えられているその御衣の半分を永海に譲っている。その折に扇面に絵を二、三本描いて貰っている。このような重好と永海との接触があったということは、この記録を読んで初めてわかった。このような簡単なメモといえども見逃すことができないものだとつくづく感じた。

そんなわけで、高田組の郷頭、田中重好の残した多くの記録の中には、正規の郷土史にはあらわれない事実が存在するということがわかった。郷村の村役人の中には、記録が最も重要なものだったということが、この重好の記録を読んでみてよくわかる。

四十年ほど前に、筑波大学の千葉徳弥教授が高田文庫を見学に来たが、一人の人間が書いた文書がこんなにたくさん残されているのは珍しい、と言って、特にこの『諏方暦』の空白部にギッシリ記入されているメモをみて、感心していた。早速写真におさめて帰って行った。しかしその後、何の音沙汰もなかった。価値のないものと思われたのかもしれないが、むしろ、破損している部分があったり、切れてなくなっている箇所もあって判読できず、苦労されたのではなかったか、とも思われる。

資料2をみてもわかるように、暦の空白部にカタカナでギッシリと書かれてあるが、まさに、メモまたは忘備帳のようなものだが、よくもまあこんなに細く微細に書き込むことができるとは驚きである。おそらく、鼠の髭の毛でもって作られた筆によるものと思われる。

拡大しないととても読むことができない。しかも、メモだから書いた本人がわかればよいので、フルネームで名が書かれていない。同名もいるし、特に女性の場合、名前だけでは似たような名が多いので、どんな関係の女性か判断できない場合が多く、区別するのが難しい。

さらに、人と人との関係についても、本人は書かなくてもわかることだが、他人にはわからないところもあって、理解するのに困難なところが多くある。それほど、このメモの文を読解することは難しい。

しかし、重好の残した『諏方暦』のメモがこれほど克明に書かれているわけは、次の三点にある。

1　まず、早くから父慶名から郷頭の職を受け継いだこと。そして、その後五十年に亘り郷頭の仕事をして、行政役を巧みにこなしたこと。

2　多方面での仕事をこなさなければならなかったので、メモ帳のようなものに記録しておかなければならない必要性があったこと。

3　交際が広く、面倒見がよいところがあって、村々の全てに携わらねばならなかったこと。特に〈出入〉や訴訟などに関係することが多かったので、記録は必要であったこと。

このような日記は「人に見られることを意識するか」「自分だけわかればよいか」のどちらかである。だから日記やメモがどういう存在かを意識していないと、誤ってしまうことが多いのである。

もう一つ気付いたのは、「天気」と「酒」のことである。天気のことは必ず書かれている。若松の御用商人、林光治の『上方日記』にも毎日必ず書いてある。高田は農村で宿場なので、殊更天気のことに神経を使っていることがわかる。

また、「酒」を飲むことが頻繁に出てくる。これは当時、酒が大事な社交上の風習だった。今みたいに「一人で酒を」というのは後々のことで、この頃は、集まれば複数で酒を飲んで談じ合い、互いの意志疎通には絶対欠かせないものだった。

七、苦労する私的なメモの解読

このような〈私的な記録〉には、思いがけない事実にぶつかったりする。

ただ、気を付けねばならないことは、〈物の書を写したもの〉か、〈本人の考えや気持ちを書いたもの〉なのかがはっきりしない書き方なので、誤まったとらえ方をしてしまうことがある。

これは当時の在方の知識人の執筆方法だったかもしれない。若松の商人の齋藤和節の書いたものでも、〈書の写し〉か、〈オリジナル〉なのかが区別の付かない書き方をしているところがしばしばみられる。

公的な記録は型からみてもわかるが、私的な、それも単なる忘備的なメモの場合は、引用と考えとがごちゃ混ぜになっているところがあって、読むのに苦労する。

しかし、このランダムなメモの中にこそ、公的な書類にはない生々しい現実が一杯詰まっているので興味がそそられる。会津高田郷土史研究会では、毎月、田中重好の私的なメモ帳の『十目抄』を解読している。

注

（1）白井哲哉『日本近世地誌編纂史研究』（思文閣出版）
（2）『会津史談』67号　伊東實「古文書継声館日記について」

参考文献

『田中文庫』『高田町誌』『会津高田町史』『会津藩家世實紀』『会津藩諸士系譜』『会津旧事雑考』
白井哲哉『日本近世地誌編纂史研究』（思文閣出版）
高木俊輔『近世農民日記の研究』（塙書房）
和泉清司『近世流通経済と経済思想』（岩田書院）
長友千代治編『重宝記資料集成』全四十五巻（臨川書店）
塚本学『地方文人』（教育社）
国文学研究資料館編『農民日記』（名著出版）
齋藤和節『耳目集』

資料1　田中文庫の主な文書

①　桜農栞　村中の巻　市の巻　駅の巻　神社の巻　雑の巻　五冊　嘉永年間
②　高田徴古録（地誌）
③　貞享二年地下萬定書上帳（風俗改帳）　貞享二年
④　高田組二十箇村土地帳　寛文五年

×　×　×　×

⑤ 田中氏相伝雑記　安政四年

⑥ 諏方暦（欄外余白に日記、記録）　文政十一年～万治二年

⑦ 田中氏系図　當家系譜

⑧ 田中氏法名譜（文政五年）

×　×　×　×

⑨ 継声館日記　文化十一年・文政三年　二冊

⑩ 肝煎状（寺子屋習字、読み方手本）　肝煎状御手本　弘化二年

⑪ 算法指南　文化十年

⑫ 諱字訓（裏表紙に郡奉行飯田茂兵衛の名有り、漢字の読み辞書）

⑬ 幼稚学範　全（寺子屋教本、表紙とも八枚）

×　×　×　×

⑭ 十日抄（重好の書いた珍妙な書）　文政八年

⑮ 老之寝覚　一（嘉永六年）　二（安政二年）　三（安政三年）
四（安政四年～五年七月）　五（安政五年八月）　六（安政六年）

⑯ 惣益無尽定摘書（無尽の定）　文政十三年八月

×　×　×　×

⑰ 婚礼之式

⑱ 博山叢書（芭蕉俳諧）

⑲ 袖塚集（東昌没後門人）

⑳　陶芸「内焼之方、内焼薬之方、下地之薬之方」巻物一巻など
㉑　太刀之図（太刀の名称）
㉒　医薬関係の書
㉓　余暇叢書（医学・病気）
㉔　民間備荒録　巻の上、下
㉕　伊勢熊野参詣日記（道中日記、田中幾四郎二十五歳、同行九人）　文久三年二月

×　×　×　×

㉖　田中重好謹書
㉗　重好上書　留書（慈眼大師二百回忌など）　天保十年
㉘　慈眼大師誕辰考（天海大僧正略伝、舟木系譜）二冊
㉙　大沼郡高田村屋鋪寸尺会長（天保十一年社）　享保九年
㉚　格例雑記（慣例、規則、格式など）　文化・文政年
㉛　天保四癸巳年始、稲刈年賦（田中家稲束数、年毎の記録）　天保四年～十二年
㉜　文政五辰年六月高田組社地堂宇帳　文政十年
㉝　嘉永七年、公私手控（金銭出納）
㉞　懐中誌覚（金銭出納）
㉟　懐中雑記（雑記帳）

×　×　×　×

㊱　政善日記　抜粋（日記、富岡邑　杉原政善二十二歳）　寛文十年～元禄三年　三冊
㊲　重久日記（寛文・延宝期の社会、交易生活）　延宝元年～二年
㊳　萬覚日記（萬留書・郷頭記録、田中種重）　寛延元年～天明五年
㊴　東昌田中翁墓碣銘（安積艮斎）　天保十年

資料2　安政七年閏三月の『諏方暦』に書かれたメモの例

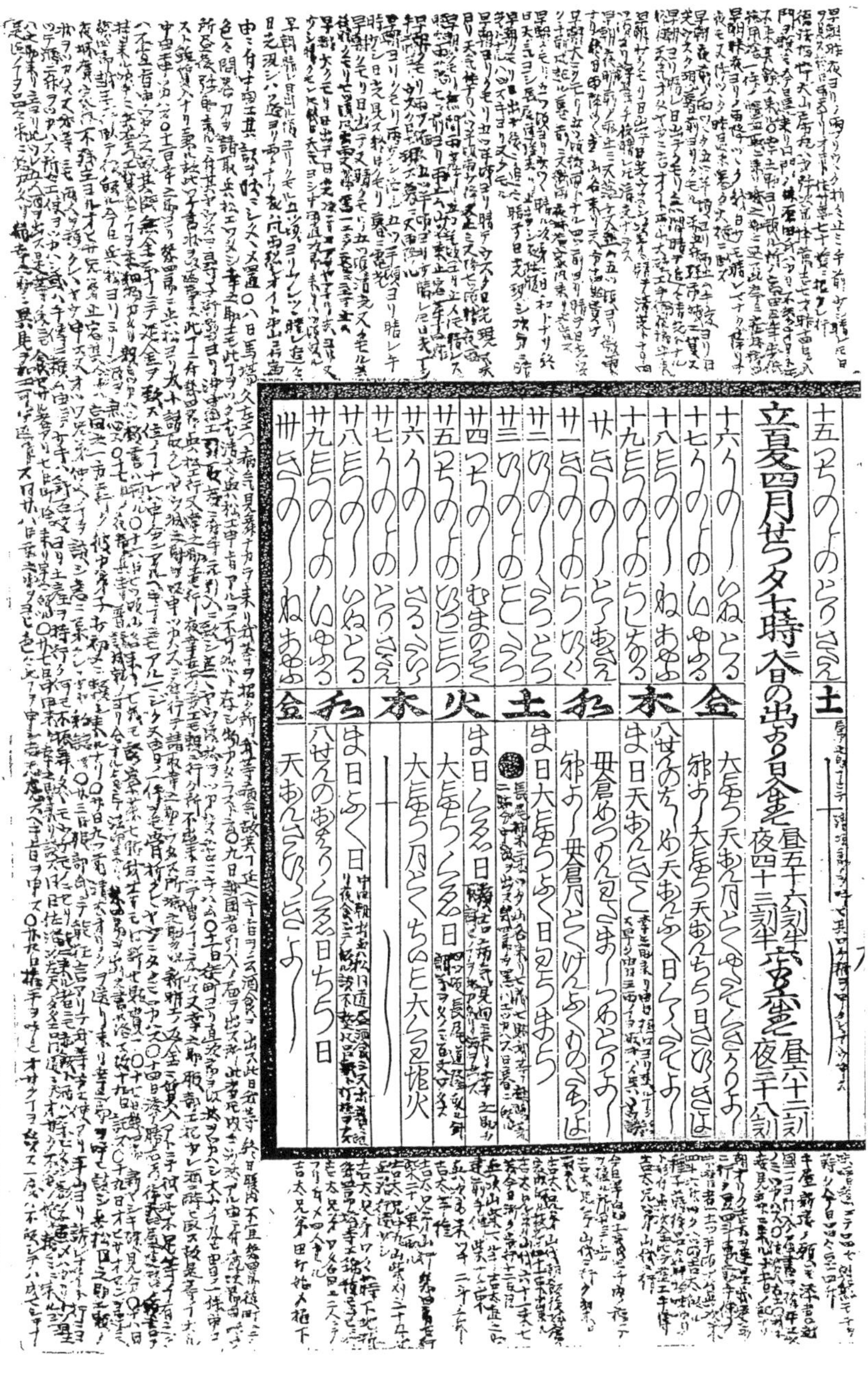

（『歴史春秋』第82号より）

会津の文人小伝

一、仏道

徳《とく》一《いつ》（?　）

最澄、空海に匹敵するほどの僧　会津の仏教は徳一から始まる。最澄、空海の名は、偉大な僧としてあまねく知られている。ところが、法相宗の徳一の名は、一般にそれほど知られてはいない。

平安初期に、徳一は南都法相宗の代表として最澄、空海に論争を挑んでいるところから、最澄、空海に匹敵するほどの名僧だったのである。

ところが残念な事に、現在、法相宗は天台・真言ほど裾野を広げてはいない。さらに徳一の後を継承する有力な僧たちが存在しなかった。それが徳一の過小評価の因となったのである。

徳一の東行の動機　彼の出自については、謎の部分がある。中でも、左大臣藤原仲麻呂（恵美押勝《えみのおしかつ》）の子という説が有力だが、はっきりしない。ただそれ相応な家の出である事はわかる。生没年は諸説あるが、天平宝字四年（七六〇）～承和七年（八四〇）頃という。彼に関する数少ない書によると、若い時、南都

（奈良）の興福寺で修円という僧から法相教学を学んでいる。

この徳一が、二十歳代の半ばに何故東国へ行ったのか。様々な理由がある。しかし、「最澄を非難して天皇の逆鱗に触れたからという説」は肯定しにくい。「父恵美押勝の乱によるとする説」（塩入亮忠氏）と「天告説」とが有力である。これは、徳一が清水信仰と長谷信仰を東国に広める使命を帯びて東行したという説で、「天告」とはその観音のお告げだという（高橋富雄氏）。

桓武天皇の時代には多賀の柵を設け、蝦夷の南下を食い止めようとしていた。延暦十六年（七九七）坂上田村麻呂が征夷大将軍に任命され征討に行く。徳一の東行する背景としては、そんな東国開拓の方針に負うところが多かったと思われる。

田村麻呂は東夷征討をしただけではなかった。中央文化をこの東国に移したのである。随所に寺塔を建立し中央の文化をもたらし、民衆の安定に意を注いだ。徳一の東行する背景には、こんな事があったのではないか。

東国の高徳の教主

平安初期には、徳一だけでなく、東国に勝道、最澄、最仙、空海などがしきりに訪れているが、徳一のように初めからここに骨を埋めようとしたわけではなかった。

徳一は学問のためだけに東国に行ったのではない。いまでいう新進気鋭の若き僧が、東国の庶民に難しい学問を説いてもわかるはずがない。辺境の底辺の庶民たちが徳一を菩薩として崇めたのは、古くからある山岳信仰と結びついた事で、その象徴が会津磐梯山であったのだ。そして、庶民の信仰の所に降りて「信ずるほか子細のない庶民の心」に信仰の灯をともしたからにほかならない。

したがって、彼は、難解で高遠な学問だけで、東国の化主（高徳の教主）と仰がれたわけではなかったのだ。徳一の仏教布教の要だった「日常の生活即修行」という彼の生き方が人々に伝播した結果であった。

彼が建立した現存寺院は三〇余寺あるという。しかし、はっきりとわかる徳一の開創した寺は、筑波の中禅寺と会津の慧日寺（旧名清水寺）のみだという。両者の関係については諸説ある。筑波に初めやって来て、後会津へ移るという説、会津に最初に来て後、筑波で数十年過ごし、のち、再び会津に戻ったという説とがある。

筑波では徳一由来の手がかりはほとんどない。会津の慧日寺の方は不十分ながら彼を偲ぶ遺物、遺跡がかなり残っている。したがって、ここで入滅した事はほぼ確かだろう。

最澄との激烈な論争

最澄、空海との論争で、徳一は歴史に登場してくる。これは、最澄批判というよりも法相宗の天台宗への法華批判の態を呈していた。だから最澄にしては絶対に負ける事のできない論争であった。

それは、世にいう「三一権實論争」である。「三一」とは三乗と一乗の事。「乗」とは乗物の事。「三乗」とは、声聞乗・縁覚乗・菩薩乗の事。これは悟りに至る三段階の事である。声聞は言葉だけで悟る者、縁覚は独りで悟れる聖者、菩薩は自分だけでなく外を救う事のできる尊僧の事。このように三乗とは、悟りには三段階あって、菩薩乗こそ唯一絶対のものとする。これに対して「一乗」とは出家者も在家者も総てが悟れる事ができるとする教えである。

「権實」とは権は方便、實は真実の事。最澄は、三乗とは修養の段階の事であり、それは方便として一時的な相対的なものに過ぎず、本質的には差別が存するわけではないという。これに対して、徳一の論は、一人ひとりの修行の質や方法は平等ではあるという事を方便として、実は区別があって、それを菩薩乗に引き上げていくというのである。「嘘も方便」とはよくいう事だが。

両者は激しい言葉のやり取りがあって、最澄は徳一の事を「北猿者」「謗法者」「麁食者」というように口汚く罵っている。一方、徳一も最澄の事を「凡人」「顛狂人」「愚夫」「拙かな智公」など軽蔑した言葉でやり取りしている。これを見て、いかに最澄は天台宗を守ろうと激烈だったかがわかる。反面いかに徳一の存在が大きく、その理路整然とした論を叩きのめさずにはおられないほど峻烈さをも極めていた。

柔軟な空海と論理的な徳一　一方、徳一と空海との関係は、最澄ほどではなかった。超論理的で、柔軟性を持つ空海は、密教の特性を属性としていた。それに対し、論理的合理性を持つ徳一にとっては戦いにくい警戒すべき相手だった。

一方、空海は彼を手ごわい相手と認めてはいるが、心から敬意を持っていたわけでない。彼は各地で尊崇される菩薩僧や有力者のもとに弟子を派遣し、新しく唐から将来した密教経典の書写、流布を勧奨している。したがって、この徳一にも依頼している。

次の書間は、弘仁六年（八一五）四月五日に宛てたものである。（現代文に直す）

……徳一菩薩、持戒の徳はまるで玉のように光り輝き、その智恵は大海のように行き渡って衆生に救いの道をもたらしました。月にも似た慈悲深い影を宿します。

と書いてあった。このように空海独特の懐柔策の匂いがしないわけではないが、徳一の辺境の教化を称え、丁重に協力を要請している。

さて、徳一没後、その学問を継承し発展させた僧があらわれなかった。会津の慧日寺がその後、一時天台宗に転宗し、さらに真言宗に転宗している。徳一関係寺院のほとんどが、論争の敵であった真言宗に転宗しているのが目立つ。大半が、空海開祖、二代徳一の寺伝となっている。

天台宗への転宗は平安後期で、真言宗になるのは時代がさらに降り、鎌倉末頃という。遅れた理由として、徳一の唯一残存書『真言宗未決文』の徳一批判の克服が容易でなかったからだという説もあるくらい、約五世紀の年月を必要としたといわれている。

徳一ゆかりの郷を訪ねる

慧日寺では徳一廟　徳一ゆかりの地を訪ねてみよう。

まず、終焉の地、慧日寺（磐梯町）に歩を運ぶ。県道七号線から寺への橋を渡ると、真っ直ぐに寺への道が続く。新しく再建された中門と金堂が目に入る。この寺域を眺めると、広大な伽藍であった事がわかる。現在の寺はその子院だったそうだ。徳一時代の面影はないが、唯一の遺物として徳一が伝えたという「白銅製三鈷」が残っている。

寺の最初は簡素な草堂をいくつか配置した程度のものと推測される。それが、平安時代後期になり、次第に寺院らしさを整え、会津四郡の地がほとんど寺領となって寺門繁栄し、子院三千八百坊に及ぶほどだったという。

中世の「絹本著色慧日寺絵図」が残っている。応安四年（一三七一）以降のものと思われる。それを見てもその隆盛振りがわかる。いま、この絵図のレプリカは目にする事ができるが、それによって中世の慧日寺の伽藍配置が偲ばれる。周辺部は南北約八㎞、東西約一二㎞に及び、廃絶した寺社建物の礎石跡を含めるとかなり広い範囲になる。

さて、その寺院跡の東北部の奥に進むと、平安時代のものといわれる「徳一廟」が鞘堂の中に納まっている。平安古塔といわれ、徳一を偲ぶにふさわしい石塔である。その東隣には、徳一の弟子という「金耀の墓」（鎌倉期の供養塔か）がある。彼は相当な力持ちであったという。墓は宝篋印塔《ほうきょういんとう》形式である。外に源平の合戦で滅んだ、「乗丹坊の墓」も供養塔として存在しているが、これは後世に建てたもので、高さ九尺の宝篋印塔の形式である。平将門の娘という如蔵尼がこの寺の傍らに住んでいたという。その墓と伝えられているのが、慧日寺の西、約一km の所にあって、五輪塔三基が並べてある。

予備知識が十分でない場合は、慧日寺や磐梯山慧日寺資料館で説明を聞いたりして、徳一の跡を偲んで歩くのもいいだろう。会津の仏教の歴史を持つ大寺、慧日寺は会津の古代中世を偲ぶにふさわしい。

徳一縁の勝常寺には多くの仏像が残る

徳一の時代の会津の仏教文化が残されている湯川村の勝常寺も見逃す事ができない。徳一の周囲、背後には多くの仏師、工匠がいたはずである。仏師たちだけではなく、恵美押勝の残党が東国に流されたとも考えられる。

その証拠にこの勝常寺には、平安初期を代表する国宝「薬師如来三尊」が燦然と輝いて、薬師堂（国重文）に鎮座まします。その外の仏像は所蔵庫に保管されている。ガラス越しではなく近付いて拝観できるのはいい。脇侍の日光・月光はふっくらとして流れるような穏やかな線をあらわすのに対して、本尊の薬師如来坐像は威厳に満ちた荘厳な雰囲気を醸《かも》し出している。

外に六体の国指定の重要文化財の仏像がある。さらに村の指定重文になっている、「伝徳一法師」といわれる僧形の像がある。徳一を偲ぶ縁とされ、見物者が絶えない。顔面中央に縦に割れ目があるが、伊達政宗の会津侵攻の際に傷付けられたものともいう。

徳一が開創した寺と伝えられている寺は、会津では、慧日寺を除くと、勝常寺（真言宗、湯川村）をはじめ、法用寺（天台宗、会津美里町）、仁王寺（同）、円蔵寺（臨済宗、柳津町）、光泉寺（浄土宗、同町）、妙法寺（真言宗、西会津町）、成法寺（曹洞宗、只見町）、勝善寺（真言宗、西会津町）に及ぶ。これらの古刹を訪れるのも一興かと思われる。

天《てん》　海《かい》（?～一六四三）

謎多き天海の前半生

「もっと早く、御坊を知りたかった」と徳川家康にいわしめたのは、天海大僧正であった。怪僧とか、奇僧とか呼ぶ、その行為には理解を超えたものを漂わせる。顕・密・禅の三教一致を掲げた彼は、スケールの大きな行動家でもあった。そして、天海が唱えた「山王一實神道」は、家康を神として祀る事となる。

そんな彼の前半生は謎に包まれる。その謎が謎を呼び、カリスマ性を増幅していったのである。百八歳の長寿を全うした天海だからこそ、いろいろな逸話を残してもいるのだ。足利将軍の子だとか、明智光秀の死は替え玉の死で、その変身だとか、千利休説までいやはや喧しい説が飛びかっていた。

彼の生誕地はどこか、この謎も近来、会津の高田（現会津美里町）という事は通説になっている。『国史大辞典』をはじめ、ほとんどが会津の高田の生まれとしている。

仏教史家の辻善之助、黒板勝美の両氏が会津の文化財調査にやって来たのは大正四年六月の事だった。会津美里町高田の龍興寺を訪れた折、墓地の片隅に放置されていた一対の五輪の墓を見付け出した。その台座（地輪）に「景光」の名がかすかに刻まれているのが見えた。龍興寺の資料などを分析しながら、両博士はこれを「天海大僧正の両親の墓」と認めたのである。天海の父、舟木景光は高田の豪族で、その祖は舟木兵庫亮正恒、足利氏に属し、のち、宮方となり奥州会津に来て高田に住み、葦名盛貞に仕えたという。母は会津高田城主葦名盛常の娘である。

十一歳の時、父を亡くし仏門に入る。家は弟の藤内に継がせ、龍興寺の弁誉法印を師として得度する事になる。母をはじめ一家の者たちは必死に引き留めたが、兵太郎（幼名）の意志は固かった。名を沙弥随風と改め、この寺で敬虔な態度で修行する。十四歳になると笈を背負い、錫を振って諸国を廻る。下野国粉河寺（現宝蔵寺）に足を止め、皇舜権僧正に師事し、一年半ほど仏道修行に励む。十六歳で既に仏道の論議に参列する事を許されるほどだった。

宗派を超えた幅広い学を得る　天文二十一年（一五五二）には東国の名刹を歴訪する。その翌年正月十八歳の時、比叡山に登り神蔵寺の實全上人に学んだ。弘治二年（一五五六）奈良に行く。南都の寺々の荒廃した姿を見て嘆く。そして、興福寺で空實僧都より法相、三論を修めている。

二十三歳の時、母の病気により会津に帰って来る。しかし、看護の甲斐なく永禄元年七月、母は六十余歳の生涯を閉じる事となる。喪が明けて、永禄三年（一五六〇）に足利学校へ行き、二年間漢学を学ぶ。この頃、ここは易学を中心に、漢唐古学の研修地として、当時、兵占を軍学者たちが多く学んでいたので、ここから軍配者を数多く輩出していた。ここで学んだ占術は後に大いに役立つ事となる。

三十歳になり、上州勢多郡の善昌寺という古刹の道器和尚に師事する。ここは関東での天台宗最古の道場であった。のち、比叡山に登るも、元亀二年（一五七一）九月、織田信長による比叡山の焼打ちに遭い山門の亮盛、亮信の両法印と共に甲斐の武田信玄のもとに身を寄せる。

その時、毘沙門堂にて大論議を開いた。三十六歳の随風が講師の籤を引き当てる。同座の一同、奥州の会津より出た田舎僧と馬鹿にしていた。ところが、難題を巧みに裁き、見事な智弁は人々を驚かせた。さらに、その音声は朗々と、広野をわたる玉笛のごとく響き渡り「随風師は天縦の智弁なり」といわれるほどだった。

会津に帰り、葦名に仕える　信玄の信望はますます厚くなったが、その名声を聞いた会津の大名葦名修理大夫盛氏は、我が葦名一族に当たる随風を故里に帰らせてほしいと、信玄に懇願した。そこで、天正元年（一五七三）二月、随風三十八歳の春に会津に戻って来る。黒川城内の鎮守、稲荷堂の別当となり、葦名家のために尽くす。

この間、天寧寺の九世仁庵善恕和尚から臨済宗で重用される『碧巌録』を学んでいる。奈良で法相宗に触れ、ここでは禅宗を学んだ随風は、いよいよ顕・密・禅の三学兼修の師家となる基礎を固めていった。

天正十七年（一五八九）、常陸の佐竹家から養子に入り、葦名家を継いだ義広（後に盛重）は伊達政宗と対立していた。その頃、義広は随風に対面して「和上奇計あらば我に授け給へ」と訴えたが、既に時利あらず葦名家は滅んでしまう。翌年、随風は、母の縁から葦名家とは切っても切れない関係で結ばれていた義広を常陸の佐竹の城まで送って行く。

祈祷呪術の名声をあげる　その時、常陸介義重の強い懇請により河内郡江戸崎の医王山不動院に住する。文禄二年（一五九三）夏、常陸の地は旱魃に見舞われ、不動院の随風に救いを乞うて大勢やって来た。そこで、祈祷呪術の修法をしていたところ、一人の女子が来て五鈷許を捧げ、この道具を使って勤修せよといって立ち去った。

隋風は直ちに一片の小舟を造り仏舎利一粒を載せて水面に浮かべて合掌して黙然したところ、俄かに黒雲があらわれ大粒の雨をもたらした。竜王が仮にこの女人に現じたのだという。これにより、随風の祈祷の名声は大いに上がった。

その後、川越の無量壽寺の喜多院の豪海権僧正に帰敬し、名を天海と称す。慶長四年（一五九九）六十三歳の時、喜多院第二十七世の法灯を継承し、江戸崎の不動院を兼務し、さらに談林（学問所）の下野、宗光寺をも兼ね、関東での天台宗の中心的な僧侶となっていくのである。

家康の信望厚く天海を師と仰ぐ　その頃、焼打ちにあった比叡山の復興の指導者を家康は求めていた。その時、天海の名が挙がったが、天海は固辞する。しかし、家康の厳命でしかたなく比叡山南光坊に住み、復興に尽くす事となる。その当時、比叡の山は荒廃邪淫にて仏地を汚す事聞きしに勝る状態だった。

南光坊での生活は、田舎僧には勿体なき住坊だとして、清貧に甘んじ修行していた。そのうち、比叡山をまとめ上げた天海は、慶長十三年（一六〇八）家康に招かれて初めて対面する。天海七十二歳、家康六十七歳だった。

以後、家康は浄土宗よりも天台宗の教えに帰依し天海を師と仰ぐようになった。その時、天海は家康に諸宗の教理を広く聴く事を勧め、顕・密・禅の一致を以って、その奥にある「山王一實」の神道へと導こうとしている。

元和二年（一六一六）四月十七日巳の刻、家康は鯛の油揚げを食べて腹痛をおこす。その後亡くなってしまう。遺言により久能山に葬り、翌年日光に改葬する。その葬祭の時、金地院崇伝《こんちいんすうでん》の「大明神」説と論争し、天海の山王一實神道により「大権現」説が打ち勝ち、家康は大権現として祀られる事になった。これは薬師如来が仮に徳川家康という人間の姿であらわれ、「東の方を照らす」という意味で「東照宮」と呼ばれるようになったのである。

徳川二代将軍秀忠は寛永二年（一六二五）、上野に天海のため、東叡山寛永寺を建立させた。三代家光は天海が「竹千代様天下の御相御座候」と上意した結果、将軍になったという事もあって、家康は信頼していた天海にたびたび会って教えを乞うた。寛永二十年（一六四三）十月三日寛永寺で、天海はその栄光の百八歳の生涯を閉じた。亡骸は喜多院に寄り法要した後、日光の家康廟の近くに葬られたのである。朝廷より慈眼大師の称号を授与された。なお彼が十二年の歳月をかけた大蔵経（寛永寺版）は、死後五年になってようやく完成させている。

天海生誕の地を訪ねる

龍興寺に天海の足跡を見る　会津高田の里の「龍興寺」を訪ねる。この寺は嘉祥元年（八四八）の開基。開祖以来、密室（灌頂の道場）を持つ由緒ある古刹である。龍興寺の南側一帯に天海の生まれた家があった。

寺には、「伊達政宗が南光坊天海に宛てた書状」が残っている。内容は、政宗が天海に会い損なった言い訳を述べているものである。暴れん坊の政宗さえも、この天海には一目置いている様子が滲み出ている書状である。

　境内の西の墓地の中央に、「天海僧正の両親の墓」がある。五輪の塔で、それほど大きいものではない。本堂の前には「浮身観音堂」が建てられてある。天海が浮身という所から土仏観音像を見付けたという伝説により建てた観音堂は既にいまはなく、ここから五〇〇ｍほど東南に、現公民館の横にあったのをここに移転し、新しく建立したものである。境内には、天海が別当をした「会津の稲荷堂の由緒ある石塔」がある。

　本堂は昭和六十三年に立派に再建されたものである。この龍興寺は有名な国宝「一字蓮台法華経」が保管されている。一見する価値のあるものである。本堂の北側にある池には、七月になると蓮の花が開く。

　寺を後にして南に進むと、高田梅という肉太の実のなる梅林が一面に広がり、四月半ばになると一斉に花開く。遅咲きの梅で桜の花とほぼ同じ頃咲く。その花を眺めながら一㎞ほど南に行くと、高田中学校に着く。そのすぐ北側にこんもりと土盛りしてあるのが目に付く。この辺りが天海の母の実家であった「高田の舘」があった所である。

　伊佐須美神社の南側に、天海の両親がお籠りして天海生誕を祈った清龍寺がある。二月二十五日の文殊祭には、多くの参拝者で境内が溢れる。また、公民館の前には「天海僧正の石像」、そして、生家の辺りの道路を隔てた所に、高さ約三ｍの「慈眼大師御誕生地」の石碑が建っている。これは、大正十三年十月三日に建立したもので「東叡山第二一世法孫、倫王寺門跡、大僧正天台沙門大照圓朗謹書」と裏書してある。町指定重文となっている。

如《によ》　活《かつ》（？〜一七四一）

眼病の治療を施す　享保四年（一七一九）五月、旅の僧が金地川原で休んでいたところ、南山、中荒井村（現南会津町）の渡部市右衛門至美《ゆきよし》に会って一夜の宿をとらせてもらった。それが縁となって、この南山の地に二十年ほどの歳月を送る事となった。

市右衛門の家では家族の者の中で眼病を患う者がいた。如活は縫物の針で鍼の治療を施したところ、忽ち治療した。それを見て村人たちは如活を非常に尊敬するようになった。

それ以来、村人から病を治す事をあちこちから懇願されて、この村の湯田五兵衛重興宅の裏に九尺四方のささやかな草庵を結んで住むようになった。

さらに、この地こそ如活にとっては彼の生き方にふさわしい所だったから、長逗留してしまったという。禅師は出家前は南部地方（現岩手県）で、中村皓甫と名乗って漢方医として多くの弟子を持っていたという。

医と仏の道から救済　その後、黄檗山《おうばくさん》万福寺（現京都府）で旭如禅師から仏の教えを受けて、臨済宗の僧侶となったのである。出家の理由は何故かわからない。ただ、如活禅師は医療だけでは人々の苦痛を救えない現実を見て、仏教によって人々を救おうと決心して仏道に身を委ねたようである。

それも寺の中で修行するよりも「一所不在」を旨として、医道と仏道の物心の両面から悩める人々を救済しようとしたのである。喧噪な俗世間を嫌って山の中に草庵を求めて、田島周辺の山中に移り住んでいた。そして、病人が苦しんでいるという山を下りて、南山の各地や会津郡、下野までも苦しむ庶民の治療や祈りのため、出かけて行った。

如活禅師は、僧侶としても優れていたが、神道や修験道にも精しく、川島村（現南会津町）の南照寺修験の元真法印に「鎮守霊符」（新築の家屋に住む時に行う法）の修法も伝えている。

このように、彼は生涯にわたって名利を離れて、衣裳の類も綿布以外には身にまとう事がなかった。無欲にして、金銀など手に触れる事を決してしなかった。そして村人たちには勧善懲悪の物語をしていた。

遍歴の僧、救いの僧　寛保元年（一七四一）夏の頃、下野国中里村の手塚五右衛門宅で疫痢に病み、中荒井村の渡部右衛門開當《はるまさ》が迎えに行って自宅に連れて来た。多き門弟たちが集まり、必死に看病する。その甲斐もなく、同年の十月一日に死去する。

臨終の際に「我は臨済三十八世上龍下水如活禅律師」と諡を伝えたという。遍歴の医師として、救いの僧として、南山地方のために尽くした、と後々の世まで褒め称えられている。

大雄《だいゆう》　得明《とくみょう》（？～一八〇五）

善龍寺再建の僧　得明は、南山御蔵入小出組湯原の貧しい農家に生まれた。幼い頃から聡明であった。この頃は庶民が学問を身に付けるには僧侶になる事だった。得明の才能を惜しんで、周りから僧侶になって勉学する事を勧められた。そこで村の板蔵山高福寺にて仏門に入る事になる。のち、この寺の五世住持となる。

高福寺は東山の天寧寺の末寺で、その後、熱塩の護法山示現寺で修行し、住職の謙嶽を師と仰ぎその教えを受ける。坂下村の益葉山定林寺の住職を務めた後、得明の名声を聞いて、南青木の善龍寺の十一世住職として迎え入れられる。

ここで得明は大いに徳業を行い、成果を上げる。まず寺の再建に努力する。境内の七堂伽藍の整備を手掛ける。御霊屋の改築を始めとして、御祖堂位牌堂の造営に努力する。特に、現存する竜宮城みたいな白亜の山門を建てたのもこの得明だった。

この山門の楼上に西国三十三観音像をコの字型に安置したのもこの得明であった。このように様々な寺院経営に尽力して、善龍寺中興の英僧といわれるほどだった。

産子養育に力を注ぐ

得明といえば社会福祉政策で様々な行動をとった僧として名声を上げている。まず産子養育に最も力を注いだ事である。それは米四十七俵二斗を村中から出させて、それを「囲い米」として備蓄し、貧困の者が子を産んだ時に、産子養育米として支給する制度をとった事である。

この彼の発案によりその功績が藩主の耳に入り、褒美として銀子五枚が与えられた。このため陰殺（間引）が非常に少なくなり、この方策が会津領内に行われるようになったのである。

子供たちの教育にも力を入れた。子供たちにもわかるようにと、ごくありふれたわかり易い言葉を用いて道徳を説いたという。特に「こどもいろは歌」を作り教化に努めている。

いの字とせ　田舎はいなかの風をして　必ず御場所の真似しやるな

　　げにさうぢゃいな　げにさうぢゃいな
ろの字とせ　老した二親持ちながら気ままに過ぎるは不孝もの
　　げにさうぢゃいな　げにさうぢゃいな

というものが善龍寺にはいまも残っているのである。

藩主がこれを聞き付けて囃子言葉の「げにさうぢゃいな」の文句を付けられたとも伝えられている。


少子化対策を実践する　このような福祉政策の底には、幼い頃から生活の苦しい貧しい農民たちの実状をつぶさに見聞きしてきた事が滲み出ているのである。情愛深い僧としてだけではなく、その苦しさを和らげる方策を具現化するアイディアと実行力とは誰よりも秀でていたといえるだろう。

少子化にならないように人口増加策を実践した魁としての評価は高い。江戸時代の高僧としてもっと評価されていいのではないか。

文化二年（一八〇五）八月十二日に示寂す。

二、儒学・神道

服部《はっとり》 安休《あんきゅう》（一六一九〜一六八一）

儒学・神道を熱心に学ぶ　通称は仙菊、門十郎、八兵衛、平兵衛、後に安休と改む。名は尚由。春斎、春菴《しゅんあん》と号す。祖父は織田信長の家臣森蘭丸（長定）。父は服部四郎兵衛安重。元和五年（一六一九）江戸に生まれる。

幼くして林道春に儒学を学び、明暦三年（一六五七）、保科正之の前で『性理大全』（哲学文献集―明の胡広等の撰）を講じ、儒者の侍講に加えられる。これを契機に、神道の習得に熱心な正之の意を受けて、寛文四年（一六六四）鎌倉に住んでいた吉川惟足の門に入る。三年間学んで吉田神道（唯一神道）の奥秘三事を授けられて帰国し正之に進講する。

この頃から正之は本格的に吉川惟足に師事する。寛文四年正之の御前にて儒家の侍講者だった山崎闇斎と神道について論じ、解き明かした。闇斎はこれを機に、より深く神道を学ぶ事になったという。

神道の奥儀を後世に伝える　寛文六年（一六六六）、社寺の刷新の藩命を受けて、友松勘十郎、木本九郎左衛門、村田輿大夫らと領内を廻りそれを基に、寛文十二年（一六七二）『会津神社誌』を作り、その跋を安休が書いている。藩命により会津神社の管領職を命ぜられ、会津の社家へ中臣祓の指南をする。

この年、当時十二歳の安休の子の左内が初めて正之に御目見えする。眼病に悩む正之は左内の手を取って、「今世吾に奉仕するもの多しと雖も死後に於て奉仕する者は誰ぞやと。左内進みて臣等父子あり、幸に尊慮を労する勿れと、神君欣然として尚背中を撫で給ひ、汝学を勤て永遠に奉仕せよ」（『会津藩教育考』）といって物を賜ったという話が伝えられている。

これは正之が、安休父子へ神道の奥儀を後々まで後世に伝える事を指示したのである。寛文十二年十二月十八日正之御逝去。

翌年、土津《はにつ》公葬送に安休父子は会津に帰り葬礼を営む。のち、祭礼祥忌には必ずやって来て神事を執行している。

天和元年（一六八一）安休は病に罹り会津に行こうとするも、途中、白河にて亡くなる。生前死後仏事にて葬儀を行う事を好まず、神道の儀にて見禰山《みねやま》の土津霊社の傍らに葬る事を強く希望し許される。見禰山の麓に葬られる。吉川惟足は霊号を「進功霊社」と諡した。

横田《よこた》 俊益《としとます》（三友《さんゆう》）（一六二〇～一七〇二）

会津の学問の祖　横田俊益は、会津の学問を興した元祖といわれる。山崎闇斎の方が会津では高く評価されているが、それは、保科正之に対して朱子学と神学を進講した事によるからだ。

俊益は、それ以前、正保二年（一六四五）、二十七歳の時、初めて士庶に「論語」を講じている。だから、闇斎は上層部への影響は大きかったが、俊益の方が広く一般に与えた影響ははるかに大きかった。

正保四年（一六四七）にも城南の延寿寺で、「中庸」の講義をした時は、受講者が溢れて整理がつかなかったほどだった。さらに、寛文五年（一六六五）には、後に設立された〈稽古堂〉の講義に、貴賤を問わず、物凄い群衆が集まり、下駄置場が氾濫して戸外に散乱したほどだという。これを見ても、いかに当時の横田俊益の人気は凄かったかがわかる。

武士に限らず、一般人に対しても彼の講義は受けがよかったようだ。それは、彼の学問的理解は勿論、その説得力にあったと思われる。いろいろな逸話から感じられるが、彼ほど議論に秀でていた者はいなかったといわれている。

儒教・神道に傾く　特に、正保四年の頃から、俊益にとって大きな変換期を迎える。幕府は、寺請制度を断行する。檀那寺が檀家である事を証明（寺請）する事により、キリシタンや禁制宗派の信徒でないと保証するようになった。

これに対して、藩主正之と同様、俊益も儒教、神道に傾斜し、仏教を排斥する事を主張する。寺請制度、これが定着する事を懸念して俊益は激しく批判する。確かにこれ以後、僧侶の堕落が目立つようになった。「仏教は極めれば極めるほど、却って儒教の方が正しい事がわかる」といって、益々仏教排斥に力を入れる。さらに藩主正之の思想を前面に立てて激しさを増す。家老の西郷近房とはしきりに問答を重ねる。「土津神君は仏教を排して儒と神道とに帰依された。どうして先君が退けられた仏徒の配下に入らねばならないのか？」と迫る。

家老の西郷近房は俊益をこよなく尊敬し親しく交友していたが、西郷家老は幕府の方針に逆らう事もできず「裏では儒教を信じ、表面は仏教に帰依する事だ」といって、利害関係を主張し一歩も譲らない。ところが、俊益は論理的で説得力もある説法の上、主君の言をたてにいうのだから、西郷家老もほとほと困り切った。

学問への父の言葉　佐原義連が会津に封ぜられた時、山ノ内経俊が大沼・南会津方面の領主となる。その十九代に当たるのが父の俊次なのである。その後、伊達政宗に滅ぼされる。父はその時十三歳であったが、浪々の身となり縁あって若松の豪商、検断の倉田新右衛門道祐の娘、徳子の聟となる。そして、元和六年（一六二〇）に三男として生まれたのがこの俊益である。

父俊次は、武士の出である事を絶えず意識していた。俊益に「身に付けた財は時になくなってしまう事があるが、心に身に付けた学はなくなる事はない。いまは商を業としているが、お前は書を多く読み学問を身に付けよ。そのための支出は苦にしない」といった。彼は父の言葉を身に付け、一生の進路を決める事になる。

加藤嘉明・明成の恩恵　寛永四年（一六二七）に蒲生家が滅び、加藤嘉明が松山から会津四十万石の領主となる。加藤嘉明は幼い頃から彼の学才を高く評価する。俊益十三歳の時、嘉明の前で、『六韜三略《りくとうさんりゃく》』（中国兵法の古典）を朗読して驚かす。請われて加藤家の家臣となるが、嘉明は寛永八年に亡くなる。その後、子の明成からも嘉明同様、学費を支給され彼の勉学を援助してもらっている。

寛永十三年（一六三六）十七歳の時、江戸に遊学し、さらに京都の堀杏庵の門弟となり、その子の立庵からも漢書の講義を受ける。同十五年には領主加藤明成の勧めで、林羅山の門に入った。

ところが、寛永二十年（一六四三）俊益二十四歳の時、堀主水事件が起こり、突然明成が幕府に領地を返上し、石見の国に行く事となる。俊益は「いままでの恩に報いるためにぜひ石見へお供したい」と願い出る。

明成は「お前は初めから仕官の意志がなかったのだからそれには及ばない。もっと援助してやりたかったが、できず悔いが残る」といって金子と衣服を授けている。俊益の少年期に学問への道に進ませた、加藤嘉明と明成から受けた恩恵は終生忘れなかったという。

保科正之の会津入封後、慶安元年（一六四八）二十九歳の頃から、『朱子語録』などを読み、それらを抄出して『養心録』を編纂している。これ以後いままでの仏教への興味から、「程朱学」信奉の態度が固まってくる。（この間の事情については『会津若松史』三巻に詳しい）

如黙《じもく》と稽古堂開設

その後、京にて医学を学び両親の病気により会津に帰って来る。正之は俊益が会津に帰って来た事を聞き仕官を勧める。俊益は固辞するも断りがたく明暦二年（一六五六）三十七歳の時、二百石で召し抱えられる。

その後五年間、正之の侍講を務めるが、病により療養のため退官して、京に行くも再び藩公のお召しにより侍講を務める。正保二年（一六四五）に加藤氏以来の藩医、服部壽慶の娘久里と結婚する。

万治二年（一六五九）、四十歳の時に、彼は肥前の僧、無為庵如黙《むいあんじょもく》と巡り会う。如黙の風流心は俊益の心を強くうつ。しかし、如黙は隠元禅師について修行のため会津を離れようとする。それを非常に惜しみ留めようとした。

寛文二年（一六六二）俊益は、田中正玄《まさはる》の助けを受けて、如黙を塩川組落合村（現磐梯町）に無為庵という茅舎を建て如黙を住まわせ、ここで一緒に経義を講義した。この事が彼の中年から晩年にかけての「稽古堂開設」という大きな事業に結び付く。

二年後、俊益四十五歳の時、若松の桂林寺の北端の赤岡分に「稽古堂」を建てる。如黙をこの学問所の堂主に迎えて武士や庶民の教育に当たった。

これは私立の学問所としては諸藩に先駆けたもので、勿論江戸時代の最初のものであった。

日本史教科書の問題　ここで、稽古堂に関する問題が起こってくる。それは、故中川幸意氏の「稽古堂・日新館―日本史教科書訂正の顛末―」（『会津史談』58号）に示された事である。

それは、山川出版社の高校教科書『詳説　日本史』で「将軍家光の弟である保科正之は山崎闇斎を師として朱子学を学び、藩学稽古堂をひらいた」とある記載に中川氏が疑問を投げかけた事である。

「稽古堂は、保科正之の開いたものではない」「稽古堂は、所謂、藩学と称するものではない」との疑問点を指摘したものだった。中川氏と出版元の山川出版社との間でやり取りがあったが、のらりくらりとの返答だった。

そのうち福島民友新聞に大きくその経緯が載ったので、山川出版社の方でも回答しないわけにいかなくなってしまった。出版社の方では、井上光貞、笠原一男、児玉幸多などの権威ある編著者に遠慮して、その間違いを翻すのが苦しかったようだ。

どうも、元福井大学教授の笠井助治氏の『近世藩校における学統学派の研究』上巻や、石川謙氏『近世教育における近代化傾向』を基に教科書に引用されたようだ。その後、昭和五十八年度版の教科書には訂正はされたが、脚注の「藩政時代における この種の学校では日本最初のものと称せられる」の部分が削られた事を中川氏は残念だという。

この経緯を思うに、まず、事実である事柄であっても、権威ある学者の記述を訂正する難しさを痛切に感じられた。そして、訂正するにもはっきりと訂正する事もせず事実をぼかしてしまう教科書、それで習う生徒はそんな経緯を知らずに終わってしまう事の怖さに、中川幸意氏は憤満やる方なかった、その心境を思い、ここに紹介した次第である。


稽古堂で庶民の教育　現在、大町一丁目の威徳院の門前左に「稽古堂址」の石碑があるが、稽古堂はここから西側の方にあったのではないかといわれている。稽古堂の特色は、「四民の子弟数百人金銭を出し、力を戮せ心を同じくして之を造り稽古堂と名づく」（『横田三友年譜』）というように、あくまで庶民の有志の寄付によって建てられたものである。したがって、その学問に対する熱意というものは並大抵なものではなかったと思われる。

俊益は、幼い頃から病弱で疲れやすく、しばしば藩侯に致仕《ちし》を願っている。もし健康であれば、さらに会津の学問をリードするべく活発に行動したのに残念である。

しかし、俊益は、藩のためならず庶民の学問への啓蒙に、如黙と共に励んだ功績は、大いに賞賛されてしかるべきであろう。元禄二年（一六八九）に甲賀町に移転して「町講所」と改称し、藩による学問所となった。ここに民間の学校の稽古堂の使命を終える事となる。

会津の学問の元祖といわれる横田俊益は、藩主保科正之の朱子学を推し進めたという事も特筆される。彼の正之への尊崇は、藩公の隠れた逸話をまとめた『土津霊神言行録』（『続々群書類従第三史伝部』）によくあらわされている。これは、林大学頭からの勧めで正之の世に隠れた逸話をまとめたものである。

天和元年（一六八一）北青木に山房を設けて隠居し何求齋と号した。その時、友松氏興が額を書いている。会津の学問の草分けは闇斎だというが、この横田俊益三友こそ人物は温厚で、博識あるその言動はもっと評価されていてもいいと思われる。

元禄十五年（一七〇二）正月六日没する。墓所は大窪山にある。

主な著書『土津霊神言行録』『養心録』『横田三友先生年譜』。

友松《ともまつ》　氏興《うじおき》（一六二二〜一六八七）

忠実で潔白な家臣

友松氏興は、藩祖保科正之の頑固なほど忠実な家臣であった。正之に「忠直潔白」（『土津霊神言行録』）といわしめた。確かに廉潔峻厳な性格と言動は、当代においてずば抜けていた。何事も正之のためには水火を辞さないほどだった。

確かに氏興はすべてに気を配り、一小事と雖も必ず正之に質していた。完全な正之の手足以上の存在だった。山城淀藩主、稲葉正通は「会津の友松は悍馬の如し。是を禦し得る者は正之のみ」という。慥かに悍馬は能力ある主人でなければ乗りこなせない事を見抜いた言葉であった。

笑って話す事がない　その真面目さは老中酒井忠勝が「勘十郎は言行に二なく、古今の名臣である」

と評していた。このように、彼の言行は当時の為政者たちからは称賛の声が上がっていた。いまでいう「仕事一筋の人間」だったようだ。

だからその言動には厳しさがあって、勇決果敢な言動は部下や一般人からは恐れられていたという。それを正之は「あまりにも潔白なのはよいが、厳し過ぎて人々は安心できない。丸みがなくてはならない」といって諭した。そして「彼は笑って話す事などあるのか」と近臣に聞いたという逸話も残っている。

但し、彼のその峻厳な態度は、己を枉《ま》げてまで人に諂《へつら》う事を極端に排した事にあらわれている。理に適った態度は人を納得させるが、情的な面で正之も心配していたようだ。

会津藩の家訓制定　彼の功績は多々あったが、そのうちの一つに、あの有名な「家訓」の制定を進言した事がある。有泉勝永や北原圓敬たちの協力を受けて、正之の検閲を得てこれを潤色して、寛文十二年（一六七二）十一月に完成した。

さらに『会津風土記』（寛文六年）を編纂している。正之の命を受け領内を巡見し、山川の地形や土俗・物産・戸口・社寺・古跡などを調査し、古器の銘・古文書・伝説などを集めて完成させた功績は大きい。また、藩祖、土津霊神の葬祭の執行を始め、見禰山霊廟の造営まですべて指揮して、主君の志を最後まで貫き通した。

決断力に富んだ言動　氏興は、幼名利益、のち勘十郎と改め而齋《じさい》と号す。父、佐藤荘左衛門氏盛は高知の山内忠義に仕える。勘十郎氏興はここで生まれる。寛永十一年（一六三四）高遠藩主の正之との運命的な出会いがあった。それは、氏興十三歳の時、小姓に召し出されたところから始まる。

正之は氏興の才能を見出し、その博覧強記ぶりを愛で、寛文三年（一六六三）四十二歳で家老に抜擢する。その決断力に富んだ彼の忠実一途な言動に対して、厚い寵遇を受ける。儒教を山崎闇斎に、神道を吉川惟足に、和歌を正親町公通《おおぎまちきんみち》に学ぶ。

正之の没後は、家臣の讒言により、二代目藩主正経との間に隙間風が吹いて疎んじられた。それは藩主母君の聖光院（お万の方）が関係していたともいう。

延宝七年（一六七九）家老職を辞した。生前既に子孫の絶える事を覚悟していた。墓碑銘も自作して、神霊号を「忠彦霊社」と付けた。貞享四年（一六八七）二月二十九日、六十六歳をもって病没した。

墓は大窪山の西の峯にあり、「東奥散士友松氏興之墓」とある。主な著書は『孟浩録』『土津霊神事実』『見禰山由来記』、歌集として『不学而集』『氏興詠草』などがある。

鬼勘十と呼ばれて　なお、氏興は重臣、田中三郎兵衛正玄とは親密で互いに親愛の情で付き合っていた。小川渉も『会津藩教育考』の中で、

当時会津の俚俗、家老を評していふ、佛三左柳瀬三左衛門正眞、夜叉《ヨニ》勘十、中でグツメク井深茂右衛門重光と、また氏興の名を呼べば啼児も声を収めしと。然るに元老田中正玄三郎兵衛は、氏興を遇する弟の如く、毎に勘十と偏称し、氏興もまた正玄の兄事せしといふ。

と述べている。当時の人々の友松氏興についての感想をよくあらわしている。

松本《まつもと》　重文《しげぶみ》（一六七九〜一七五八）

問われた時だけ答える博識家　松本重文は、その博識の広さ、深さを表面に示す事を極度に嫌っていた。重文はその性質から言語少なく、質問されなければ自分から進んで敢えて答えようとはしなかった。偶々道義を問う者があれば雑事に託《かこつ》けて語らなかったという。再び強いてこれを問われた時には親切に答えたという。

この言動は、彼の生い立ちにも関係している。それは、父新兵衛重統が三百石で用所局に勤務していたが、機密書類を漏らしたかどで貞享三年（一六八六）八月に追放されてしまった事が、重文の心の中に重くのしかかっていたのが影響されていたのかもしれない。家断絶後は、他家で育てられたが、家運を取り戻そうと一層学問に励んだ。

漢詩文にも造詣深い　幼い時から学問に親しみ、漢詩文に造詣を持っていた。宝永二年（一七〇五）京都留学を命ぜられ、藩公正容から学費として米三十俵を与えられている。その後も五回も繰り返し京都で学び、藩の儒者となり食禄二百石を賜り、三代藩主松平正容、四代藩主松平容貞の侍講となる。

容貞が書類を集められた時に、近臣たちにその書物や書類の有無を訊ねられた。皆退出して後日提出すると答えたのに対して、重文は「退いて調べてもいままで見た事も聞いた事もない事をどうして考える事ができようか」といって、その名をすべて書上げ、そのうち官庫にあるもの、京、江戸のどこにあるか、その所在まで書き記した。その博覧ぶりには藩公以下諸士らも、ただただ驚くばかりであったという。

寡黙な言動により世に知られず　このように、彼は異朝、歴代の書をほとんど知り尽くすほどの博識で、藩内外に聞こえるほどの知識人であった。特に、正容、容貞の墓碑名は彼の撰述が基となっている。ただ、あまりにも寡黙なその言動により世に知られていないのは残念である。『会津干城伝』の筆者、中野義都に「嗚呼君子なる哉」といわしめた言葉が、よく重文の人となりをあらわしている。

宝暦八年（一七五八）四月病没する。享年八十歳。儒教により大窪山に葬られる。

中野《なかの》　義都《よしくに》（一七二八〜一七九八）

文武兼備の士　中野義都は典型的な文武兼備の士である。江戸期には、戦争のない時代の中で、文武両道が各国で盛んになってきた。会津でも文武の多芸なる才人が、多く活躍するようになってきた。

義都は、文では七歳で大学、十一歳で四書五経を修める。また中江藤樹の学風を慕い、井上安貞から陽明学を学ぶ。さらに佐瀬常職《つねもと》に従って神道を修め、江戸では吉川従門《つぐかど》から教えを受けた。

武に関しては、中村弥次兵衛恭尚から太子流の兵法や刀術を極め、弓術は豊秀流を円城寺彦九郎忠良に、居合術は父義陪《よします》から樊噲《はんかい》流などを学ぶ。皆その免許を得ている。

家督を継がず隠遁　このように彼の才能ぶりを見て、父義陪は我が家を継ぐ者は長兄の唯八を差し置いて二男の義都に如かずといって家督を継がせようとした。それを察して兄の唯八は遠村に退隠してしまう。一方、義都はそれは人の道に反するといって堅く辞退し、耶麻郡の熊倉村にこれも隠遁してしまう。恰も伯夷叔斉の如き事情となってしまった。

その時、義都は「言ふも憂し言はぬもつらく武士《もののふ》のかぶと着る身の髪の乱れを」という有名な歌を詠んでいるが、その心情は苦しいもののようだった。しかし、父はなお諦めず親戚の者を遣わして義都を説得したが、頑として聞き入れなかった。

上高額村《かみたかひたい》（現喜多方市関柴）に草庵を結び、和漢の書を講義し剣をも教え、その傍ら医業を事とした。このように博く文武両道を教え、ここでの暮らしは二十四年に亘った。

神道は猿楽と併称できぬ

宝暦七年（一七五七）、弓術の師範であった円城寺忠良が職を退いたので、門人たちは義都を迎えて師と為さんとした。彼は固辞したが門人たちの熱意により止むを得ず承知するしかなかった。天明三年（一七八三）に召し出され、五人扶持を給される。

その後、神道の興隆を図った。ところが、天明八年（一七八八）「神道、猿楽をも兼ねて学ぶべし」という達しがあった。それに対して彼と大竹政文は大いに怒り「藩祖土津公が尊信していた神道を猿楽のような遊技と併称するとは神道を遊技視するものだ」といって激昂した。その気迫に服し、これを機に日新館に神道方を独立して設けられるようになった。

多くの著作を残す

義都は生涯に九十巻の著書を書いたというが、最も著名なのは『会津干城伝』二巻であろう。会津藩創立以来の藩士たちの列伝である。田中正玄をはじめとして五十二人の伝記である。最も多く紙を割いているのは友松勘十郎である。文章はわかり易く巧みで、逸事、異聞を主として記述されている。彼の多くの著書の内、残念な事にこの書と『藤門像替』一巻しか残っていない。寛政三年（一七九一）には見禰山の社司となり、神道の祭式の改定に力を注いだ。

中野義都は、享保十三年（一七二八）の生まれ。祖先は佐原義連を出自とする。幼名半三郎、理八郎、後に作左兵衛と改める。号は惜《おし》我《が》という変わった号である。大窪山に葬られ、墓碑には「隠孝霊社碑」と刻まれている。寛政十年（一七九八）五月六日没す。享年七十一歳。

大竹《おおたけ》　政文《まさぶみ》　（一七五〇～一八一九）

神道中興の士　神道中興の者として評価が高い。はじめ野村俊胤（柏葉）に学ぶ。後江戸に出て道統五十八代の吉川従門に学び、神道師範となる。従門、病に臥し政文が吉川家を補佐し幕府の神事を司る。安永八年（一七七九）講所の教授となり、五代藩主容頌《かたのぶ》の侍講となる。和学の指南を兼て、寛政八年（一七九六）、京にて非蔵人の橋本肥後守、参議の裏松光世、尾崎縫殿などから律令格式を修め、会津の神道・和学のために尽くす。

文化年間には、『日新館童子訓』や『新編会津風土記』の編纂に力を注いだ。容頌逝去の際には祭主を命ぜられる。寛政十三年（一八〇一）、四重奥秘（最高の秘伝）を吉川従長《つぐなが》より得て、さらに明年、唯一神籬磐境の神秘を受け、天兒屋根命《あめのこやね》の道統を受け継ぎ、吉川家を補佐するに功績があった。

盗人が入っても読書を続ける

政文は幼い頃、母と共に町場に住んでいた。家は貧しけれど、少しも卑屈にならず志を強く持っていた。性は篤実温和で、或る日家に盗人が入って米一俵担いで持って逃げたので、母は追わせようとしたが、政文は「盗人も困窮してやったのだ。捕まえればますます苦しむのだろう」といって追わずに悠然と読書をし続けたという話も残っている。

吉川惟足が創設した「吉川神道」は、会津藩祖保科正之の後援により宋学の知識を援用した。それは神道の儀式や行法などよりも国家を治める道を重点に置いていた。

和歌を詠み関所を通る

若い時、笈を背負って京に行く途中、武蔵と相模の境の駒杵の関所で、鑑札がない者は通せずといわれた。政文は知らずにいたといって、「予は神道を修める者であるからどうか心寛くせよ」といったところ「その証拠に一首詠んでみろ」といわれて、

治れる御代はかしこし言の葉の花ゆゑ開く駒杵の関

と詠んで関守を感心させたという話が伝えられている。

政文は通称、喜三郎。寛延三年（一七五〇）の生まれ。文政二年（一八一九）死去。玉彦霊神と諡し、下総国葛飾郡本所押上村の吉川家の屋敷内に葬られた。主な著書に『会津地名考』『見祢山神社志」『松之一樹』などがある。

一柳《ひとつやなぎ》 直陽《なおはる》 （一七五三〜一八三四）

会津藩の三大事業　一柳直陽は、一柳直矩《なおのり》の二男として宝暦三年（一七五三）に生まれ、名ははじめ直羽《なおのぶ》、のち、直任《なおとう》、盛之允、新三郎などと称した。家禄三百石を相続し寛政二年（一七九〇）に「式方勤」になっている。

一柳直陽は古今の学問に通じた博覧強記だった。特に古礼故実に精通する事については、会津藩では右に出る者がなかった。それは、奏者番として江戸詰の際に、古礼故実を学ぶ必要があった事と、さらに江戸の多くの学者文人との交流があったからである。

大田南畝（蜀山人）や幕府の奥祐筆、屋代弘賢《やしろひろかた》や林大学らとの親密なる間柄は彼にとって多くの収穫を得たのである。さらに、大沢下野守からは殿中の御式について教えを受けている。これらの学問修業により、その後の会津の史書・地誌に大きな業績を上げる事になる。

文化二年（一八〇五）、地誌の編纂の命を受けると、林祭酒の意見を聞いて細部の事を教えられる。会津に帰っては領内各地を巡り、彼が編纂の中心となり、『新編会津風土記』（一八〇九）を完成させ、幕府に献上した。

藩誌『家世實紀』の完成　さらに藩誌『家世實紀』に取り掛かり、膨大な史料を駆使して文化十三年（一八一六）に完成させた。また、大著『諸士系譜』（一八三三）では総裁として携わり、これらの会津藩の三大編纂事業は、藩の誇るべき出版として現在でも恩恵を与えている。

この事業に直陽はすべて大きく関係しているのである。また、このような大事業は彼の力なくしては出来上がらなかった。大げさにいえば、彼の編輯力なくして会津藩の誇るべき貴重な史書・地誌は成り立たなかった。文人の業績は派手な行動ではないので目立たないが、後世に与える影響は武人より多大なものがある。彼の業績は、若い頃から培った幅広い博学が土台となっている。

なお、寛政七年（一七九五）には、土津神社の神楽再興のために招かれた浦上玉堂《うらがみぎょくどう》と共にその再興のために力を入れている。さらに直陽は安部井武氏《あべいたけうじ》から和歌を学んでおり、その方の才能も発揮している。著書に『見ぬ世の栞』などがある。

天保五年（一八三四）八十二歳で亡くなる。法名、延寿院殿南劫直陽居士。若松の恵倫寺に葬られた。会津の歴史を紐解く時に、必ず一柳直陽の名は忘れてはならない。

安部井《あべい》　褧《けい》（帽山《ぼうざん》）（一七七八〜一八四五）

実子の推薦で家督を継ぐ

儒家には畸人《きじん》も多くいる。安部井帽山は極めて特異な儒者であった。その読書家ぶりは後世まで喧伝されている。若き頃、家貧しき中で学に精を出した者たちがいた。安部井褧（帽山）、高津泰（淄川《しせん》）、牧原直亮《なおすけ》の三人は家貧しく、新しい紙筆を誂える事ができず、小筆一本を求めて三人で互いに流用して使っていた。

安部井帽山は医家の安田厚伯（範光）の子として生まれるも、詳しい事はわからないが、帽山の学力を認めた儒家の安部井吉蔵の養子となる。吉蔵には嗣子の政記がいたが、政記自身が「我が学業は裘の深さには及ばない。我、父の後を受けて家声を恥かしむる事となる。養子の裘こそ父の後を継がせるべきだ」といった。

懐に書を抱いて離さなかった　帽山は若い頃から寝食を忘れて書を好んでいた。外出する時も決して懐に書を抱いて離さなかった。夜も一ケ月に数えるほどしか妻の傍らに寝ず、徹夜する事がほとんどだったという。

或る日、家族そろって温泉へ湯治に行く時も、同行せずに帽山一人残って書を読み耽っていた。その時、食事の支度や後片付けをする暇を惜しんだ。そこで米を七日分一度に炊いて、七日間は冷飯に塩をかけて大根の味噌漬を添えて食べていた。

享和年間に藩で出版した『日新館童子訓』『新編会津風土記』の編集にも参加している。のち、二十六歳の時、養父の吉蔵と同じく司業（儒者）となり、百石を継いでいる。

文化八年（一八一一）藩命により江戸に遊学する。この頃、会津藩では古学（徂徠《そらい》学）が優勢だった。しかし、江戸で大学頭林衡《たいら》（述齋）や古賀の門に入り朱子学を修めた。

四年後江戸での修業を終えて帰藩し、学規を改革し、会津の藩学を藩祖正之の時代の朱子学に復したのは帽山の力であった。のち、八代藩主容敬《かたたか》の侍講となり奏者番となる。儒者として異例の最高の地位に就いた。

『四書訓蒙輯疏』の出版　彼の大きな業績としては、十八年かけて『四書訓蒙輯疏』二十九巻を撰述した事である。この書は漢代以来、六十六家の説を蒐集した労作である。この書は江戸で刊行された評判の書であった。

古賀精里《せいり》の子、煜《かがやき》（小太郎侗庵）はこの書を読んで「本朝未だかつて斯くの如き明備の撰述は非ず。今予が稿するところは無用なり」といって筆を擱《お》いたといい、その功績を褒め称えた。

仙台藩士岡千仞《おかせんじん》（鹿門）は昌平黌《しょうへいこう》で学んでいた時「会津ノ安部井褧ノ四書輯疏、新刻、諸人、会藩人ニ嘱シテ購求、毎会、文義ノ難問紛出、議論ト為リ、ソノ能ク弁断明了トナルヲ学問ノ本業ト心得」（『在臆話記』）と書いている。この頃の儒学生たちにとっては、相当議論の対象となるほど著名な書であった事がよくわかる。

当時の儒学界でも評判が高く、多くの学士がこの書を購求するに及び、清国人までも求めるに至った。藩主容敬はその功績を褒め称えて三十石を加増した。その後、求めに応じて『近思録輯疏』を書き始めたが、道半ばにて病に倒れてしまった。

死んでも書を離さなかった　危篤に陥った時に医師は書を開く事を固く禁じたが、帽山は「書は予が嗜《たしな》むところ、書を見ざればかえって気力を損す」といって最後まで書を離さなかった。弘化二年（一八四五）没す。享年六十八歳。葬祭は儒礼により大窪山墓地に葬る。墓には「帽山先生之墓」とある。

帽山の偉大さは、狂気なほどの読書力にあった。その根底に流れている学問に対する真摯なまでの姿勢は、後々まで語られている。その異常なほどの学問への執着心は、会津では異色の人物であった。それほど一般に知名ではないが、忘れる事のできない畸人の一人であった。

高《たか》津《つ》泰《ひろし》（淄川《しせん》）（一七八五～一八六五）

音声、鐘の音の如し　高津泰は、体躯魁偉《かいい》、立派な体格でその音声はまるで鐘のように響いたという。天才、高橋誠三郎の非凡なる才能を見出した師として著名である。

外様士十三石三人扶持の佐藤覚左衛門信庸《のぶつね》の四男として、天明五年（一七八五）七月に生まれる。幼名は学、のち、平蔵と称す。名は泰、字は平甫、淄川と号した。

家貧しく紙筆に窮す　「家貧しうして紙筆を給する能はず、安部井褧《けい》（帽山）、牧原直亮と共に小筆一本を求て互に流用し黽勉《びんべん》怠らず」（『会津藩教育考』）というように貧しくて苦労を重ねて勉学に励んでいた。後に高津伝吾成良の養子となって、家禄三百五十石を継いだ。藩命を受け安部井帽山と共に江戸に赴き、林述斎や古賀精里の門に入り朱子学を学び、大いに勉学の成果を上げる。詩は李白、杜甫を学び、文は韓愈、柳宗元を主として学んだ。

唐太《からふと》紀行『終北録』　文化五年（一八〇八）ロシアが我が北辺を荒らしていたので、会津藩が唐太（樺太）に出兵する。その時、淄川も出征した。その従軍した時の様子を記録したのが『終北録』（一名『戍唐太日記《じゅうからふと》』）である。淄川は二十四歳の時だった。この書の最後の所に淄川は「天保十二年（一八四一）辛丑八月五日高津泰識」と記している。

巻頭に幕府の能吏、羽倉用九《もちちか》（簡堂）と高崎藩士で儒者の松田順之の序文がある。羽倉用九は「未だ嘗て従軍紀行の有るを見ず。若《すなわ》ち高君の終北録、絶無にして僅に有る者なり」と述べて非常に高く評価している。しかし、この書が出兵後直ちに刊行されず、三十三年経ってからようやく日の目を見たのは、「遠く会津に在りて寓目を得ざる」(松田順之)というように、地方なるが故にその事に目を留める者がいなかったのだという。

また、危うく焼かれるところ、異国の船の来襲が盛んになるや北方警備に関心を持たれるようになって、この書が表に出るようになったのである。

このように唐太従軍を自ら体験した者の紀行文として、当時この『終北録』は非常に珍しいものだった。だから、漢文による従軍記録の一つに形式を創ったという点で評価されている。

見事な漢詩文の作品

文化八年(一八一一)には韓国から李顕相、秦東益の使者が来日した時には、林述斎、古賀精里に従って対馬に渡り、韓国の使者と応対している。その際、高津泰は使者と筆談し詩文をやり取りしている。これを紀行文『對遊記』に著している。この時、彼の漢詩文の見事さに使者は感銘し、大いに賞賛したという。

その間、藩主容衆《かたひろ》、容敬の侍講を務めている。また『新編会津風土記』の編纂や刑罰の書の制作にも参加し、業績を上げている。さらに学校奉行兼儒者として、藩校日新館で多くの子弟を教育している。

中でも高橋誠三郎の非凡な才能を認めた事は評価される。誠三郎が十二歳で漢籍をものにしている事に驚き、江戸への遊学を薦めたが、両親はまだ幼年なるが故に、手放す事はできないと断った。

泰は残念に思ったが、十九歳になって幕府の昌平黌への遊学を実現させた。予想通りその才能を発揮したが、病気により早世した事は非常に惜しまれる。

碑の撰文多く残す　彼の漢学、漢詩文の力は会津藩士の中でも抜群の能力を発揮していた。若松から神君の鎮まれる猪苗代の土津神社へ行く途中の街道筋に、磨上原《すりあげはら》という所がある。ここは会津の葦名の最後の領主、葦名義廣が伊達政宗と戦った古戦場である。そこに当時、武士の節操を尽くし戦死した葦名の忠臣、金上盛備、佐瀬種常、佐瀬常雄の三人を讃えて「三忠碑」を八代藩主容敬が建てた。

その碑の撰文（文を作る）をと、この泰に命が下る。そして、その文字は、書家の山内香雪によって、唐の忠臣で書家でもある顔真卿の書の漢字を集めて彫る事にした。これは大変な作業であったが、藩主容敬のたっての望みでこのような事業となったのである。容敬も篆額の「三忠碑」の三文字を書いている。

東西の二川と称せらる　江戸で肥前、佐賀藩士の草場珮川《はいせん》と朋友となり、淄川と珮川の二人を「東西の二川」と称され、死に至るまで二人は友情を深めあっていた。

泰の性格は温厚で、公正で信ずるところを堅く守った節操の者であった。老齢になってからは九代藩主容保の侍講も務めた。慶応元年（一八六五）十二月二十日、八十一歳の生涯を閉じた。

その遺体は幼い頃から儒学の友、安部井褧（帽山）の側に葬るようにとの遺言通りに、墓は大窪山墓地に建てられた。墓石も安部井褧と同じ型のものにして建てられてある。「淄川先生之墓」とあり、裏には「高津平蔵慶応元年十一月廿日没」と刻まれてある。

高津泰（淄川）は、安部井褧（帽山）と並び称された会津の代表的な儒学、漢詩文の指導者として、藩外にも高名が響くほどの文人であった。

松本《まつもと》　重信《しげのぶ》（寒緑《かんろく》）

（一七八九〜一八三八）

実践的儒学者　松本重信は会津藩の実践的儒学者といわれている。とにかくスケールの大きな儒者だった。机に向かって書ばかりを読んでいる学者ではなかった。学問を実践的に行動する事を旨としていた。

その点、後の広沢安任とやや似ているところがあったが、むしろ行動力においては彼の右に出る者はいなかっただろう。八代藩主容敬の侍講を務めて経書の講義をしていた。ところが、彼は「性格は直言居士」といわれるほど、殿の前でも遠慮なくズケズケと直言するという強直な人物であった。

生涯妻を娶らず「槍一本と書籍さえあれば満足」と言い張って、粗末な家で好きな酒を飲んで磊落に過ごしていた。酔うと漢詩を大声で朗詠して悦に入っていたという。

また、人が困っていると、質に入れてでも救っていたという。会津藩士の文人の中では、当時型破りな思考力・行動力でもって人を驚かしていた。

この頃外国の船が日本にしきりにやって来て、日本の領土を脅かしていた。幕府では海防掛を設けて江戸の近海を幾つかの藩に警備させていた。会津藩でも文化七年（一八一〇）から文政三年（一八二〇）まで三浦半島を警備していた。

海防の肝要を強く説く　そこで、寒緑は諸国を回遊し地理を詳しく学び、藩、幕府に策を講ずるように進言していた。天保九年（一八三八）、幕府の代官であった羽倉外記（簡堂）が伊豆七島の海防調査をするために、学者を募ったところ、誰も危険を伴う調査を敬遠して志願する者がいなかった。

そこで、この当時の海防の肝要を強く抱いていた寒緑は「この危難の時こそ国のために尽くすべきだ」といって、この調査に積極的に尽力する事にした。ところが、船が三宅島に近付いていた時に嵐にあって、乗っていた船が難破し沈没してしまう。

そのため、寒緑は海の中に沈んでしまった。天保九年閏四月四日の事だった。五十歳の若さであった。尾藤水竹などが彼の死を惜しみ、品川の吉瑞閣に寒緑の顕彰碑を建てた。

会津藩士の中でも、彼ほど情熱を以て海防の要を説く者はいなかった。実践して遂に海に殉じた松本寒緑こそ、真の学問の実践家であったのである。

宮城《みやぎ》　三平《さんぺい》　（一八二〇〜一八九六）

代表的な地方《じかた》文人　宮城三平については、一般にはそれほど膾炙されていない。しかし、多種多彩な才能の持主であった事はその生涯の随所に見られる。宮城三平は文政三年三月九日、耶麻郡は吉田組奥川の郷頭を代々勤めている宮城家で、父季吉の長男に生まれる。名は欽、諱は盛至、字を敬止、郷は高陽山人・不求庵。俳号は高陽、三梧という。高陽は会越国境の高陽山の名をとった。

三平は幼い頃から学を好み、父を師として和漢の学や剣術を学ぶ。のち、山三郷《やまさんごう》の舘《たて》の原（現喜多方市山都町）の代官所で村役人としての教えを受けた。天保六年（一八三五）、十六歳の時、若松へ出て郷頭の子弟として推薦され、藩校日新館に寄宿して文武両道を修めている。

文武の基本を身に付ける

書を佐瀬得所《とくしょ》、和歌を澤田名垂、野矢常方に学び、神道は「垂加流《しでます》」を学んだ。居合と薙刀は免許皆伝の腕前だったという。若い時からの修業だったので、幅広い様々な文武の基本を身に付ける事ができた。

二十一歳になり、藩の推薦を受けて江戸昌平黌に学ぶ機会を得た。そこで、儒学を古賀侗庵《どうあん》に学び、絵を南画の大家、高久靄崖《あいがい》に師事して山水画を修める。この間、富士山登山や江の島鎌倉などの名所を探勝している。

このような三年間の足跡をたどると、その知識の旺盛さに驚かされるほどである。狭い郷村での暮らしとは異なって大きな外界に目を向け、様々な人間との交わりによって大きく成長していったのである。

奥川で若者に教育を

弘化元年（一八四四）二十五歳で帰郷し、父の郷頭の職を継いだ。奥川の村里で若者たちを教育していた。三十二歳になって郷頭の職を弟の三九郎に譲る。そこで、公務から解放された三平は好きな学問に専念したり、気軽に諸国遊歴の旅に出かける事ができた。

その際、漢詩の師、平尾松亭《しょうてい》に「旅は徒らに歩き廻る事ではなく、その国々の名家を訪ねる事が大切だ」と教えられた。そこで、彼はただ単に漫遊するだけではなく、様々な文化の集積に励んだ。そして、交友関係を広め、地方文人として大きく羽ばたく事になる。

戊辰の役では、農兵隊を組織して山三郷地区の戦いに参加している。戦後、明治二年に再び吉田組の郷頭となる。そして、若松県地租改正役となり、『地誌提要』の編纂に尽力する。会津の全域を廻って名山・河川・社寺などの沿革や土地の広狭、肥沃さなどを調査している。戦争で藩の記録などが焼失してしまったので、苦労して地誌をまとめた。それが、彼の著書の代表作となった『会津温故拾要抄』を編著する事に大いに役立った。この書は『新編会津風土記』以来の地誌として評価が高い。ただし、書にして世に出したが、現在残存している量が僅少なのは残念である。

歴代天皇の山陵の旅　公務を退いてから、諸国探訪の旅に幾度か出かけている。特に歴代天皇の山陵の旅を三度も行い、『山陵記』として明治十三年（一八八〇）十月に発刊している。

三平が俳人として活躍した様子を示しているものがある。それは「花塚碑」の建立である。この碑は会津の俳人たちが賛同して建てたものである。この花塚は、北は北海道から南は九州まで各地から特色ある花が集められた。これを塚の中に丁重に納め、天地自然の恩恵に対して深い感謝をあらわしたものである。明治二十六年（一八九三）若松の飯盛山中腹の参道に、高さ五尺三寸、幅四尺ほどの黒質硬石で松平容保の題字による歌碑がある。その裏面には宮城三平の歌が刻まれている。

飯盛山花塚花の供養の催しをよみて
築きたる人の心はくさぐさの花もろともに千代に匂はん
七十四翁　盛至

地方文人としての事跡　江戸後期における会津の野においては、高田組郷頭の田中東昌、重好父子と、吉田組奥川のこの宮城三平こそ、会津の代表的な地方文人として、様々な面で大きな事績を残している。吉田組の奥川からは、大戸村（現会津若松市）の初瀬川家に養子として入った初瀬川建増はじめ、幕末から明治にかけて、優れた文人を輩出した所である。

明治二十九年（一八九六）七月二十二日没す。享年七十五歳。奥川、眞ヶ沢の龍泉寺の裏山にある宮城家の墓域に夫人と並んで墓碑が建ててある。

その碑文には「自分の伝記が死後過度に賞される事を恐れ、後世に誤りのない時分を正しく伝える」というような事が刻んである。これは三平の甥の森玉五郎が刻んだものである。

小笠原《おがさわら》　午橋《ごきょう》　（一八二二〜一八八一）

降伏文や謝罪文の起草　文政五年（一八二二）、長坂勝満の二男として生まれる。名は勝修《かつなが》、字は修之、常次郎と称す。小笠原家を継ぐ。会津藩敗戦の折、降伏文や謝罪状を起草したのは、この小笠原午橋である。日新館では英才優秀で、弘化年間（一八四四〜四八）に藩から選ばれて、江戸昌平黌で学ぶ。この時、高橋誠三郎と二人は「奥州の二俊」と称されて経学・漢詩文に優れ、評判が高かった。
特に午橋はその人柄から舎長に命ぜられ、学費が支給されるほどだった。会津に帰り日新館教頭となり、漢学を教授して白虎隊士をはじめ多くの子弟の教育に当たっている。

岡鹿門との再会　仙台藩士の岡鹿門が安政四年（一八五七）、米沢から会津に四月十一日にやって来る。その時、親しくしていた長坂常次郎（小笠原午橋）に書簡を出している。早速午橋は、日新館の生徒

四、五人連れて岡鹿門に会いに来ている。その時の事を、『在臆話記』（随筆百花苑第一巻）には、午橋、四十余ニテ聖堂退寮、儒員ニ擢デラル。藩法、士人ノ次三男、文武ニ芸ニ秀出シタル者、始メテ抜擢、一家ヲ為ス。南摩（綱紀）、秋月（韋軒《いけん》）モ冷飯ナレバ、皆四十以上始メテ抜擢。但、游学中ハ学資ヲ給ス。此レ何レノ藩モ同様ナルニ、四十迄遊学ハ他藩ニナシ。

と述べている。この事から、会津藩士たちとの交友は非常に親密だった事や幕末における会津藩の二、三男の活発な様子がよくわかる。午橋も小笠原家に養子に入ってようやく活躍が目立ってくる。また、東北諸藩から昌平黌の遊学生が最も多いのは会津藩からだともいっている。

戊辰の役では籠城して防戦に努める。維新後は明治三年に上京し、東京で教師となる。ついで北海道開拓庁に勤めた。著書に『続経国史略後編』『愛国偉績』などがある。残念ながら詩文や文章などは散佚して、彼の正しい評価がなされないのは惜しい。明治になって、このような優秀な会津藩士たちの活躍の場がなかったのは残念だった。

明治十三年、療養中病気が悪化して翌十四年八月十四日死去。享年六十歳。

南摩《なんま》　綱紀《つなのり》（羽峰）　（一八二三〜一九〇九）

多くの碑の撰文残す

会津の漢学者の中でも優れていた一人が南摩綱紀だった。それは、著名な藩士たちの碑文を撰文したのが多いという事にもあらわれている。撰文は相当な文章力がなければならない。南摩の詩文能力は相当高かった事がわかる。外に匹敵するものといえば、高津泰（淄川）しかいない。この高津も相当碑文を書いている。

しかし、南摩の方が長寿だったせいか、依頼される量が多い。特に秋月胤永《かずひさ》の墓碑銘は有名である。綱紀は、南摩綱雅の二男として文政六年（一八二三）若松城下に生まれる。幼名を三郎、八之丞といい、字は羽峰、士張と号した。十歳の時藩校日新館に入学し、抜群の才能を発揮する。

「蝌行《かいこう》書翻閲」を禁じられる

藩命にて江戸昌平黌に学ぶ。その時二十五歳になっていた。八年間儒学を修める。のち、「詩文掛」となる。そのうち蘭文典を学ぶ。聖賢の書を講ずる聖堂で「蝌行文字（西洋の文字）を学ぶ事は以ての外の事」といって昌平黌では大議論となり、舎長たちが協議して博士に告げて「蝌行書翻閲」を禁じる事となった。

このような事があってか、南摩は退寮する。そして会津藩では、神田孝平を招聘し、洋学を講ぜさす。羽峰はこれに就き学ぶ。

昌平黌では、薩摩の重野成斉（安繹《やすつぐ》）と共に学ぶが、重野は羽峰の事を「好人物大略ナシ。老婆ノ絮談（くどくどと談ずる）尤モ厭フベシ」（岡鹿門『在臆話記』）と評している。

この重野安繹は薩摩藩士、明治になって修史事業に功績があって、史学会の大物となった人物である。この重野と、南摩は同時代に生きた者としてお互いに競い合っていたようである。安繹は文政十年（一八二七）に生まれ、明治四十三年（一九一〇）の死去。享年八十四歳。

羽峰は、文政六年に生まれ。明治四十二年（一九〇九）に亡くなっている。享年八十七歳。この二人は、ほとんど同時代に学問の世界で過ごした者同士であった。共通するところは、学問への柔軟性を持っていた。ただ、羽峰の方は、いち早く洋学を学んでいるところは、意外に両者とも極めて客観的な目を持っていた事だった。安繹は南朝の史話を否定して世間から〈抹殺博士〉といわれるほどだった。

安政二年（一八五五）、羽峰は藩命により西国各地を歴訪して、他国の政治・風俗を視察している。その時の事を『負笈官見録』五冊に著して藩に提出している。さらに山本覚馬と共に日新館の蘭学教授となる。

文久二年（一八六二）から五年にかけて蝦夷代官兼勘定方となるが、慶応三年（一八六七）に帰藩し、京都の会津藩邸の学問掛となる。翌年鳥羽伏見の戦いに敗れるが、彼は大坂に潜伏して形勢を探っていた。

会津に帰ってからは、奥州越列藩同盟のために諸藩の間を巡って、庄内にも行っている。敗戦後は、越後高田に幽閉されていたが、その学識を惜しみ、許されて越後高田にて教授として過ごした。

明治の教育界に業績残す

維新後は文部省に勤務し、東京帝国大学や東京高等師範学校、東京女子高等師範学校の教授を兼ねていた。八十一歳の時、宮中で中庸、論語を講じていた。その間、『会津藩庁記録』を発見し、旧藩主の松平家へ献上している。

南摩羽峰はその学識は誰もが認めるところで、政治に関わるよりも、子弟の教育に力を注ぎ、その博識な能力は高く評価され、各地の石碑の撰文をし、その学識は衆目の認めるところであった。ただ、彼の洋学の方の能力が奈辺にあったかはわからない。しかし、全国の秀才が集った昌平黌の中で、岡鹿門の評価の通り、当時の最先端の文才の持主でもあった。

伊東《いとう》　左大夫《さだゆう》（一八二八～一八七一）

異色の漢学者　伊東左大夫は、弟、悌次郎の方が著名である。弟、悌次郎は戊辰の役の時、十五歳を十六歳と偽って白虎隊に参加し、自刃し果てた十九士の一人として飯盛山に祀られている。

その兄、左大夫は、幕末会津における異色の漢学者であった。十二歳の若さで、藩校日新館の講釈所を卒業するという才能の持主であった。

藩ではその才能を開花させるために江戸昌平黌に入学させようとした。ところが、彼は「学問では会津には優秀な学者が多いので、日新館で十二分身に付けられる。江戸に遊学する必要はない」といって頑固に辞退した。さらに「浮ついた詩文などを作る事は軟弱極まりない」といって藩校の漢学者、宗川茂から教えを受けていた。

藤田東湖の人物評　広沢安任と一緒に水戸藩の藤田東湖の所を訪れた時に、二人に会った東湖はその印象を「広沢安任は将来政治家となり、伊東左大夫は、学者として大成するだろう」と左太夫の学識の優れている事を見定めていた。彼の門弟からは戊辰前後に活躍した、永岡久茂、安部井政治（褧の子）、水島純などが巣立っていった。

戊辰の役の際は、南摩綱紀と共に、藩命を帯びて庄内藩に使いとして赴いていた。したがって落城の時は会津にいなかった。明治二年三月になって若松に帰って来たが、何故か罪を免れて大沢村（現喜多方市塩川町堂島）に移り住む。そこで、青少年に学問や書道を教えて暮らしていた。
明治二年の秋になると、旧会津藩家老だった原田対馬の推薦で上京し、藩主松平容保の養子、喜徳《のぶのり》の侍講として仕える事になる。明治四年二月に会津から家族を東京に呼び寄せて生活をする事になる。

自己主張の強い一生　しかし、その年の四月十五日に心臓麻痺のためにあっけなく命を落とす事になる。門弟の永岡久茂たちが集まって盛大に葬儀を行い、その死を惜しむ。墓は東京の愛宕下町の天徳院に葬ったが、のち、若松の天寧寺に改葬している。法名は聡明院英俊智達居士である。まさに、秀才の誉れをあらわすのにふさわしい法名である。
このように、あまり知られていない会津の漢学者ではあるが、その自己主張の強い人生は、通俗に陥らず真っ直ぐな学問の正道を進んだ珍しい人物である。その点、天才詩人の高橋誠三郎とは正反対で、詩文は人生をかけるものとは思わないといって、頑固一徹の道を歩んだ左大夫の姿が目に浮かぶ。

高橋《たかはし》　誠三郎《せいさぶろう》（古渓《こけい》）　（一八三二～一八六一）

嗚呼、天性材有り　師の高津泰作の墓表によると、高橋誠三郎の事を「嗚呼、天性材有り、之を用ふる能はず。果して天や人や、未だ能く之を識らざるなり」とその才能を褒め称えて書いている。当時会津の秀才の誉れ高く、その名を江戸昌平黌にも轟かす。

誠三郎、名は宗彰。天保二年（一八三一）高橋氏の三男として生まれる。号を古渓と称す。十二歳で漢籍をよく読み、南学館より至善堂に入学する。会津藩では留学する者は、二十四、五歳頃であった。

しかし、師の高津泰はその才を認め、誠三郎を早く中央に遊学する事をしきりに勧めたが、未だ幼年なるによって両親は納得せず、ようやく十九歳になって江戸遊学を許した。

幕臣と面会時の作法

当時、誠三郎の文名を耳にして羽倉簡堂は面会する。その時、諸藩の士が幕臣と会う時は、刀を腰から離す事が慣習であったが、誠三郎はわからず刀を差したまま謁見した。

簡堂は田舎侍と侮ったが、その漢詩を読んだとたん、リズムをもった素晴らしい詩に感動した。簡堂は「桑名の青木旌蔵、津の土井幾之助と、貴藩の高橋誠三郎とを未だ嘗て見た事がない」ほどだといって称賛した。

昌平黌において誠三郎は舎長となったが、彼の後に舎長となった仙台藩の岡千仞（鹿門）が『在臆話記』の中で、誠三郎の名をしばしば登場させている。

昌平黌で最高の漢詩文

昌平黌には各藩から秀才たちが藩命を帯びて入学してくる。中でも会津藩からは多くの学生が学んでいた。

その主な者は、長坂常次郎（小笠原午橋）、秋月悌次郎、南摩綱紀、武井源三郎、土屋鉄之助、そしてこの高橋誠三郎である。鹿門は「其の才、学、文、午橋（小笠原）、羽峯（南摩）の比にあらず。殆んど成齋（重野安繹）、奎堂（松本）と伯仲」と当時の詩文の世界では、昌平黌で最高級の実力者と認めていた。

当時、詩文に関しては「天才に非ざれば出来ず」というくらいに才能、素質がなければ、努力だけでは決して良き漢詩は生まれないといわれていた。その天才詩人がこの高橋誠三郎であった。

ところが、誠三郎が舎長、鹿門と都築《つづき》光蔵が助教の時、騒動が持ち上がる。この都築は傲慢な性格で、伊藤東溟《とうめい》との喧嘩から二十人を巻き込んで大騒ぎとなる。そこで、佐藤一斎先生らの命により誠三郎、鹿門は喧嘩両成敗として全員放逐という処置を行った。

しかし、この命に納得しなかったが、当事者の都築と東溟とは放逐して、後の二十人は再入という事で落ち着いた。そんな騒動も幕末の慌しい世相を示していたのかもしれない。

早かった天才の死

ただ、誠三郎は万巻の書を広く渉猟し読書に励んでいた。二十八歳の頃から肺結核となり、会津に帰って療養生活を送る。残念ながら、五年を待たずに僅か三十一歳にて没してしまう。

その時の葬儀は特命をもって葬儀一等で行われた。学生で一等の葬儀が行われたのは、この高橋誠三郎だけだった。それほど、学識者から惜しまれていた彼の短い一生であった。

残念な事に彼が残したと思われる詩文数百篇は戊辰の役で焼失し、多くが日の目を見る事がないのは惜しい。この若き天才の詩文家は会津人としては珍重すべき文人である。

三、和学・和歌

野矢《のや》 常方《つねかた》（一八〇二～一八六八）

文武両道に秀でる　常方ほど文武両道に優れた才能を発揮した者はいなかった。槍と柔術を以て武名は高かった。和歌は師の澤田名垂の後を継いで日新館の和学師範となり、多くの門人を育てた。

野矢常方、幼名を駒之丞といい、通称は輿八と称した。老年には涼齋、蓼圓《りょうえん》、蜉蝣《ふゆう》翁と名乗った。亨和二年（一八〇二）城下の水主《かこ》町に生まれる。幼い頃より武術を学び、中でも槍術に優れ、日新館の寶蔵院流師範で、伯父の志賀輿三兵衛重方に十文字鎌槍法を学び印可を得る。さらに水野新當流柔術をも兼ねて得ている。一身で二流の印可を得たのは稀な事であった。

文政十二年（一八二九）には、師の志賀重方に随い町田俊蔵、黒河内傳五郎たちと東海から西国にかけて遍歴し、各地で試合を行い、武名一世に轟かせたという。

古風で雅な歌詠み　このような武芸習得に対して、和歌は澤田名垂に学び、その後を継いで容敬・容保の二代の藩主の侍詠を務めた。嘉永三年（一八五〇）十二月、門下生を城に呼び「三十三番花月扇合」を催す。その時、常方は判者となった。門人として、西郷近思《ちかし》・齋藤和節・細川春流《しゅんりゅう》・小川清流《すがる》・今泉岫雲《しゅううん》・西郷近潔《ちかきよ》・星暁邨《ぎょうそん》・片桐嘉則《よしのり》・星野胤国《たねくに》らの名が見える。

彼の歌風は、藤原定家、西行の風韻を好み、古風で雅な風情を愛した。性質は「寡慾温厚」にして朴訥だという。歌会の席で、門下生たちが「歌を詠むべき閑隙なきを憂れふ」というのを聞いて、笑っていうには「歌は然る時日を費やして詠み出すべきものではない。毎夜寝る時、布団に入って未だ眠りにつかない間、道の途中を独歩する間、また厠に在る間などの時間に絶えず歌を詠むべきである」と教えた。

有名な楠公父子の別れの歌

彼の秀歌の中でも、楠公父子、桜井の駅の決別の歌は有名である。

君がため散れと教へて己まづ嵐に向かふ櫻井の里

この歌は彼の死後、巷間よく吟詠された歌として有名になった。戦前には小学校の修身の教科書にも載り、人口に膾炙して有名になった。同じように、師の名垂も、正成、子を戒める歌がある。

親と子の心を汲めば末の世も身にしみわたる櫻井の水

とあるが、この二人の歌を比較して、後世の歌詠みは、常方の歌に軍配を上げている。

つまり名垂の方は、才長けている歌が多い。それに対して常方の歌は、情がこもり雅風高い。京の加茂秀鷹も田舎者と馬鹿にしていたが、常方の歌を見てその非凡な歌に頭を下げたという。

師の名垂の歌をも凌ぐ

常方は、師の名垂の文人としての幅広い活躍には遥かに及ばなかった事は当然であるが、歌づくりに関しては、名垂を凌ぐほどだと評判が高かった。確かに、名垂は和文の幅広い学問から戯作に至るまで、会津ではその才気には適う者がいなかった。

しかし、歌詠みだけに限ってみると、常方の歌はその格調といい、情といい、素晴らしく、諸国の歌人たちは勿論、明治になってからの評価はむしろ師の名垂よりも上と見ている者が多い。

ただ惜しむらくは、会津戊辰戦争で戦死してしまった事である。慶応四年八月二十三日、彼は桂林寺町口で、十文字槍を握り、「我老体なれど国に殉じて君に報ふべき武士の大義は今に在り」と大声を上げて、群がり寄せる敵の中に突入して一人を突き伏せたが、自らも斃れる。

辞世の歌を槍に結び付け　その時、彼は次の歌を槍の先に結び付けて、戦いに出たという。

弓矢とる身にこそ知らめ時ありて散るを盛りの山桜花

この歌は生前、原捷忠の邸宅で「花」の題で詠まれたものだという。彼はこの歌が気に入って「辞世」の歌として扱っていた。常方の文章は流暢な調べが特徴である。それは、『道の芝草』を読んでもわかるように、一つひとつの文が簡潔なのでリズミカルな感じを与えるのである。

戊辰の戦後、星暁邨たち門人が中心となって、常方の詠んだ歌を大運寺に埋めた。著書は『蓼圓集《りょうえんしゅう》』、『山路の苞《つと》』があったというが、戊辰の戦乱で失われていまに伝わっていない。

だから彼の作として残存しているものは少ない。その内、歌合わせとしては、嘉永三年（一八五〇）十二月四日に鶴ヶ城の小書院で詠まれた『鶴城三十三番扇合』の判者となったものが残っている。題は「花月」である。門人の小川直餘之《なおよし》（清流）や原清郷《きよさと》の名も見える。

七五調の『町往来』を作る　数少ない作品の中でも、『道の芝草』は嘉永四年（一八五一）の秋、八代藩主容敬に供奉して柳津へ巡行した時の紀行文である。また、『町往来』は若松の町名を巧みに紀行文の形式で七五調に綴っている。常方の作と伝承されているというが、はっきりとは言い難い。

「……流るる汗は滝沢町　右に弁天　栄螺堂《さざえどう》　八幡　蚕養《こがい》参拝し　登り下りの緒荷物を　争ひ付込む博労町……」というようにして、町の名を寺小屋の子供たちに覚えさせたものである。

没後には、星暁邨、小川清流ら数人が詠歌の記録に存したものや、広く散逸したものを集録し、『蓼《たで》の落穂《おちぼ》』と題して印行している。

このように、文武両道に優れた常方は明治になって門弟たちが師を偲んで作品を探索しているが、残念ながら出てこない。彼の作は「流暢」の一語に尽きる。その人柄をよくあらわしている歌であり、文でもある。

慶応四年八月二十三日戦死する。法名、晧月陰覚誉療齋居士、享年六十七であった。昭和六十二年、戊辰百二十年祭を記念して常方の戦死の地、諏方神社境内に辞世の歌を刻した「野矢常方顕彰碑」が建立された。大運寺には「野矢常方翁拝石」がある。

齋藤《さいとう》　和節《わせつ》　（一八一三～一八七六）

戊辰の役前後の和節　齋藤和節という名は一般にはほとんど知られていない。だから、和節に関する調査・研究はそれほどなされてはいない。ただ、彼の書いた『耳目集《じもくしゅう》』百四十冊という厖大な記録が残されている事は、識者には知られている。

秋月次三は和節の位相を次のように述べている。

藩制時代に於て文筆を能くする者は多くは藩士のみなりしに、其人々は盡く戦塵の巷に奔走し役後は衣食に急にして當時の實情と急変する世相とを記述するの餘裕なかりき。斯る間に綽々として前後百巻の貴重資料耳目集を残せる翁に對し感謝措く能はざるものあり。

（『會津會雑誌』56号「齋藤和節翁」）

これによると、藩政時代から文筆活動はほとんど藩士だけで、町人が手を出す事もなかったという。ところが、戊辰の役で混乱する中、武士の代わりに町人たちがその活動を担う事になる。その中でも、この齋藤和節は、野矢常方同門の星暁邨と並んで貴重なる存在であった。

『耳目集』という書

『耳目集』百三十六巻百四十冊（内三十四冊は戊辰の役で焼失）は会津図書館に所蔵されている。まずその厖大な量に圧倒される。よく飽きる事なく書き続けた、そのエネルギーには頭が下がる。

ただその質的な価値はというと低い。それは、馬場三省が『會津墨客録』の齋藤和節の項に「歌ハ澤田名垂ニ、書ハ米庵《べいあん》ニ学ブ。之ハ本人ノ耳目集トイフ筆記帳（メモ）ニヨリテ知ル」と書き添えてある。

極めてランダムに書き留めてあって、まさにこの「筆記帳」（メモ）と名付けるにふさわしい書といえる。だからこの『耳目集』のすべてを読んだ者が皆無だというのもわかる。

あくまで個人的な忘備録であって、時間的順序や項目ごとには勿論整理されてはいない。記事の抜粋だか、回想記だか、何でもありである。些細過ぎる彼の日常茶飯事や興味関心に付き合うのも大変である。

幕末から明治の貴重な資料

ただ頻繁に私見や感想を述べる箇所では「予曰く」と書き始めている。じっくり読んで行くと、意外に面白い話にぶつかる。注目すべき内容を少しあげてみる。

○師、澤田名垂に関する記録とその著の写し。
○幕末から明治にかけての会津と江戸の世相等。
○戊辰の役の時の避難生活と戦後の荒れ果てた若松の町。

○同門の会津藩士小川直餘之（清流）の斗南への旅日記と斗南での暮らし。
○藩士や町人たちとの文化交流。
このうち、戊辰の役の避難記については、稲村敬一が「山川健次郎が会津戊辰戦争史を出版するに当たって和節の著書『耳目集拾遺』五冊を借用し、彼の著書を引用させてもらっている」（『会津史談』57号）と述べている。

このように戊辰の役で多くの資料が焼失した中で、『耳目集』は部分的には貴重なものとして注目される。特に幕末から明治にかけての文化的活動には貴重な記録となっている。

地味だが温厚な和節の家族

齋藤和節は文化十年（一八一三）、会津若松城下の常慶町で代々〈一の字屋〉という屋号で製麹を業としている商家に生まれる。父和應《かずたか》は通称壽兵衛《じゅへえ》といい、澤田名垂に和歌を学び、その紹介により京の芝山大納言持豊の門に入る。和節も若くして和歌を名垂に学ぶ。

そして、国学者本居宣長の養子、本居大平《おおひら》の門人となり、『国学者伝記集成』の大平の項の「教子名簿」の中に奥州から二十五名、名を連ねているが、会津からは澤田蕃《しげる》（名垂）と父、齋藤吉之助（和應）の二人の名があげられている。したがって、会津ではこの両名が当時の和学を代表する人物だったと思われる。

和節は、師の名垂、相川櫟亭《れきてい》（功垂）の没した後、野矢常方に師事し、星暁邨、原清郷、小川清流らと共に学ぶ。書籍を蒐集し数千巻に及んだが、戊辰の兵乱で焼失してしまう。

城下に敵が侵入して来たので、門田村の東、澤村に避難する。戦乱が治まり、家業を長男の和方に譲り歌道に精進する。記述した『耳目集』は百三十六巻にも及ぶ。

彼の家庭は信心深い堅実な家庭で、良き師や良き友に恵まれていた。しかも和節は歌道をはじめ、その文化的な雰囲気の中で育っている。その様子は『耳目集』にも所々に述べられている。

避難民と「分捕」

和節には弟が三人いた。中でも有名なのは和俊である。柳原の御用商人の長尾義俊に見込まれて養子となる。戊辰の役の時、我家は兵火に遭ったが、米・味噌などの必需品を城中に献じて貢献している。その時、藩主容保から「兼ねてより高き操は知りながらなほあらはるるみねの松原」の歌が贈られている。また松平照姫からは「若松なる長尾和俊のいと忠なる心ざしのうれしさに」という詞書のついた歌も贈られている。戦後には宇治茶の種子を繁殖させて「長尾茶」の名を広めている。

西軍が若松の城下に侵入した時の避難民の有様の凄さを和節は体験している。特に千数百巻に及ぶ和漢の書籍や名垂から授かった書、野矢常方の書十巻など、得難い掛け軸などの書画が灰になった事をしきりに嘆いている。さらに戦後の「分捕り」については、詳細に『耳目集』には書かれている。

生き残った文人との交友

性格はあくまで地味だが温厚誠実で、和漢の書を多く読んでいる一人として貴重な存在だった。生き残った多くの文化人との交友の記録も残されている。彼は歌を詠んでも人に誇る事がない。他人の長所を認め、できるだけ記録に留めておこうとする姿勢が、当時の文人たちの共感を呼んでいた。

戊辰の役で、澤田名垂の作品が失われている中で、その写本を写し、後に残そうと探し求めている姿勢には見るべきものがあった。名垂の戯作艶本といわれる『あなをかし』や、『一時百十首』なども和節の写本によって世に伝わっている。

和節自身、積極的に認めてもらおうとする姿勢が弱かったので、彼の作品は断片的にしか残っていないのは残念である。その中から幾つかあげておこう。

○詠史二百首から
松下禅尼　繕ひし破れ障子さへ子の為にたてたるのりのをしへなるらし
蒲生氏郷　ふかずとも散りなん折はちるものと風をや恨む花ならぬ身も
○千秋館（和節の庵）より望む十二嶽の勝景
磐梯山春霞　春風の吹きこそわたれ春霞聳えかかりしいははしの山
青木山新樹　青によし青木の山は楢の葉も松の緑の色にそみけり

和節は、和歌を澤田名垂、相川櫟亭（功垂）、野矢常方（蓼園《りょうえん》）、加藤千浪《ちなみ》（荻園《てきえん》）に師事し、書を市河米庵、山内香雪に学ぶ。このように、この頃のその道の錚々たる人たちに教えを受けている。さらに一ノ瀬郷助（如泥《にょでい》）、佐瀬得所、岸五郎（清郷）、星暁邨（朗薫園《ろうくんえん》）、小川直餘之（清流）、細川春流などの当時の文化人との交遊が目立っている。

星暁邨との性格の相違　星暁邨とは常方同門の歌人として、また、同じ商人仲間であって最も多く交際している。会津藩士たちが斗南に移ってからは、町人の星暁邨が戦後の会津の文化人の先頭に立って活動していた。

和節は彼とは同世代ながら、まったく正反対の性格・生い立ち・生き方・趣向・行動をとっていた。暁邨は融通寺町の商家の出で、幼い頃から文画を学び諸国に遊び、幅広い文人たちと積極的に交流していた。

これに反して和節は、文人の父和應の影響を受けていた。家業の商いの事をまず重んじ、家業一筋と実直に堅実に働いた。几帳面な性格で派手なところは微塵もなかった。

後世、和歌や書の世界では評価が高かったが、どちらかというと、内向的・内省的なところが目立った。したがって、星暁邨とは歌の評価に開きがあって、二人は不和の状態に陥った事もあった。これも両者の性格・行動からくることであったようだ。

筆マメな和節の評価

和節は、最初の師、澤田名垂を心から信奉していた。特に和歌の道のみならず、多種多才な面での幅広い活躍ぶりを冷静に見つめ、『耳目集』の中にその言動がしばしば書かれてある。ところが、彼の子孫が絶えてしまっているので、残念な事にその業績が伝わらないのである。ただ、この『耳目集』のみが会津図書館に所管されていた事は僥倖《ぎょうこう》であった。

このように、和節が『耳目集』に幕末から明治期の様々な事柄を書き留めてくれていた事は、もっと認めてもよいのではないか。この時代の事柄の切れ端ともいえる彼の筆マメな著述の功績は、地味ではあるが評価されるべきだろう。

この『耳目集』の中で、師の名垂がこの父子の事を評しているところがある。それによると、和節に関しては「士風の気味ありて」とあるように、和節は武士への憧れのような気持ちがあって「父、和應よりは猛々しく」というところにも和節の性格があらわれている。

明治九年（一八七六）三月四日、病んで没する。享年六十四歳。大和町車川山光明寺（現在廃寺）の先塋に葬る。

星《ほし》　暁《ぎょう》　邨《そん》　（一八一五～一九〇〇）

幅広い文化活動　幕末の会津の文人では、星暁邨と齋藤和節が著名である。この二人とも商家の出である。戊辰の役の戦後、会津藩士は斗南へ移り、多くの文人たちが若松には残っていなかった。そんな時、暁邨の存在は目立っていた。

彼は、文化十二年（一八一五）若松の融通寺町の商家に生まれる。若い時から文雅に親しみ、商売に励む事を疎かにしていた。渋谷源蔵は『しがらみ草紙』に「星暁邨小傳」を書いているが、「文雅を好みて商売を屑《いさぎよ》しとせず」という。

はじめ画を遠藤香村に学ぶ。その名を上げ、松島の千賀の浦をはじめ、諸国を廻り景を模写している。また、この頃俳諧に親しむ。弘化三年（一八四六）三十二歳の時、会津藩の房総警備について行き、伊豆・相模の国々の佳景を絵にしている。特に富士山絵は見事で、その絵に和歌を添えて数十枚描いている。

持って生まれた社交性　さらに和歌に専念する。当時の藩師、野矢常方の門に入り、その業、日々に進む。師の常方から暁邨の「敏捷さ」を賞せられる。毎月数次、藩老西郷近思をはじめ、藩士たちの列席する中、雅会の筵に侍り、しばしば秀詠なる歌をもって衆を驚かし、その才能を発揮している。

また、彼は諸国を廻り、多くの文人たちと親しくして、持って生まれた社交性で、その交友関係は非常に広がった。常方の指導を受ける事によって、彼の詠歌の腕が上がり、終生、常方を敬い続けた。

安政五年（一八五八）京で千種有功《ちぐさありこと》卿の子の有文卿に会って歌を献じて添削を求めて、その歌道の奥儀を与えられている。その後、東海道を通る時に、彼の揮毫を乞う者が多かったという。

和節と暁邨との相違

一方、齋藤和節は、生い立ち、生き方、趣向などにおいて暁邨とは正反対であった。早くから父和應と共に、和歌を澤田名垂に学ぶ。名垂亡きあとは野矢常方に師事し、和歌の世界を極めようとひたすら専念する。そして、戊辰の役で焼失した商家を再建しようと力を尽くす。暁邨との違いはここにある。したがって、暁邨のような幅広い文化活動とは反対に、商売に励みながら歌人として活躍する。

しかし、和節の方は和漢の書を読み、それを丹念に書き留めている。その知識欲は注目すべきものがある。性格でも全然合わなかったが、この二人は会津の明治初期において、文人の中では優れた歌人だった。和節の書いた厖大な記録『耳目集』は百三十六巻の中でも、暁邨との交際ぶりが多く記載されている。それは、暁邨の方が二つ年下だが、ほぼ同年輩に当たるので、性格などはまったく異なるのによく交流している事がわかる。

激しやすい性格

この二人の逸話が残っている。それは「己が心を慎むべき事出できたり」と述べているところである。明治になって、歌会があって、暁邨が判者だった。或る女性の歌が負けとなったが、それはテニヲハの問題であった。東京に行ったついでに師の加藤千浪に判を請うたところ、その女性の勝ちと判定したので、暁邨の判と異なる事になった。暁邨はその場で面と向かって指摘しない和節の態度に不満を覚え、千浪に判を仰いだ事に怒り、それ以後、二人の仲が気まずい事となってしまった。

そこで和節は暁邨との間柄は「忌むべき事」となったという。暁邨はいささか激しやすいところがあって、和節とは和歌において競い合っていた。そこには暁邨、和節の性格、行動がよくあらわれている。和節はどちらかというと陰性、暁邨は陽性な性格がよく出た話である。

慶応四年（一八六八）八月二十三日、師の常方は桂林寺口で敵軍の侵入を防ぐも斃れる。暁邨は哀哭して師の遺骸を探索するも、数百千の遺体累々と巷に溢れていた。その後、数日経って遺骸を阿弥陀寺に合葬して数年の後、水主町の自邸から石を大運寺に運び、氏名を刻み拝影の碑とした。

先師の書『蓼園集』が兵乱のために煙滅したのを嘆き、同門の小川清流らと謀って奔走して蒐集し、さらに記録にある者を併せて『蓼の落穂』と題して刊行した。

老桜の下の巨石の歌碑　彼の門人たちが暁邨の徳を慕い、若松の石部氏の古舘に存する所の老桜（石部桜）の下に巨なる歌碑を建てた。

花見つつかすみ酌む間のひと時はうき世の外の我世なりけり

この石碑を建てるに、画と歌の門人たちと有志の者、百数十人がこの石を曳いて若松の町を賑やかに運んだという。これには、四十余年前に暁邨が京都の千種有功卿に詠んでもらった歌、もう一つは一柳直陽が江戸に在住の際、村田春海の歌を得てそれらの歌を彫ったものである。

暁邨は門人のために毎月十八日に月次《つきなみ》の歌会を開き、その節、優れた歌を悉く暗記していた。その記憶力は老齢になっても衰えなかった。

明治二十五年（一八九二）弥生、七十七の壽の賀筵を開き、門人たちは扇合の雅興を添えてこれを賀とした。老後になっても頗る元気で来年には八十八歳になろうとしていたが、残念ながら同三十三年（一九〇〇）、病にて死去。享年八十七歳。遺骸は大運寺の師の野矢常方と相対して葬られたが、現在は移動されて前の位置にはないという。

小川《おがわ》 直餘之《なおよし》（清流《すがる》）（一八二〇～一八九二）

戦後の数少ない文人　名は伝吾、別名を紫蘇園と号した。はじめ、和歌・和学を澤田名垂に学び、のち、野矢常方に学んだ。会津藩の御式方御用所役人を勤めた。戊辰の役には山川隊に所属し、南方方面で戦った。

戊辰の役後は若松中学校の国語の教師となり、明治二十一年からは会津高田の伊佐須美神社の主典として晩年を過ごした。特に師の常方の遺稿を星暁邨と共に集め、『蓼の落穂』を出版している。

会津藩士の中で常方はじめ和学者が多く戦死した中で、彼は幸いにも生き延び斗南に行っている。帰郷してからは、星暁邨と共に幕末、戦後の数少ない会津の和学者として活躍し、影響を与えた人物として見逃せない。

特にこの小川直餘之（清流）に関しては、同門の齋藤和節が『耳目集』の中で、彼の書簡を主に詳細に記録している。それを基に彼の一面を紹介してみよう。

清流の斗南紀行記　戊辰の役後の明治三年、斗南へ移住した時「斗南への旅日記」と「斗南での暮らしぶり」についての清流の文章を和節が記録している。直餘之は星暁邨、安部井孫七とこの齋藤和節の三人宛に消息文を送っている。それを几帳面で筆マメな和節が克明に記している。戦後の会津の文人が書き残した貴重な資料の一つである。

明治三年十月二日、斗南に向かっている。家族の者たちは公から指定された宿屋に泊って、朝早く旅立っている。直餘之は挨拶廻りなどして、この日遅く出発している。途中、歌の名所などで往時を偲んでいる。昔と明治以後の変化は藩領の境の辺りで特に実感している。また多くの藩士たちが帰農している姿をも記している。

斗南には十二月十八日午後二時に到着した。金田一の駅では役人が出ていて、移住者の住む者たちの宿を割り当てていた。彼の割当場所は石切所の村だった。会津藩士たちは、約二百軒に分散して移り住んだ。そこは山に囲まれた侘しい所だったという。

旅の途中では、いままでの宿駅の名を詠み込んだ「物名」または「隠題」の歌を詠んでいる。斗南までの道中は、幾つか旅の苦痛について書いているが、それほど特記するほどの事はなく、むしろ文人らしい意識をもって旅をしている様子が窺われる。主なものをあげてみる。

十九日（十二月）道すがら口すさびし宿々の「物名」どもを書きつく。

猪苗代　ふみゝつゝ有明の月にをきてゐなは白くあけたる夜をもしらじな
本宮　何事もみちたらひたるやちまたにすむ商人も富やきにへる
越河　さざれこす河ゆに立てる釣人のふたおもけなりさちや多かる
大河原　あだのすむ国をも飲もうまくいっているまむますらをばおほかはらけの酒はものかは
仙台　忘るべきものならなきうに何かせんたいらけき世の矛と弓矢は
盛岡　時雨するあぜ道伝へ山田守り小笠かたぶけいそぐたそがれ
三戸　往き暮れて悩む旅人宿かさん野辺の仮庵のとまあらなくとも
五戸　あまの子のへつなとち放ち船出する行方やらぬ浪の八潮路

二戸郡に住つきぬるものから猶うへの御あたりまでもとてかくなん

と巧みに地名を織り込みながら、その心境を歌人らしい歌いぶりで示している。

「手習教示方」を始める

斗南での暮らしぶりは、藩士たちは食うや食わずの生活をしていたように伝えられているが、直餘之の場合はそれほどひどい有様を送ってはいない。これによると、斗南での会津藩士たちの暮らしぶりは相当差があった事がわかる。

一方、彼はこの土地は「人民実直なるものども」といっているように、土地の者たちとの付き合いもうまくいっている事も書かれてある。特に「手習教示方」を始めたところ、五十数人の多くの子供たちが集まって、読み書きなどを教えている。

さらに、福岡、金田一などには歌を詠むような文人がいて、彼はその添削もしている。土地の豪族の家には『源氏物語』の書を所持していたので、見せてもらっている。このように文人としての生活にも恵まれているとは驚かされる。当時の庶民たちの知識欲のほどもわかる。

また、師の蓼園（野矢常方）の詠草の出版の事については心残りだと悔やんでいる。したがって、彼の斗南での暮らしは、自由さには欠けたが、意外に文人らしい生活を送っていたようだ。

だから、齋藤和節がいうように、小川清流は斗南藩の諸士の中では、比較的文人的雰囲気を損なわずに暮らしていたようだ。幕末の会津では優れた歌詠みとして評価されるが、ただ、中央には出ていかなかったので、それほど高い評価を受けなかったのは残念である。

明治の世にも生きながらえて、明治二十五年、会津高田の里で死去した。伊佐須美神社の社人墓地に眠っている。

四、科学・医術

安藤《あんどう》 有益《ゆうえき》 （一六二四〜一七〇八）

和算・暦の研究家　安藤市兵衛有益は、正之・正経・正容の三代に仕えた和算や暦の研究家であった。代々山形・最上藩に仕えていたが、鳥居家の断絶後、慶安三年（一六五〇）保科正之に仕え、会津移封の時これに従った。

若い頃から和算を毛利重能の高弟、高原吉種や今村知商《ともあき》などに学ぶ。師の今村知商は、寛永十六年（一六三九）に数学書の『竪亥録《けんいろく》』を著した。ところがこの書は全文漢文で書かれていたので読みにくかった。そこで、門人の有益が万治三年（一六六〇）に仮名交り文に編集し直した。

正之が暦を改定するのに当たって、彼の能力を買って会津に連れて来た。後に渋川春海が寛文七年（一六六七）二十九歳の時、正之に招かれて会津に数ケ月滞在し、正之と天文暦学について談じている。その時、有益も話し合いに入っている。それ以後、春海とは絶えず連絡をとり、正之の死後、春海は画期的な『貞享暦』を完成させたが、その成果の一端をこの有益が担っていたのである。なお有益は、その後、元禄八年（一六九五）に『本朝統暦』をまとめている。

磐梯山・飯豊山の測量　有益の師の嶋田貞継《さだつぐ》（有益の妻の兄）は、会津藩における算術学の元祖ともいわれた。通称、覚右衛門。正之に二百石で召し抱えられる。

島田貞継は、承応三年（一六五四）に算術書の『九数算法』を刊行し、日本和算史上では高く評価されたが、会津藩では算術は商人の必要とするものであって、武士の習うべきものではないといって、上級の藩士たちは軽蔑して身に付けなかった。あの日本で初めての理学博士となった山川健次郎でさえも、明治になって初めて〈九々〉を覚えたというほどだった。

『会津風土記』編纂の際、郷村の測量などを実施し、有益は会津の算学の祖といわれ、師でもある嶋田覚右衛門貞継と共に郷村を廻って測量に従事した。また、飯豊山、磐梯山などの山々や、冬坂峠・滝沢峠などの測量をして、会津の山岳測量の創始者として名を残している。

算法とは計算の事で、地方の役人や村役人にとっては、絶対必要欠くべからざるものだった。土地制度、貢租制度、土木普請工法などでは、和算に通じていなければ仕事にならなかった。

「常平法」の実施

有益は、幼い時から算術に優れ、勘定所の役人に任ぜられ、その才能を発揮した。特に在郷の役人たちとの関係から、その能力は藩内でも一目置かれる存在であった。やはり、村役人たちとの関係を持つには、この算術の能力がなければうまくいかない。

寛文十二年（一六七二）、会津藩では「常平法」が実施された。米の値段を維持するため、藩が設けた倉を「常平倉」ともいい、米が安い時は藩が農民のために高く買い入れ、高い時はその倉の貯蔵米を安く売って、商人や消費者のために行った。

これは、商人と農民の間では利害が相反する事なので、その運用には慎重な計算が必要とされた。割・分よりも小数の厘・毛・糸までに至る細かな計算をしなくてはならなかった。それを成し遂げたのがこの有益だった。

これを実施するには、算術の能力のある者がいなくては不可能だった。この常平法による常平倉の設置は会津藩と水戸藩、薩摩藩の三藩しか行われなかった。その功績が認められて百石に加増され、のち、郡奉行となる。

ところが、元禄元年（一六八八）、猪苗代、上山野鹿畑の争論の一件に巻き込まれ、郡奉行だった安藤市兵衛有益と同役二人と共に知行を召し上げられ、有益は山三郷の極入《ごくにゅう》村（現西会津町）に蟄居の身となる。しかし、有益は会津藩のためには必要な技術者だったので、元禄九年になり許されて江戸勘定所へ勤務することになる。

「魔方陣」の研究

我が国で最初の〈方陣〉（魔方陣ともいう）の研究者としては、有益の師の島田貞継とこの有益の二人であった。最初の書は二本松の算学者の磯村吉徳が『算法闕疑抄』を発表した。しかし、島田と有益はこれより二十年ほど前に早く研究していたが、その成果をあらわした稿本を明暦三年（一六五七）の江戸大火で焼失してしまった。だから「方陣研究」の発表が遅れてしまったのである。

その後、「魔方陣」の研究により有名となる。これは整数を正方形に並べて縦・横・斜めの和がすべて同じくなるようにしたものである。「陣」とは並べるという意味である。西洋では「魔法陣」といい魔除けに用いている。有益のものは、奇偶方数は奇数と偶数の方陣列布の方法を、三方陣から三十方陣に至るまで考えたものである。あの有名な関孝和が『方陣之法』（一六八三）、田中吉真が同じ年に『洛書亀鑑』をそれぞれ著し、その作り方について発表している。

この安藤有益も『奇偶方数』（一六九五）を出し、当時としては世界最大の方陣を作成している。さらに、なぜそのような方陣になるかについての説明を加えたのが有益であった。
我が国の方陣研究の魁としてその価値は高い。『日本古典全集　中古代数学集上』の序文には「安藤有益の門より後に云ふ日本数学中興の祖関孝和が出たのである」とあるが、有益の門人だったという事ははっきりしないが、何らかの影響を与えた事は確かであろう。

会津の優れた数学者　このように数学、経済、暦学の分野で大きな業績を残しているが、世にそれほど知られていないのは残念である。次に彼の主な著書をあげてみる。『長慶宣明暦算法』（承応三年）・『再刻長慶宣明暦算法』（延宝四年）・『東鑑暦算改補』（延宝四年）・『舊事本紀暦考』（写本）・『本朝暦統』・『常平法』。このように画期的な算数学者としての彼の功績は称賛に値する。
宝永五年（一七〇八）八十五歳で没す。東山慶山の大運寺の磐梯、飯豊の両山の望める所に墓がある。法名は、雄岳全機居士。

向井《むかい》　吉重《よししげ》（一六二六～一六九四）

藩主から筆耕料を戴く　向井吉重ほど博識の者はいなかった。幼時より学を好み、歴史に興味を持っていた。会津の古事にも深く心を尽くしていた。また、軍学者としても名を上げた。山神流の軍学を松本吉政に学ぶ。その奥儀を極め、学ぶ者が多かったという。そして、会津藩山神流軍学者の開祖となったのである。

寛永元年（一六二四）若松城下に生まれる。父は角兵衛で、旗奉行の生駒五兵衛の与力だった。通称を新兵衛、諱は吉重。

彼の名が知られるようになったのは、『會津四家合考』と『會津舊事雑考《くじざっこう》』を著した事からである。『會津四家合考』十二巻は、中世から近世初期にかけて会津を支配してきた、葦名、伊達、蒲生、上杉の四家の歴史を編集し記述したものである。

その序には寛文二年（一六六二）となっているが、実際には延宝元年（一六七三）六月七日に清書して藩侯に献じている。ところが、面白い事に藩主から筆耕料を賜っているのである。

「先封已前領主代々之有様者、後々迄此書を以て考証致し候。實録ニ候。且為筆耕料紙一枚ニ付、四分宛之積りを以て之を相渡さる」（『家世實紀』延宝元年六月七日の項）とある。〈筆耕料〉と、はっきりと示されている例は珍しい。

生き字引の吉重

藩公保科正之は、奈良時代以来、風土記が編まれていない事を遺憾とし、寛文六年（一六六六）に『会津風土記』を編纂させている。これは日本の地誌史の上でも重要な意義を持つものである。この時、友松勘十郎を総指揮者に当たらせた。向井吉重は郷村から「万書改」を提出させ、資料の吟味と実地調査に当たっている。

寛文十二年（一六七二）の年は、旧冬より温暖な気候が続き雪が降らなかった。正月になって梅の花が咲くという異常気象なので、藩主正之は家老の柳瀬三左衛門に、古来このような事があったのかどうかを訊ねた。家老は吉重に訊ねたところ、「近く天文十四、五年の両年にも冬中雪降らず花も咲いた事が、伊佐須美神社の旧記にみえる」と証拠をもって申し上げた。これを契機に、郡奉行らに命じて残存している旧記・民間伝承などを集め、吉重に提出させている。

それらを基に、三月八日から筆を起こして六月三日に書き終わり、係りの者に筆耕させて同年八月六日に藩公に差上げ、御褒美として銀子五枚を戴いている。これを『會津舊事雑考』（九冊）と名付け、後世までの旧事考証の書を正之に献呈している。この年十二月、正之公御逝去にて、向井吉重は遺言の墓所の猪苗代見禰山を検分している。

多くの史書や軍学書を執筆

また、彼は軍学書も多く書いている。『古陣図辨』『軍用賓鑑抄』『當剣雌雄之巻』『會津要害録』『會津四郡之図』などを著述し、後世の軍学者の参考書となっている。また、藩倉に備え付けられている兵器は皆、吉重が点検して管理していたという。

特に興味を引く事として、「桐油船」（桐油で塗った船の事）を工夫して拵えている事が伝えられているが、それが成功したかどうかはわからない。このように藩公正之から彼の能力が高く認められ、多くの歴史書や軍学書を書き残した業績は見るべきものがある。

「斗半軒《とはんけん》」のいわれ

元禄四年（一六九一）八月、老齢につき御奉公を退き、悠々自適の生活を過ごした。その時、〈斗半軒〉と自ら号している。その後は一部屋に籠って居住して、古書を読む事を楽しみとしていた。

その際、米を入れる箱を作り、そこに米一斗五升を入れて一ケ月の食糧とした。それ以外の扶助は子供たちから決して受けようとはしなかった。そこで、〈斗半軒〉という号の名が付けられた所以という。やはり畸人の一人といえよう。

元禄七年（一六九四）四月、七十一歳で病没する。法号、嘯山常笑居士。墓所は實相寺（現在廃寺）。

佐瀬《さぜ》　与次右衛門《よじえもん》（一六三〇～一七一一）

科学の目を持つ　佐瀬与次右衛門は、いまから三百年前に著した『会津農書』によって注目されるようになった。この書の価値は、農業の有様を体系化し、当時としてははるかに「実証的な方法」でもって記述されているので、専門家の間でも評価が高いのである。

しかし、この書が日の目を見るようになったのは、僅か百二十年ほど前の事である。江戸時代の農書といえば、まず思い浮かべるのが宮崎安貞の『農業全書』である。しかし、彼の書よりも十二年ほど前に、既に与次右衛門は『会津農書』を書いているのである。

内容的に見ても決して『農業全書』に劣るものではなく、むしろ、その実証性と的確な批判精神は「近代自然科学的思考の芽吹きさえ感じる」（星川清親東北大学教授）とその評価を高く与えている農学者も多い。

その執筆の理由は二つあると与次右衛門は序文に書いている。一つは「内には我が子孫に伝へ田家の記録も成し、其の業にいたらしめんがため」、二つは「外には職分の勤を励し、居村麁耕《そこう》（近隣の未熟な農民）に教へしめんがため」という。

土をなめる　たとえば、水稲作を論じては「種籾は何年たっても使える」という通説に対して、彼は実験を繰り返す。一年ごとに古い籾を用いて実験した結果、一年古い籾だけしか新しい籾と同様に発芽成長しなかった事を実証している。このような科学的で実証的な態度は随所に見かけられるのである。

特に彼の農業技術は、実験を重ねた結果得た実証性の高い、極めて独自性を持つものであった。それは会津に適した農業の改良工夫だった。数量を重視するのをはじめ、色での識別や土をなめたりして尽力した結論は、人々を説得するに十分だった。

この農書が最初に紹介されたのは、元禄三年（一六九〇）であった。会津山下浪士三沢扛尺子（不詳）という者が紹介している。それによると、たまたま友人と佐瀬家に立ち寄って、自筆の『会津農書』の草稿を見せてもらって感じ入ったという。特に迷信や俗諺ではなく、わかりやすく従来の農業の欠点をさしており、大変有意義なものと思って感想を述べて紹介している。

さらに、藤田祐詮が「賛」を書いているが、この書の内容には触れていない。「孝子、節婦の行動は農業の道に適う」といって、佐瀬与次右衛門末盛の精神的な面、人となりの点について賞讃している。

農業の諸現象の体系化

そのような事から、農業の技術的に適切な評価を下すだけの人物がいなかった事が、『会津農書』の世に出る機会がなかったのだと思われる。つまり、会津という地方にしては、あまりにも彼の先端的なものだったという事によるのだろう。そして、結果的には農業の諸現象を整理し体系化していった彼の卓越した業績が、主に会津地方にしか伝わらなかったのは惜しまれる。

そんなわけで、その後には地元でも忘れられ、その原本がなくなり、完全な姿で世に示される事がなかったのは残念である。

一方では、この農書は当時、会津の篤農家によって各地で筆写され流布して行き、会津の農業技術の発展に大いに影響を与えた事は間違いない。そして、その写本にはその土地の農業の都合に合わせていろいろと書き込みがなされたという。したがって、この農書の内容が村から村へ会津領内に伝播して、大きな功績を上げたのはいうまでもない。

明治になり脚光浴びる　そんな彼の書は、明治二十五年になって、初めて脚光を浴びる事になる。それは農商務省の織田完之が『大日本農功伝』の中で『会津農書』を取り上げ、その業績を称えたからである。それには、初瀬川建増の報告書が大きな役割を果たした。ここにようやく佐瀬与次右衛門の『会津農書』が日の目を見たのである。

佐瀬家は佐原十郎義連の家臣、仁科氏が先祖という。保科正之の会津入封の時、佐瀬姓に改めた。父、克盛の時に幕ノ内の肝煎となる。与次右衛門はその長男に生まれた。幼名は吉十郎。のち、末盛といい四十一歳で家を継いでいる。妻は、大沼郡大八郷（現会津美里町）の肝煎千代作兵衛の長女で、与次右衛門より十年ほど早く亡くなっている。

天和元年（一六八一）、五十二歳の時、精農家として藩主より褒賞を受けている。また、元禄二年（一六八九）秋には『会津農書』による技術改良により米三俵を戴いている。そして六十三歳の時、与次右衛門は家督を娘婿の林右衛門に譲る。

元禄四年（一六九一）には『会津幕内誌』を著し、宝永元年（一七〇四）七十五歳の時、『会津歌農書』三巻、『会津地方歌農書』二巻を著す。これは、農書の方が難解で読みにくいとの指摘を受けたからである。そこで、和歌に綴ったら覚えやすいのではないかといわれて、農業の合間に歌を作っていたら、一六七〇余首にもなった。それを三巻にまとめたのが『会津歌農書』となったのである。

文字が読めない者にも視覚、聴覚から覚えられるようにと、歌で暗記できるようにしたのである。その中にはかなりの絵もあったのではないかといわれている。

筑波常治は『日本の農書』（中公新書）の中で、千七百首に及ぶ、この『会津歌農書』の方が個性的で内容も本文を凌いでいると高く評価している。

田の水は深さ浅さの中をとり絶えず湛えて置くが良きなり

冬雪の降らぬを嫌ふ地作りは翌年畑の虫多くして

などのように歌いやすく作られている。

数々の貴重な記録　また、その外にも、『会津農書付録』八巻も書き残している。残念な事に現在、二、四、六、八の偶数巻のみ写本が残っているだけである。四巻には元禄四年から宝永六年（一七〇九）までの記述があるところから、『会津農書』が成立してから書き始めたものであろう。このように数々の貴重な記録を後世に残して、正徳元年（一七一一）八十二歳の生涯を閉じた。

娘婿の佐瀬与次右衛門盛之（林右衛門）は慶安四年（一六五一）、南山御蔵入（現南会津町大豆渡）の肝煎長嶺清左衛門の三男に生まれ、吉之丞といっていた。養父と同様篤農家で、正徳三年（一七一三）二月、六十三歳の時、『幕内農業記』を著し、享保二年（一七一七）には藩から褒賞を受けている。享保十二年（一七二七）七月、七十七歳で亡くなる。

佐瀬与次右衛門末盛が生まれた幕の内は、佐原義連が幕を張った所から付けられた村名である。家数約五十戸で、いまの大川の中ほどに存在していたが、天文年中にしばしば起きた洪水によって現在地に移ったという。

最近は、市街地に隣接して、住宅地、商業地や工業地などに移り変わり、昔の農業地帯の面影がなくなっている。以前は、この近辺は菜園場といって、若松の野菜・果実などの供給地としての役割を果たしていた。大川と湯川の間に挟まれて、洪水の被害が絶えずあって苦しんだ所である。村の菩提寺、新城寺の中央にある佐瀬家の墓域に彼の墓がたたずんでいる。

佐瀬与次右衛門の生地を訪ねる

旧神指村の風景　神指村は会津若松市の西に隣接している農業地帯だったが、近年の商工業化により、付近は工場や大型店が立ち並ぶようになり、ここ数十年の間に、風景が一変してしまった。与次右衛門が住んでいた幕の内村は、明治八年、深川村、柳原村、鍛治屋敷村とが合併して、南四合村となった。さらに明治二十二年に阿賀川の東の、北・中・南の三つの四合村が合併して、神指村となった。

戦後に若松市と合併し、黒川・高瀬・高久と一緒になって、神指町となる。この町は、上杉景勝が阿賀川の水を利用して、徳川家康の会津征伐を防ぐために神指城を築こうとした所でもある。その工事を指揮したのが、有名な直江山城守兼続だったのである。城の大きさは約五〇〇mの規模で、本丸だけでも一八〇m×三〇〇mもあったという。ところが、関ヶ原以後、景勝は米沢に移り、この広大な神指城は日の目を見なかった。いま「神指城跡」として、本丸跡と二の丸の四隅だけを残して総て水田と化してしまった。

現在の「幕ノ内の集落」は、南北に延びる国道のバイパスを境に、東側は東幕ノ内町、西側が幕ノ内の本村と分かれているが、東側は住宅と商業地となっており、西側の本村は未だ農村集落の面影を残している。三十数軒ほどの集落で、家屋は皆新しくなってしまったが、大きな家や蔵造りの家屋が並ぶ。

集落の西には、「新城寺」（昔は真浄寺という）がある。度々の水害で移転している。寺の境内に入ると、右側に大きな石碑が建ててある。『会津農書の碑』である。撰文は農書の紹介に功があった故庄司吉之助福島大学教授。南側にある墓地には、佐瀬家の墓域があって、「与次右衛門の墓」は東向きに建てられてあり、法名は誓祐廓誉良貞居士とある。

田村《たむら》　三省《さんせい》　（一七三四〜一八〇六）

多種多様な分野で活躍　田村清次右衛門三省は、会津では特異な行動力のある下級武士であった。それは彼の出生の環境からきたものであろう。彼は根っからの武士ではなかった。城下の町家、酒井伊右衛門忠知の三男に生まれた。養子となって家督を継いでいる。だから、一般の世襲の藩士たちとは異なり多様な分野に興味を持ち、その業績は下級武士の故に目立たなかったが、その学問研究の成果は目を見張るものがあった。

もともと、当時武士が算術を学ぶには抵抗があった。武士たるものは、武の道に積極的に力を入れるべきもので、算術などの計算能力などは無用のものと思われていた。しかし、下級武士となるとそうはいかない。在郷の村役人との折衝や仕事では、どうしても算術のような実学を必要とする。実務能力がないと支障をきたすので、その知識と能力が要求されたのである。

好奇心と執着心　その点、三省は幼い頃から、町人として必要とする読み書きソロバンをみっちりと叩き込まれていたので、その能力は大いに発揮された。その上、彼は何事にも飽くなき好奇心と執着心が人一倍強かった。さらに、中央のその道の専門家と接する機会が多くあった事が幸運だった。

彼は、宝暦九年（一七五九）二十六歳の時、養父の死去により田村家を継ぐ。翌十年郡役所拝書当座雇となり、六年後、物書本役になっている。その後は仕事を熱心に勤め、翌年には塩方任役となる。天明元年（一七八一）には廃田百六十石余の公田耕作に功績があり、その勤務ぶりは称賛に値するものであった。天明七年（一七八七）には郡役所の勘定之者を仰せ付けられ、次第に実務的業務をこなすようになった。ここでも、根っからの武士ではない庶民的な態度は、在郷の村役人に親しみをもって迎えられている。

土木・勧業に力を発揮

その上、様々な役柄にも、その熱心さと好奇心により難なく入れる素質を持っていた。それが、その後の土木事業に大いにその力を示す事になる。特にその技術の習得には力を入れ、抜群に力を発揮する事となる。

したがって、三省は武士としてではなく、地方の能吏としての手腕は抜群であった。その能力を示す事ができたのは、彼が町人として育った事にもよるだろう。彼は決して偉ぶる事なく農民と親しく付き合っていた。彼がこのように一貫して在郷の仕事に従事していた事により、その後の考古学の研究や、石の収集などに役立つのである。

そして、彼の能力が花開く機会が訪れる。天明八年（一七八八）幕府が巡見使を派遣する。会津全域を十四日間に亘って巡察した。三省はこの時、その豊富な地方における体験のある事から「幕府廻国使幷巡見使御役方御用任役」という長い役名を仰せ付けられる。巡見の中には地理学者、古川古松軒も加わっていた。この機会に古松軒の学問の方法などに触れられた貴重な時でもあった。これ以後益々石の収集、調査研究に励むようになる。

この後、さらに土木事業の仕事にも励んだ。寛政六年（一七九四）の正月に、江戸の会津藩邸が江戸大火の際、焼失する。その再建のため、会津から人夫五十余人を連れて初めて江戸に上っている。

『會津石譜』の刊行

寛政元年（一七八九）、五十六歳の時、社倉方、堰堤新田役を兼務し「御通之御目見」という下級藩士としては破格の身となる。彼は藩内を廻り、珍石や奇石を収集して四年後、藩主の容頌に収集した珍石・奇石を御覧に入れ、お褒めの言葉を賜っている。これを契機として、晩年に『會津石譜』上下二巻を刊行する事になる。内容は、宝石や珍石をはじめ、鉱物の発掘により、その産地とその効能に触れている。また、石に纏わる逸話や俗信、伝承なども述べている。

寛政七年、藩では江戸の本草学者の佐藤平三郎成裕を招いている。この時、三省は産物方出成者という事で、その世話を仰せ付かっている。その時、会津各地に成裕を案内している。三省にとってこのチャンスに彼から多くの学問的刺激を受けている。この外、平賀源内や木内石亭との交流の記事が『會津石譜』の中に記載されている。

さらに、本郷での磁器の地質調査にも力を入れ、本郷焼の磁器の地質にも目を付けた最初の人物でもある。これが幕末から明治にかけて、本郷の磁器発展に大きく寄与した事はよく知られていない。また、鹿瀬村の硝石についても触れている。

このように、三省ほど役柄の立場で、幅広い学問に触れる幸運に恵まれた者はいなかった。それは彼の様々な学問への好奇心がなければ当然得られなかった。そして、彼自身の成果だけでなく、その学問が藩のために役立つという事に対しても喜びであった。

飢饉の記録『孫謀録《そんぼうろく》』

さらに三省は大きな仕事を成し遂げている。それは『孫謀録』三巻を残している事である。天明三年の飢饉は最もひどく、浅間山噴火や旱魃などによる凶作は、農村を壊滅状態に陥れた。三省も天明四年（一七八四）飢餓対策のため津川へ出張している。その時の悲惨な状況を実際に見聞した事を、この『孫謀録』に克明に記録している。これは天明五年（一七八五）に書いたもので、天明の大飢饉の時の奥羽、羽越の状況を事細かに書き残したものである。その自序には、「国家を治める者は凶を忘れず、乱を忘れず、患いを免れるべきである」と強調する。さらに「民の事は貯えがないと飢に陥り父母凍餓し、兄弟妻子は離散してしまう」という。「特に今回、天明三年東方の二州、最大の飢饉には死者が多く出た。その時、私（三省）は米の運送を受け持ち、巡検を兼ねて千百回も往復して、その時の悲惨な状況を旅客から聞いた事を述べている。そこで、この実情を記録に留め、子孫に示し備忘とする」といっている。

この自序には、三省が情緒に溺れずに、あくまで実証的にその実態を記録しているところに、この書の価値があると評価されている。第一巻には概説と会津藩から始まり、奥州、出羽、越後の国々に及んでいる。そして、「私、曰、」と己の意見を述べるところがしばしば記してある箇所は、彼の意見が其の端々に出ていて貴重な事である。

絶えず庶民の目線で

なお、彼ほど農民の生活に目を向けた有能な地方《じかた》役人はいなかった。しかも三省は、農村事情にも精通し、飢饉により疲弊した農村の復興には、有能な役人として精勤している。その後、一時改革派の一人として失脚するが、天明七年（一七八七）の田中玄宰《はるなか》による天明の改革の際、復活する。このような三省の行動は、物凄い知識欲と何事にも庶民の目線で物事を解決しようとする姿勢に特徴がある。会津には稀な逸材であった。

晩年には、『新編会津風土記』の編纂にも従事している。七十歳を過ぎての御用だったが、在郷の農民との深い交流のあった彼の力は、この地誌編纂には欠かせなかった。

しかし、文化六年（一八〇九）同書の完成を待たずに、文化三年五月八日、病のため死去する。法名は湖124院雑石祖厳居士。高さ七十cmほどの三角形の自然石で「田村三省之墓」と刻まれ、その脇に妻の墓が同じように建てられてある。墓所は大窪山墓地である。

山内《やまうち》　玄齢《げんれい》（一七八八～一八五四）

天文地理への関心　山内玄齢は天文や地理に関する研究で、会津では珍しい存在であった。どうしてこの分野に興味、関心を持ったのか、その理由や動機がよくわからない。著書や書簡なども残していないので、彼の人間性や行動に触れる事もできないのは残念である。

玄齢は学を好み、幼い時から天文学、地理学に関心を持っていた。子供の頃に、遊んでいる時にも父母に星の名や玉石の名をしつこく訊ねていたという。

文政十年（一八二七）に会津藩の唐太出兵と浦賀陣営の警備の事を調べるために、藩の用所局に勤務する事になった。その後、天文学の勉強のため藩命を受け、渋川家で学ぶ事になる。後に「七十二候暦」を作り、渋川家に送っている。渋川家ではこれを参考にして暦を作っている。

この地下にはアメリカがある

また、天文学と同時に地理学も極めている。特に次の話は当時としては日新しい事であった。それは、老若の者たちにこの地下を指さして「この下にアメリカ州がある。そこは日本の数百倍も広い所である。そこへは航行に数十日かかるのだ」といった。

この話を聞いた者たちはそんな事はあり得ないといって、馬鹿にしていた。また、西洋の事をよく話して、「陰暦」「陽暦」の別がある事を説いていた。このような当時の地理、天文に関する先端的な事はどこから学んだかはわからないが、幕末の会津藩士の中にもこのような事に興味を持っていた学者がいた事は驚きである。

さらに、これに留まらず気運、晴雨などの気象に関する事も毎日明細に筆記している。嘉永五年（一八五二）六十五歳になって、天文学に関する事で、学校奉行の支配の下、日新館で教授をしていたが、日新館では手狭になったので、自宅で指南するように命ぜられていた。その後三年間教えていたが、安政元年（一八五四）六月二十九日、病にて死去する。享年六十七歳。会津若松市の建福寺の墓地に葬られる。法名は穆堂霞賓居士という。

加賀山《かがやま》　翼《たすく》　（一八一一～一八七一）

蘭方医の啓蒙に功績

会津藩の医学界から二人の畸人があらわれる。加賀山翼と古川春英《しゅんえい》である。

この二人はほぼ同時代に生きた医師として、会津の蘭方医の魁ともいうべき医師たちだった。加賀山翼は藩医児島雲淋の二男として生まれ、加賀山太沖の養子となっている。江戸修業中より俊才の誉れ高く、御側医（百石）に任命されている。

翼ははじめ漢方を学ぶ。この時代は西洋医学が物凄い勢いで入ってきた時でもあった。漢方、蘭方の軋《あつ》轢《れき》対立の時代といわれていた。翼ははじめ漢方を学んだが、蘭方は学んでいなかった。藩医の立場からそのどちらを主とすべきかに苦慮し、蘭方医学を学ぶために、安政六年（一八五九）江戸に出て、伊東玄朴や織田研齋《けんさい》の門弟となって次第に蘭方医学に惹かれていった。

育英資金制度を創設　藩医の子弟や、町、在所の医師の子弟にとって、遊学は学費や生活費の乏しさから二、三年もしくは四、五年でその奥儀を極めずに帰国してしまう者が多かった。そこで、加賀山翼と佐藤雄庵らがその方策を話し合った。多くの会津の医師の子弟に、藩外に出て蘭方医学を学ぶ機会の必要性を感じ、医師の子弟遊学のため学資金を集める事を思いついた。これは、全会津の医師の卵である若者たちに対する「育英資金制度」を設ける事だった。

天保七年（一八三六）藩内の医師一人に一年に金一分を徴集して積む事を十五年間行い、その利子をもって学資の助けとする事にした。徴集してから五年目でその利子を給与する事ができて、大いに役立つ事となった。この事は諸藩に先駆ける制度として当時画期的な事であった。

安政六年（一八五九）翼の建議を受けて、蘭学館を江戸芝邸に設けて蘭書、舎密術の稽古を開く事になった。そこで藩では翼を責任者として、伊東玄朴とその子玄春、織田研齋、長州萩藩の奥医師、山根敬造と神田孝平の五人を教授として招聘した。これが会津藩の蘭学館の始まりであった。

数ケ月後、九月に翼は山根敬造を会津に連れて帰って来た。日新館の医学寮に蘭学科を設けてその師範となり、吉村二洲は翼の補佐役として教授となった。河原町の商家を借りて山根敬造を教授として、そこを舎密所とした。

会津藩の医業

医学寮に入学してまず素読の科に入る事になる。医学には本道科、外科、小児科、痘瘡科、本草科があって、各科ごとに四等から大一等までの五段階の級があって試験によって等級を決めた。昇級の階級は儒学に準じていた。文化三年（一八〇六）には小島君玉が試験の代わりに自分の著書の『傷寒論発案』と題した書を提出して及第した事もあった。

町、在所の医師で高等に進んだ者は、苗字、御目見などを許され、奨励品をも賜っている。藩侯の臨席される時は合力医師（合力米を賜る医師で最下位の医師）以上の子弟に講義を受ける事を許可した。また、師範が子弟を連れて薬草採集に行く事もあった。

蘭学科では原書について医術を、舎密科では製薬方を研究し、若松の河原町に製薬所を設けて製薬に従事していた。日新館の大成殿の裏には薬草園があって、草木百余種を栽培していた。この頃になると、藩でも蘭方医学の重要性に気づき、学資は「育英資金制度」による学費ではなく、公費から出してもらうようになってきた。

コレラの治療

翼にとってもう一つの功績をあげたい。それは安政の年に「暴瀉病《これら》」が流行ったが、その治療法を極める者がいなかった。そんな時、翼は蘭書を熱心に研究し、遂にその原書を翻訳して世に広め、その治療は非常に効果を上げた。多くの医師はこれを参考にして、患者を治癒する者が多くなったという。

漢方医学の時代から蘭方医学流行の時代へと丁度、翼は位置していた。その過度期に当たって目まぐるしい移り変わりの中、藩医の代表として会津の医師をリードする立場にあったが、彼は派手な動きをする事なく、堅実に己の任務を全うしていた。

加賀山翼の名は、一般には有名ではないが、医師の子弟の能力開発に力を注ぎ、会津の蘭学啓蒙にも大きな功績があった事も忘れてはならない。

戊辰の役では、義勇兵を集めて隣藩の長沼藩から武器を無断で借用しようとしたが、藩では藩外の活動を禁じられた。日新館は閉鎖され、ここは臨時の病院となって多くの傷病兵の治療に励んだ。会津藩の降伏後、翼は斗南へ行くはずだったが、病に倒れてしまう。

明治四年（一八七一）四月二十九日病没する。享年六十一歳、儒教の葬儀にて大窪山に葬られる。墓には「加賀山翼先生」と刻まれている。

古川《ふるかわ》 春英《しゅんえい》（一八二八〜一八七〇）

幼きより才智、衆に絶す　古川春英は、文政十一年（一八二八）一月四日、河沼郡駒板村（現会津若松市河東町）に古川長蔵の末っ子として農家に生まれる。短躯で筋肉盛り上がり、精力絶倫だった。朝早く起き、夜は家族の者が寝静まってから眠る。しきりに身体を動かし、寸時の暇を惜しむかのように読書に夢中になっていた。よって、その向学の気、大いに進んだ。

彼の伝記については少年期に若干の相違がある。小川渉の『会津藩教育考』の「古人事歴」を基にして幾つかの彼の伝記が述べられている。『若松市史』、『三百藩家臣人名事典』や『会津若松史』などもだいたいこの線に沿っている。

一方、稲村敬一は『会津史談』60号に「古川春英のことども」を書いている。その中で春英の子息の古川源次郎の『古川家の家訓』を紹介している。その記述の中には『会津藩教育考』に述べられていない箇所がある。

『家訓』では生誕を天保二年(一八三一)としているが、文政十一年の方が享年から見て正しいようである。男の兄弟は兄長五郎と春英だけで、姉が五人いてみな近郷の農家に嫁いでいる。春英は末っ子で留吉と付けられた。留とか末とかは、これでおしまいというわけで末っ子に付けられていた。

「幼きより才智衆に絶し、日吉丸の称あり。年十三、慨然として医たらんと欲し、当時、米沢の医道隆盛なるを聞き、単身檜原峠を越え米沢市に至り、名門高橋先生の門を叩き、先生に直接面謁を求む」(『古川家の家訓』)とある。ところが、「十二歳、若松の医師山内春瓏の家弟なり医術を修めり」(『会津藩教育考』古人事歴)ともいう。

この米沢の高橋先生の門を叩いた事は『会津藩教育考』には勿論、外の伝記には出ていない。さらに、春英が若松の山内春瓏について学んだという事はこの『家訓』には出ていないが、外の多くの伝記には述べてある。

どうも春英の少年時代の事は伝聞的要素が混じっているので、よくわからないところがある。ただ身近な若松で師に就くとしたら、その一つの選択肢として若松の山内春瓏の門を叩いた事は想像できる。さらに藩医の吉村二洲とは師弟の関係があって、二洲の娘貞子を嫁に迎えている事から、若松で初歩的な医業を学んだのは確かな事だろう。

しかし、米沢の外科医高橋医師に学ぶ経緯がこの『古川家の家訓』に詳しく書かれている。それが外の伝記には一言も触れられていないのはどうしてなのか。勿論、小川渉の『会津藩教育考』の「古人事歴」にも述べられていない。

『古川家の家訓』の古川春英

そこで『古川家の家訓』を見てみると、「当時、高橋先生は東北唯一の外科医として、諸侯幣帛を厚うして迎接し弟子集まる者千を数え、堂々小諸侯の如し。水呑百姓の一貧児何ら恐るる色なく平然としてかかる大家の門を叩く」とあって、追い払われても追い払われても帰らず、日が暮れて朝まで玄関で寝ていた。先生も呆れて「この児、もって教ふべし」といって、春英はついに家僕（召使）となって「初めて医門に入るに至れり」と記している。

この『古川家の家訓』は春英の子息、古川源次郎が書いたものである。春英の直筆ではなく、言い伝えられた事を記録したものである。ここには米沢での経緯は生々しく書かれていて興味がそそられる。外の類書には取り上げられていないのは、どうしてなのかよくわからない。特に春英の若い頃の事は伝聞的要素が多い。この話は春英の学問への情熱を誇大に強調したもので、相当の脚色が混じっているようにも思われる。

しかし、こちらの文章の方が彼の人間臭さが滲み出ていて面白い。これ以後、持って生まれた頑健な身体と強固な意志によって、春英は苦労しながら米沢で医術を学ぶ。

緒方洪庵に師事する

さらに蘭方医への興味関心が強く、ひたすら蘭方医の道に邁進していった。旅費も持たずに大坂の緒方洪庵の所の門を叩く。猪突猛進に突き進む春英の面目躍如といったところ。そこで未知の世界の蘭学と医術の魅力に完全に惹き付けられる。さらに秘かに長崎まで行き蘭方医のボードインの所で家僕となり、西洋の医学と医術とを学んでいた。

居る事数年、学はさらに進み、蘭方医ポンペ、シーベルト、英方医アンダーソンなどに学ぶ。特に外科を得意とし、朋輩より優れた技術を身に付ける。当時の名医、松本良順、南部随臣、池田謙齋、岩佐順などに決してひけをとらなかったという。

会津藩では彼の外科技術に優れていた事はそれほど評価されていなかったが、全国的にはその名は広まっていた。彼の盛名を聞き、薩摩藩では春英を迎えようとする。そこで、会津藩に照会したところ、藩でも春英の事を初めて知り、薩摩に行く事を許さなかった。そこで会津藩に仕えるが、この頃はまだ蘭方医の地位が低かったので、藩医として最下等の末席に甘んじていた。

「勉強する人、偉い人」

その後、箱館の陣屋に渡って医業を営む事になる。父、春英と親睦のあったロシア・ニコライから「あなたのお父ツァン、肥えたる人。とても勉強する人、偉い人」と父の事を子息の古川源次郎が直接聞いたという。(『古川家の家訓』)

安政四年(一八五七)三十歳の時、会津藩でも蘭学所を開設した事を聞いて会津に帰って来る。ところが、無断で藩を離れ大坂の緒方洪庵の所に走ったので、蘭学所の教授にふさわしかったが雇ってもらえなかった。

春英の能力を惜しんだ所長の野村監物は、それにもかかわらず強く推したので蘭学教授に取り立てられた。しかし、会津では漢方医の力がまだ強く、医師仲間からは煙たがられ春英の腕の良さに妬みを持つ者も多かった。蘭学所では、山本覚馬、南摩綱紀も蘭学の教授の任に当たっていた。

外科への技術の高さ　その頃、幕医の松本良順（佐藤泰然の二男）が春英の才能を惜しんで「貴藩に古川春英なる者ある筈なり。かれ長崎にあるや頗る外科に造詣し、技、衆に抜きんず。今いづくにかある」と訊ねたところ、藩では春英の事をそれほど能力のある者とは知らなかった。それ以後は春英を抜擢して重用したという。特に創痍《そうい》に関する事や、抜糸、切開、切断などについては、相当な技術を持っていた。

春英の家族については「春英□《ママ》才の時吉村二洲の長女貞子を迎ひられたり、貞子、さきに高橋修齋なる者を聟として二男をあげしが、一男は生後没し、次男幼児豹一郎と称せしが、修齋不身持の為離縁したる後、豹一郎を連れ子にして春英君に嫁し来れり。春英君は吉村二洲とは師弟関係にありしなり」（『古川家の家訓』）とある。

戊辰の役では藩校日新館を病院にして、傷病兵の治療に当たっていた。その時、緒方洪庵と同門で、幕府の医師でもあった松本良順が子弟を連れて会津に応援のためにやって来て、病院長となって春英を助けている。良順退去後は、城中で婦女子を組織させ負傷者の看護に当たらせていた。

戦後は優れた若者の育成　戦後は島村（現河東町）の治療所で治療を続け、傍ら会津の汚名を雪ぐには、会津の優れた若者たちを育成する事だといって、学問を積極的に教えていた。ところが、明治三年（一八七〇）若松にチフスが蔓延し、多くの患者を治療しているうちに自ら感染してしまった。恩師ボードインが東京に来ているので会いに行こうとしていた矢先の事だった。同年十一月七日に亡くなってしまう。享年僅か四十三歳の若さであった。

古川春英の短い生涯をたどっていくと、エネルギッシュな行動家であり努力家であった事がよくわかる。その医業に関する熱意と積極さ、執念は会津人として稀に見る人物であった。明治の世に生きながらえていたら、恐らく優れた業績を残していた事だろう。その医業への情熱と識見とは、後世の野口英世の姿とが重なって仕方がない。

五、教育

岡田《おかだ》 如黙《じょもく》（無為庵《むいあん》）（一六二七〜一六九一）

横田俊益の頼み　稽古堂は、江戸時代における一般庶民の教育機関として私立学校の最も古いものである。設立は寛文四年（一六六四）、儒学者横田俊益が計画を立てた。そして彼の知友だったこの無為庵如黙を最初の堂主として招聘したのである。勿論、藩祖保科正之の後押しも忘れてはならない。

彼は、明暦三年（一六五七）三十一歳の時、会津に来た。なぜ来たかはよくわからないが、会津の仏教文化の跡を慕ってやって来たという。始め若松の禅寺、実相寺の別当左下《さくだ》り観音（現会津美里町）の傍らに庵を結んだ。この左下山から会津盆地の眺望は素晴らしく、猪苗代兼載もここで佳句を詠んでいるほどだ。

その後、如黙は、隠元禅師に会うために京へ行こうとしたが、知友の横田俊益は彼の学識、作詩を惜しみ会津に引き留め、耶麻郡落合村（現磐梯町）の茅舎に住まわせ、経書を講義する所とする。そこを無為庵と称する。閑静なる地を好む如黙にとって、ここは住むにふさわしい所であった。

幅広い学問僧　寛文四年になり、横田俊益は、如黙を稽古堂の堂主としてここに迎えた。如黙の講義の科目は様々で、儒書は勿論、詩文、和歌なども教えている。さらに医学も教えたというから、彼は当時の幅広い学問を身に付けていた事がわかる。

彼の講義には家老の田中正玄をはじめ、主だった藩士たちも聴講していた。巫医・僧童・農工業者・商人に至るまで、貴賤を問わず彼の講義を聴いていた。この事から、江戸初期の会津人の学問への渇望ぶりがよくあらわれている。

「不届有之」　しかし、稽古堂が創設されてから二十一年目の貞享二年（一六八五）八月九日に、如黙は突如罪を蒙り、耶麻郡真木（現喜多方市慶徳）へ配所させられる。この時は、正之薨去後十三年経って三代目正容の時代になって五年目、如黙五十九歳であった。

なぜ如黙が罪になったのか、よくわからない。『家世實紀』の八月九日の項には「医師服部玄沖（横田俊益の妻の兄）并無為庵、不届有之在郷へ被遣逼塞被仰付」とあり、「玄沖へは御徒目付富永左太夫、無為庵へは同近藤多賀右衛門へ夜廻り同心壱人足軽五人づつ差添、玄沖義、小川庄高取村、無為庵義、慶徳組牧（真木）村へ遣之、番人に不及、他村へ不出様申付之」とある。

これによると、理由が「不届有之」とあるだけで、どんな罪で流刑されたかはっきりしない。罪の内容が明確にされていないのである。ただ玄沖と共に、その罪科は軽いもので、番人もおらず、他村へ出なければよいというものであった。

それにしても罪科がはっきりとしない、まったく不思議で奇妙な事である。横田俊益は「如黙は放恣で且政事に妨げある言動があったため」（『横田俊益年譜』）とあるが、そのような性格・行動の乱れがあったとはどうも思えない。

優れた漢詩文　重臣の周囲の奸臣が如黙の人気を妬んで告げ口したからだともいうが、いずれにしてもはっきりしない。如黙配流のため稽古堂は休止状態であったが、心学解禁と共に復活して租税も元通りに免ぜられた。

しかし、この配所における如黙はここで、数多くの優れた漢詩を作っている。『摘居随筆』という詩文集も書いている。ここでは夏井村の極楽寺の僧、雲南とは晩年の唯一心の友として付き合っていた。

元禄四年（一六九一）十一月十七日謫居で永眠する。墓は真木村の清源寺境内に慎ましげにある。高さ二尺、幅六寸、「無為如黙塔」とあり、これは清源寺に移転されたものである。

吉村《よしむら》 寛泰《ひろやす》（一七六九〜一八五一）

十年かけて『会津日新館志』残す　吉村寛泰は『会津日新館志』によって名を残した。享和三年（一八〇三）、藩校日新館の落成を機会に、会津藩の学芸・教育を詳しく述べて後世に役立てるべき旨を家老田中玄宰に進言した。

幾多の事情があったが、文政六年（一八二三）十月、十年間かけて完成した。しかし、その途中頼みとしていた田中玄宰は残念な事に文化五年（一八〇八）に亡くなってしまう。この書の序文は、古賀精里の三男、昔陽《せきよう》が書いている。彼は田中玄宰のたっての招きによって、会津藩の寛政の改革に大きな力を尽くした古学の儒者だった。

したがって、その序文は単なるお世辞ではなく、その事情をよく周知している者の文として優れたものである。その中で、会津の日新館は諸藩校の中でも第一等のものであるという。それは藩祖保科正之以来の教学の伝統を基に築かれた創立事情と、その意義について十二分に理解した結果、高く評価しているのである。

財産なくして心血を注ぐ　吉村寛泰は『会津日新館志』の「題言」の中で、成立までの経緯を詳述しているが、その中でも最も目をひくのは、次の箇所である。

…此の財、殆んど尽して猶足らず、尋ねて什器を売る。売りて猶足らず。又宅地を売る。是皆心を斯の編に委せ、而して家事の致す所を省みざるなり。（書き下し文に直す）

と述べている。書成るために、ほとんど財産を使い果たして、なお不足し宅地まで売り払って、家事など省みず、ただただひたすらこの書の完成に心血を注いで、財政的にも困苦した事が滲み出ている文である。

この間、寛泰は、資料収集や取材のため領内各地を巡り、精力的に歩いている。高田村の郷頭田中東昌、牛沢村（現会津坂下町）の修験、鳴鶏院浄応や、漆村（現北塩原村）の心学者、北川如三などからその著書を求めたり、話を聴取している。

会津の学術、技芸を集録　ようやく文化六年（一八〇九）十月に完成させ、会津藩庁に献上した。内容は、日新館を中心に、会津の学術・技芸などに関する系統・伝記・作品などを集録した大著であった。

なお、寛泰は、寛政十一年（一七九九）には藩の開版方の役に就き、中条徳一郎と共に製本の仕事に就いている。だから、寛泰はいまでいう出版社の編集者のような役割を担っていたのである。それがこの『会津日新館志』の編纂に大きな力となっていた。

吉村寛泰は、明和六年（一七六九）六月十六日、若松城下に生まれる。幼名を嘉右衛門、新兵衛といい、隠居後は千年と号した。文政七年（一八二四）には『經史』を八代藩主容敬の御前で講義している。嘉永四年（一八五一）八十四歳の高齢で没す。大窪山の墓地に葬られる。法名は青雲院遂成日光居士という。

堀《ほり》 長《なが》勝《かつ》（一八〇一～一八五八）

庶民の教育者の功績

堀長勝は、在野の師として最も人々に愛された人物である。享和元年（一八〇一）若松城下に生まれる。名は源四郎、七太夫、左衛門などと称し、北枳《ほくし》と号した。彼は始め日新館書学寮の執事となったが、のち、隠退して文政四年（一八二一）小荒井村（現喜多方市）に移り、村人たちに書法と句読を教えていた。当時、小荒井村は商売に忙しく風俗は軽薄であったが、長勝が来てからはその世俗が次第に改まったという。

長勝は、その性向は非常に寛容で、よく人の話を聞き入れ、人の長所を認めて受け入れていたので、その徳を慕わない者はなかった。だから、彼の教えを受ける者が一千人を超すほどであった。

安政四年（一八五七）閏五月八日病死する。享年五十七歳、生涯独身を通した。後援者だった瀬野氏の菩提寺の安勝寺の地に葬られた。その死後、遺金を見てみると、僅かに三両しかなかった。この事は皆人々のために使うか、貸し与えていたので手元には僅かしかなかったのである。

だから長勝が病に倒れた時、門弟はじめ人々が相集り薬、飲食の労を積極的に行って師のために尽くしていた。後に門弟たちが師の徳を讃えるために長勝の使用していた筆や机を埋めて、春秋の祭典に集まって師を偲んでいたという。

「堀先生遺愛之碑」建つ　藩儒の高津泰の撰文によって「堀先生遺愛之碑」が建立された。いま喜多方市立第一小学校校庭に移されたが、人格者として小荒井村の人々は、すべてこの堀長勝を称賛していた。さらに野矢常方の長勝に対する親愛の情を示す和文と和歌一首が刻まれている。

しるべせし筆のはやしの花紅葉仰げばいよよ高きこの塚　常方

世に華々しい活躍は行わなかったが、会津の庶民に対する教育者としては第一にあげられるほどの人格者であった。題して「遺愛碑」という。この長勝如き人物は、神として社に祀られるべきだという声が、当時多かったといわれていた。

山本《やまもと》　覚馬《かくま》（一八二八〜一八九二）

佐久間象山の強い影響　山本覚馬の生涯の節目を三つあげてみる。最初は、「兵学」を主とする活躍である。二つ目は『管見』を口述し、その後京都の「政事」に関わった事である。三つ目は、同志社創立に尽力した「教育」の事である。

彼の前半生は武人として、特に砲術のために兵学を極めた。もともと山本家は兵学をもって藩に仕えていた。特に父権八は砲術指南であった事から覚馬も武人として兵学を志していた。彼の良き理解者として会津藩大砲隊長の林権助がいた。

江戸に出て大木衷城に蘭学を学ぶ。さらに佐久間象山に兵学と砲術を習った。のち、勝海舟からも西洋兵学や砲術の講義を受けている。当時の洋学の第一人者の佐久間象山の世界を見つめようとする目は、後々まで彼の人生に強く植え付けられていたのである。安政三年（一八五六）帰藩して会津の蘭学所の教授として力を尽くすが、それでもまだまだ会津の兵学における近代化の遅れは目を覆うばかりであった。まず旧式の火縄銃を廃止して、着弾銃の使用を強く進言するも、上司の反対にあって、禁足の処分を受けてしまう。それにも屈せず説得して、漸く会津藩兵制の近代化の第一歩を進めた。

元治元年（一八六五）三十八歳の時に京都在勤となる。その時、佐久間象山が暗殺されるという事件にあう。彼は真っ先に駆け付けてその死を悼む。その後、蛤御門の変の激戦では戦功をたて賞せられる。この頃から覚馬は眼病を患い、失明寸前に陥り公用の職から身を引いていた。

慶応四年（一八六八）の正月の鳥羽伏見の戦いの後、覚馬はひとり京に残り、会津藩が大義を誤り賊名となる事を憂い、説得しようと大坂に下ろうとした。混乱の中、目的を達せず帰り際に薩摩藩兵に捕まってしまう。その時会津藩士なる事を知って殺害されようとしたが、覚馬を知る者がいて辛うじて死を免れ、薩摩藩邸に監禁される事となる。

『管見』と名付けた設計書

監禁中、覚馬はこれからの日本の新しい国造りの設計書を作る仕事にとりかかった。眼病の上、リュウマチまで引き起こしていた覚馬だが、『管見』と名付けた二十二項目、一万字に及ぶ設計書を完成させる。

目の不自由な覚馬の口述を野沢雞一《けいいち》（野沢出身）に書かせて朗読させた。その時、同じく捕えられていた幕臣や会津藩士たちに質問させたり意見を聞いたりして、まるで獄舎内が塾の学習会のような熱気ある雰囲気だった。そして、覚馬は何度も朗読させて修正に修正を加え完成させたのである。

この『管見』には彼の見識による、政治・経済・教育・文化・衛生・衣食住・貿易など社会の諸般についての意見であった。西洋諸国が日本を狙っている事を憂い、近代国家の具体的な設計を綴っていたのである。

それは、「三権分立の思想」「教育制度の確立」「税負担の平均化」「職業選択の自由」といった、当時としては画期的な提言であった。戦前から交友のあった薩摩藩の小松帯刀《たてわき》、西郷隆盛たちがそれを読んでその卓見に敬意を示し、これ以後、彼に対する待遇もよくなってくる。

明治になって、このように覚馬は「武人」から「文人」へと変わっていく。政治、経済、そして教育への活動は目の見えない覚馬にとって、いままでにない心からの生きがいであった。

だから、この『管見』こそ、山本覚馬の「文人」としての出発となった重要な節目となるのである。そして、この『管見』を京の地で実現し、それをさらに日本国中に広めようと考えた。

日本で初めての小学校　明治二年（一八六九）五月二十一日、この日は日本で初めての学区制の小学校が、京都の上京第二十七番組で誕生した記念すべき日であった。この小学校ができたのは、覚馬の『管見』の考えから生まれたものだった。

しかし、日本で最初の小学校創立までは、幾多の屈折があった。まず府庁の槇村正直からの強い要請——

読書、習字、算術の教諭所であり、町組集議の会所などを兼ねた小学校を一組に一ヶ所ずつ建てろとの事――だった。費用は世帯ごとの出金で賄い、援助金は出ないとの事だった。

洋学所の門弟で世話人の丹波屋文蔵は金集めに奔走する。覚馬は文蔵に「自ら治める考えが何人の心にも生まれ、今後の学校運営がやり易くなるのだ」と教える。

学校の運営にまで考えが及ばなかった事を覚馬に指摘された文蔵も、「なるほど町の自治による学校を運営するうま味がある」と考えた。援助を受けない事は苦しいけれども、官庁から横やりを入れさせない事に京都の人間は、官の援助のない方の利点を悟った。ここに京の市民の底流に流れる自治意識の強さが芽生えてくるのである。

ところが、府庁では突如態度を変えた。新政府へ京都府の権大参事になった槇村正直は、財政援助による利点を考え、殖産興業の基礎となる学校をつくろうと思った。この槇村正直と覚馬は、京都の振興のために力を合わせている。

京都府施政の五か条　この頃、京都府の顧問であった覚馬は「京都府施政の大綱に関する建白書（案）」を書き上げていた。それは、次の五か条であった。

一、京都市中を挙げて職業街とし、追年、諸器械を布列し専ら物を興隆す可き事
二、尽《ことごと》く無用の地を開きて地産を盛んにす可き事
三、水理を通し道路を開き運輸を便にして、以て商法を弘大にす可き事
四、職業教授を開き遊民を駆て、職業に基かしむる事
五、広く海外の形勢を示して人帰智を発明する事

この五つの策が具体的に記されている。そして、目先に囚われずに将来を見通す目を絶えず覚馬は持っていた。

いよいよ、教育の近代化に向けて行動する事となる。それはキリスト教文化を基にした教育であった。まず明治八年（一八七五）、キリスト教宣教師のゴードンとの出会いであった。そして漢訳のキリスト教入門書の『天道遡源《さくげん》』という本に巡り合った事でもあった。

新島襄との出会いと同志社　覚馬はこの年、キリスト教に入信している。さらにもう一つ重要なのが新島襄との出会いであった。翌九年、キリスト教に入信していた妹、山本八重と新島襄との婚約が執り行われた。新島襄は日本のどこかでキリスト教主義の大学をつくる夢を持っていた。

彼は学校地の場所を探していたが、覚馬は京都の地（旧薩摩藩邸）の約五千八百坪の土地を提供して協力する事にした。明治八年「同志社」（覚馬が名付けた）が開校された。

覚馬の先輩である南摩綱紀が、淀藩の学校で教えてほしいとの要請があって京都にやって来る。覚馬は南摩にぜひ日本初の中学校をつくるのに、手を貸してもらいたいとの要請をしている。

明治十年には京都府の顧問を辞めるが、同十二年（一八七九）に京都府会が開設されて上京区より議員に当選して、第一回の記念すべき府議会において府議会議長に選ばれる。目が見えず、足の不自由な覚馬だったが、二年間京都府政に尽くす。

その後、京都商工会議所の会頭になり疎水事業に関係するが、それ以後は公務には就かずに療養に専念して、明治二十五年（一八九二）十二月二十八日、死去する。

覚馬の後妻、時恵の存在　明治前期における山本覚馬の京都の政治・教育・産業の世界で果たした役割は大きなものだった。盲目でありながらその功績は有り余るものであった。盲目でなく身体丈夫であったならどのように活躍したかは興味ある事ではあるが、逆に戦争の真っ只中で武人として生き延びられたかは疑問であろう。

明治の世に生き延びたからこそ、彼の偉大な近代化に関する業績が発揮されたのである。ただ残念ながら、家庭的には恵まれたかどうかについては様々な見方があるだろう。時恵という覚馬の後妻の彼への献身的な奉仕は見事だったが、晩年の不倫騒動や娘の久恵の恋愛事件に関しては、覚馬の汚点となって残ってしまった。

覚馬が会津人で明治期に活躍できたのは、多少の差はあれ、敵味方であれ、良き理解者に恵まれていたからだ。特にその幸運を得た者は、山川健次郎とこの山本覚馬の二人であった。この幕末に多くの重要な人物と親しく交わった事は、覚馬の行動に大きな影響を与えていた。

山本覚馬ほど京都のために後半生を尽くした者はいない。その後、「京都と会津」「同志社と会津」の絆についてはいつまでも語り継がれていくだろう。

瓜生《うりゅう》　岩子《いわこ》（一八二九〜一八九七）

「あなたを男にしてみたかった」　誰もがいう。「あなたを男にしてみたかった」と。瓜生岩子の銅像を見た者は、「その温容さに心浸み込む」という。明治から大正にかけて小学校の国定教科書の国語読本や修身教科書には彼女の業績が載せられていた。それは「己を忘れ、身を捨てて生涯を世のため、人のために尽くした」からだ。

岩子の孫の瓜生祐次郎が『瓜生岩子伝』を昭和二十九年（一九五四）に書いている。その中で祖母の事について次のように述べている。

岩子の容貌は、丸顔で色白く、中背小肥りで、六十九才で亡くなるまで、珍しくも黒く房々した頭髪を無造作に木綿紐で男髷に結い、髷の端を燕尾のように左右に分けており、見るからに田舎じみた素朴な風采であったが、慈愛に満ち溢れた、柔和な温容に接する時は、誰しも自然に頭が下がると云われた。岩子の精神が容貌に顕われた、自然の現象であったのであろう。併し反面には、自刃の間にも飛び込み、弾丸の下をも潜る勇気があり、又暴漢、兇賊をも恐れることもない強い精神を持ち、どんな難事に逢うとも、悲観もせずびくともしない。確かりした精神を持っていた。

これは祖母岩子の傍で暮らしていた孫の祐次郎の率直な感想である。その風貌や、岩子の精神がよく滲み出ている文である。

貧しい人たちに力尽くす

瓜生岩子は、小田付村（現喜多方市）の油商の若狭屋、渡辺利左衛門の長女として生まれる。九歳の時、父が急死し、その上火災に遭う。母の実家の熱塩温泉の山形屋で育つ。のち、叔父に当たる藩医の山内春瓏の所に預けられ、行儀見習いをしている。十七歳の秋、高田村生まれで、若松の呉服商大黒屋に勤めていた佐瀬茂助と結婚する。若松横三日町に松葉屋という呉服屋を開業し、一男三女を設ける。ところが、十一年後、夫茂助が病で倒れる。以来七年間の闘病生活の末、岩子が三十四歳の時、病死してしまう。さらに実母のりえも亡くなる。

不幸のどん底に陥った時に、熱塩の示現寺の住職隆寛から「世の中にはもっと貴女よりも苦労して貧しい人たちがたくさんいるのだ。まだまだ貴女は恵まれている方だ。そんな人たちの手足となり力を尽くす事がこれからの人生ではないか」と懇々と諭された。この言葉が、その後の岩子の生きざまを左右していくのである。

戊辰の役では敵味方なく看護に尽力

それから岩子は行商に励みながら子供たちを育てる。戊辰の役では、敵味方の別なく負傷者の看護に尽力する。後年、板垣退助伯爵がその看護した女性が瓜生岩子だと知って大いに褒め称えたという。

戦後、幼学校を設置のため、民政局へ懇願し日参する事半年、遂に許可を得た。そのねばり強さといったら、あきれかえるほどだった。場所は小田付村で、建物は二棟建て生徒は五十名ほどだった。

明治四年十一月、上京して教養会所の監督大塚十右衛門に救助教育の方法などを学び、志願して半年間、実習させてもらい帰郷する。帰って来ると待ち構えたように様々なトラブルが起こった。貧しい暮らしから堕胎するしかないとの女性たちの話を聞くと、我が子として育てようとするが、しかし、いざ産んでみると手放す事ができない者も多くいたという事もあった。

この時、県令三島通庸が岩子の善行を聞き、福島町に移り住む事を誘う。明治十九年の秋に、三女の乙女とお針娘三人を伴い福島に移る。ここで瓜生会を組織し、貧困者の救済を行う事になる。

何もしないでいられない性分　明治二十一年七月十五日、磐梯山が噴火した。その避難民のために古着類の喜捨を求め、それを罹災者に贈る運動を行っている。とにかく、岩子は時間を無駄に過ごすのが大嫌いであった。何もしないで只居る事ができない性分だった事がよくわかる。

明治二十四年には窮民貧児を救済するために、その機関として教養所を全国に設置する事を議会に請願するために上京する。しかし、当時の世論はまだその域に達していなかった。

明治二十四年三月、東京市養育院長、渋沢栄一から人を介して、幼童世話掛長の職に就く事を懇望され承諾する。まず子供たちを見ると、皆いじけて不活発で、精神も僻《ひが》んで卑屈な上に、笑う事を知らない様子であった。

そこで、岩子は孤児たちを心から憐れみ、温かい慈悲心で世話をしているうちにだんだん笑うようになり、生き生きしてくるようになった。そして、この子たちに仕事を与えようと紙袋張りとか、紙函の作り方などを教え、院内を家庭的にしていった。

いつも粗末な木綿を着て　明治二十四年六月には、岩子は土方宮内大臣の計らいで、皇后陛下に拝謁の栄を得た。その時、岩子は木綿服での拝謁を許され、言葉も会津弁そのままであった。山川操（山川浩の妹）が介添して、救済事業についての御下問のお答えを申し上げた。

岩子はいつも木綿の粗末な服を着ていたので、高価な衣服を戴く事がしばしばあったが、それを一切、困窮者たちに与えていたという。

東京貴婦人会の慈善バザーが歌舞伎座で催された時、岩子も自家製の水飴と飴糖煎餅などを出品した。この時、粗野な姿の老媼が多くの貴婦人からもてはやされているのを見た場内の観客は、皆驚異の目で見張ったという。

後藤新平の言葉　このように少しもじっとしていない岩子が貧困者の無料診療所の設置を提案するのを見て、内務省衛生局長だった後藤新平は「あなたを男にしてみたかった。日本もやがて女政治家も出てくるだろうが、いまから模範を示しておいてもらいたいものだ」といった。岩子がもう少し遅く生まれて来たならば、活躍の場があっただろう。

明治三十年一月末、福島へ帰って来る。風邪をひいて心臓病を引き起こす。ところが、病床にあっても病苦を忘れて、見舞に来る人たちに最後まで「窮民救済」の話を語っていたという。

岩子の危篤の事が皇后陛下の御耳に達し、菊花の御紋章付きの御菓子を下し賜った。四月十九日、眠るが如く安らかにその波乱万丈の生涯を終えた。葬儀は福島の長楽寺で行われ、参列者の行列が数百mに及んだという。僧侶の数も八十名の多きに達した。銅像台の石面の碑文は、岩子が昵懇であった下田歌子女史の撰文で、次のようなものである。

嗚呼　刀自《とじ》は菩薩の化身なりき、刀自会津の僻邑に生まれて、身は寡婦となれりき　然るに其功績の偉大なる、枚挙に遑《いとま》あらず　学校を建て仏教を弘め　堕胎の蛮風を一掃し　育児会を興し　病院を設けて　幾多の窮民を救ひ　或は兵士を恤《あわれ》み、或は廃物利用の法を工夫して　世を益するなど　刀自の一生は殆ど矯風慈善の業に尽し終りぬ、されば官より屡々賞せられ、勅定の藍綬褒章を賜はれり、明

治三十年四月　齢六十九にて逝きぬ。然れども其善行美績は、長《とこし》へに不朽の記念碑たらん
ここには的確に瓜生岩子の業績が書かれている。明治三十四年四月十九日、浅草公園の中央部に二間四方の敷地に、永代無料で貸与された銅像（大熊氏廣作）の除幕式が行われた。
その後、福島でも瓜生岩子顕彰会が設けられ、大正四年四月、長楽寺境内に銅像（朝倉文夫作）が建立された。さらに郷里会津には、昭和七年八月に示現寺の境内に銅像（雨宮次郎作）が建てられた。
ところが、第二次世界大戦の時、昭和十八年に福島と会津の銅像は軍部に供出された。浅草公園のものだけが残った。終戦後になって、福島市には長楽寺と福島愛育園、会津では熱塩の示現寺と、喜多方の佐牟乃神社には岩子の銅像が再建されてある。墓は示現寺の墓域に「瓜生岩子之墓」と刻まれてある。法名は廣濟院天恵照大姉である。

佐原《さわら》　盛純《もりずみ》　（一八三六～一九〇八）

「白虎隊」の作詩者　佐原盛純といえば、会津では『白虎隊』の詩を作詩した漢学者として有名である。春秋の飯盛山の白虎隊墓前祭で、会津高校剣舞会による「慰霊剣舞」を奉納している。その時の詩吟朗詠の漢詩の文句「少年団結白虎隊　国歩艱難戊保塞　大軍突如風雨来　殺気惨憺誌白日晦（以下略）」が佐原盛純の「白虎隊」の詩なのである。この詩は、明治十七年（一八八四）、この年は白虎隊の十七回忌に当

たり盛純が作詩して墓前に奉納したものである。

会津藩士たちが、会津戦争の前と後でどのような生き方をしたか、非常に興味関心のあるところである。多くの者は大きく変わった行動をとっている。盛純は、戦前は華やかな漢学者としての活動は目を見張るものがあったが、戦後もその漢学者としての行動は一貫している。漢学者としての活動と共に、郷里会津での子弟たちの教育にも貢献している。

佐原盛純は、通称佐輔、字は業夫、号は豊山、蘇楳という。旧姓は金上氏で、明治初年に佐原姓に復している。十八歳の時、江戸に遊学、金子霜山、杉原心齋、添川廉齋らに学ぶ。のち、外国奉行の池田筑後守長発《ながおき》（幕臣）の漢学の師となる。文久三年（一八六三）十一月、筑後守は、横浜鎮港談判使節団の正使として欧米に派遣される。

攘夷鎖国の不可を認識　その時、一行に随行して海外の事情を目にして、攘夷鎖国が不可能の事を理解して帰国して来る。筑後守も鎖国の不可を世に知らせるために建議したが、罰せられて隠居、蟄居させられる。盛純も攘夷鎖国の否を唱え『航海日録』を著わす。その後、上野藩主松平信発や龍ヶ崎藩主の米津政敏から招聘され仕える。
戦後は足利裁判所に奉職したが、若松に帰り若松予科学校、私立日新館や会津中学校などの教師となり、その学は経世を主とし、その学を受ける者は千数百人にも及んだ。若松にいる事三十年、明治四十一年十二月四日、病死す。享年七十四歳。東山の正法寺の墓所に墓がある。大正三年、飯盛山上に佐原先生碑が建立された。

小《お》川《がわ》 渉《わたる》 （一八四三〜一九〇七）

名著『会津藩教育考』　小川渉の功績は、何といっても『会津藩教育考』の著書を残した事だろう。会津藩の教育の核ともいえる日新館に関する事を、詳細にわたって書き残した。彼自身が日新館に学んだ体験からの記述なので、貴重なものであった。会津藩教育の沿革を記するに対して、その資料蒐集に奔走した。この書は、「神君保科正之公以来の会津教育の淵源、町講所の設立、日新館の興起、市村の教育、教育制度、諸名士の略伝等を記述した」（『会津藩教育考』緒言）という。

明治三十二年に脱稿しているが、明治十八年十二月に広沢安任が叙を書いている。刊行されたのは没後二十四年の昭和六年十二月であった。ここに漸く名著『会津藩教育考』が世に出たのである。

日新館に学んだ体験　小川渉は、天保十四年（一八四三）七月二十二日、日置流の弓術家の小川常有の二男として生まれる。幼名を徳太郎。諱は常矩。外浦、雲仏と号した。幼くして日新館に学び、優れた学修によりしばしば賞され、儒書を賜っている。

慶応元年（一八六五）九月藩命を受けて江戸昌平黌に入る。同三年、平山圖書頭に属して朝鮮に赴くべき旨を命ぜられるが、鳥羽伏見の戦いに遭遇し、町田傳八に所属して戦う。同年四月幕府の陸軍奉行から大砲、弾薬などを順道丸に積んで新潟に赴く。その間、エドワード・スネルと交渉して、銃砲弾薬の買入に当たっている。

斗南にいまも残る小川町

若松城の開城後は一旦若松に帰り、新潟で明治三年まで和蘭人のカステルの家で潜伏、ここで英語や蘭語を学び、西洋事情を学びながら、英国人サトーに日本語を教えている。

同十月、斗南藩の少属に任じられるも、廃藩置県の後、青森県五等出仕になり、田名部支庁長となった。同地にはいまでも小川の名の残る小川町の名が残っている。明治八年（一八七五）三月、役を辞して北斗新聞社を起こして社主となる。六年後、長崎県の尋常中学校一等教諭となったが、三年後には会津に帰りライフワークの『会津藩教育考』の執筆を始める。

その後、大病を患ったが少しも筆を擱かなかった。病気が落ち着くと遠村まで訪れて資料の蒐集に努め、見聞する所を細大漏らさず筆録していた。明治三十二年（一八九九）小康を得て青森に移り、待望の『会津藩教育考』を書き上げた。「我はこれが為に生れり。死すとも憾《うらみ》なし」といって、この書を容保（忠誠霊神）の霊前に捧げた。

珍しい逸話集『志ぐれ草紙』

なお、この書の資料集めから『志ぐれ草紙』（昭和十年九月刊行）が生まれる。その緒言に「口にて言はんとすることを筆に換へしなり」と書かれているが、この書から当時の様々な事柄がわかってくる。珍しい逸話などを多く載せてあり、資料としても貴重なものが多い。

晩年には、青森で漢学の塾を開いたりして、この地の青少年の教育に当たっていた。明治四十年二月五日、青森の地で死去。享年六十五歳。青森市香取神社境内に神式で以て葬られている。

彼は波乱多き時代に生きてきたが、『会津藩教育考』と『志ぐれ草紙』を我々に残してくれた事は、後世に大きな業績として評価しても評価しきれないものがある。

海老名《えびな》 リン （一八四九～一九〇九）

城内に入れなかったリン　海老名リンの生涯につきまとっていたのは、戊辰の役の慶応四年（一八六八）八月二十三日の事だった。「警鐘が鳴ったらすぐ城へ入れ」といわれていたのに、リンは負傷した実父の日向新介を見舞い、遅れて城内に入れなかった。

しかたなく、家族、知人たちと高田方面に逃れようとした。敵に出会ったならば、討死するつもりだった。しかし、敵と遭遇する事なく、もうこれまでと自刃しようとしていたところ、星暁邨に留められ生き延びる事になる。

明治二年春、二十二歳になった時、夫季昌《すえまさ》は東京で監禁される。リンは家族ともども斗南に入植する。その後、幾多の変遷を経て実父をはじめ家族を連れて東京に行く。

苦しい生活の後、季昌は警視庁に勤めるようになって明治十四年（一八八一）の時、娘モトが生まれる。その頃、熊本出身の湯浅初子（徳富蘆花の姉）、矢島楫子ら時代の先端を行く女性たちと交流する。さらに、旧会津藩士の井深梶之助一家とも交際し、明治二十一年（一八八八）四十歳となったリンは、東京霊南教会でキリスト教の洗礼を受ける。

社会性に目覚める　湯浅初子、矢島楫子らとの出会いにより、東京婦人矯風会に入会する事になる。これはリンが社会性に目覚める契機となる。この会は「禁酒禁煙、一夫一妻制確立、娼婦廃絶活動」の三本の柱を主とした運動であった。リンは明治二十三年には副会頭に選出されるが、そのような指導的立場には馴染めなかった。

翌二十四年、四十三歳の時に保母の資格取得のために近藤浜幼稚園保母練習所に入り、免許を取得する事になる。二年後、夫と共に会津に帰って来る。早速甲賀町に若松幼稚園を創設する。その事が『女学雑誌』に紹介されている。

高等女学校設立運動　東京で女性の向上運動に参加していたリンは、女性向上には教育が第一と考えていた。そこで、若松に女学校の設立の願いを持っていたが、夫の季昌はこの事に関しては「女性は家を守る事が本務だ」といって、理解を得る事ができなかった。リンは諸方面に働きかけるが資金が集まらない。東京、芝公園にて「若松女学校寄附能楽会」を開いたりして運動を広げている。

ようやく明治二十六年七月に若松婦人会の発足により、若松幼稚園の片隅で慎ましく「若松女学校」を開校した。翌年には、同年に創設された会津女子職業学校を鈴木まるから引き受けてほしいとの要望があり、校名を「会津女学校」と改めた。

同三十三年にこの女学校を若松市に移管する話が出る。リンは詳細な条件を決めずに安易に市に引き渡す。その結果、「若松市立女子技芸学校」というリンの理想とした「高等女学校」とはまるで程遠い学校となってしまった。

この頃、各地の啓蒙派の女性指導者たちの高等女学校設立運動からみると、会津は相当遅れてしまったのである。しかし、婦人会活動は活発に行っていた。日露戦争への協力では、指導的立場でその役割を果たしている。

クリスチャンホームへ　このように問題山積により疲労が溜り肺結核となり、病床に伏せる事が多くなった。しかし、リンは海老名一家の全員をキリスト教に洗礼させて、クリスチャンホームにすべく全力を尽くす。

最後まで抵抗して洗礼を拒否していた夫の季昌と娘婿の磐生を説得して、ようやくクリスチャンにする。そして、リンは理想的なクリスチャンホームにした後に、ほっとして息を引き取った。時に明治四十二年四月二十日未明の事だった。享年六十一歳。その十日後の五月一日、リンが待ち望んでいた「福島県立会津高等女学校」が開校されたのである。辞世の歌は次のものである。

残し行く母の思ひを思ひやりて道はかどらぬ心地こそすれ

会津の女性の社会的活動家として、瓜生岩子と共に海老名リンの名は忘れる事ができない。写真を見ると、古武士のような眼光鋭い容貌は、戊辰の役で籠城して戦えなかった負い目を背負って生きてきたリンの一生が、その顔面に深く刻み込まれているように思える。

高嶺《たかみね》　秀夫《ひでお》（一八五四～一九一〇）

師範教育の先駆者　高嶺秀夫は我が国師範教育の基礎を定めた。八歳の時、藩校日新館に入学し、素読、釈義の過程を優秀な成績で終える。十一歳で日新館の大学校に進む。十四歳で上等生となり、学校出席勝手次第という許しを受けている。まさに神童の名にふさわしい学問好きの少年であった。
慶応四年（一八六八）四月には、江戸から会津に帰った藩侯松平容保の御小姓役にあげられる。戊辰の役では東京で幽閉の身となったが、明治二年二月、抜け出して新発田藩士、大野検次郎の塾で漢学を学び、福地源一郎や福沢諭吉の塾からは英語を学んだ。この時、謹慎所から脱走して学ぶ若者が大勢あったという。明治三年九月、高嶺は、山川健次郎、柴四朗、出羽重遠《でわしげとお》、井深梶之助たちと共に、土佐藩邸に開設されていた沼間守一の洋学塾で、委託生として沼間の弟、高梨哲四朗から英学の教授を受けている。

慶應義塾での授業　さらに明治四年七月、十九歳の時福沢諭吉の慶應義塾に入学する。この時の授業は「明治五年頃までは唯原書の意味を取るのみ、発音などは極めて乱暴なりしが、（略）英語英文を学ぶは勿論、地理・歴史・数学・物理・簿記・経済・修身等一切原書を用ひて、其事柄を暗記せしむることとなりし」（『慶應義塾五十年史』）という状況であった。
のち、慶應義塾の英語の教師までなっている。同八年（一八七五）には福沢諭吉の推薦もあって、文部省に入り、師範教育研究のためにアメリカに派遣されている。この事が高嶺の将来を決めてしまったのである。

留学時の心構え　この時の航海中の高嶺秀夫の手記が残っているが、松野良寅《よしとら》の『会津の英学』の中で紹介している所から抜き出してみる。
同行輩或は酒を買うて無聊《ぶりょう》を慰むるもの多けれども、僕は元より酒を好まず、且倹約を守り贅沢を省き以て不時の備をなさんと決心し、敢て酒を飲みて酔倒するの事をなさず、嗚呼是真に鄙吝《ひりん》の意よりするか、否、他に目的あり。

とある。ここにも秀夫の性格と留学の心構えがよく出ている。

留学先は、ニューヨーク州のオスウィーゴ師範学校であった。ここでペスタロッチの開発主義教育を学ぶ。知識の詰め込みよりも生徒の素質能力を導き出すという、ペスタロッチの人間性の開発教育を学ぶ。三年後、留学を終え帰国する。

開発主義的教育の普及　彼はそれ以後、開発主義的教育の紹介と普及に力を尽くす。そして、伊吹修二と一緒に、東京師範学校の改革に着手する。明治十四年（一八八一）東京師範学校の校長になり、同二十四年（一八九一）には東京高等師範学校の校長となる。ここでは、記憶より観察・実験を重視する教育を実践した。

明治三十年（一八九七）、東京女子高等師範学校校長となる。そこでは女子の教養を向上するために、女子も男子と同じ学科課程とした。一方女子に必要な技芸や情操の学習も重要とし、女子の体位を高める事に尽力している。特に女性の能力を発揮する場として「家事科」の充実を図った事は大きな成果だった。

美術への関心高く　一方、彼は美術にも関心を持ち、当時、日本では浮世絵の美を軽視していたが、高嶺は非常に重視して浮世絵の蒐集に力を入れていた。明治十二年（一八七九）に米国の美術家フェノロサと浮世絵を通して親交を深め、肉筆掛軸百二十余、版画数千枚を蒐集する。

明治三十一年（一八九八）には東京美術学校の校長を兼務した。晩年には帝国博物館鑑査委員、文部省美術展覧会審査委員としても活躍し、一般には浮世絵に目もくれなかった当時、高嶺が我が国近代美術の発展に大きく貢献した事はもっと評価されていい。

明治四十三年（一九一〇）二月二十二日五十七歳で没した。豊島区駒込の染井霊園に眠る。

山川《やまかわ》　健次郎《けんじろう》　（一八五四〜一九二四）

良き人々との出会い　行く先々に辛苦はあったけれど、山川健次郎ほど幸運を授けてもらった人々に巡り逢えた者は外にいなかった。

勿論、山川健次郎という素質、才能、人格によって、その幸運を引き寄せた事はあっただろう。山川家の家族、特に母唐衣《からごろも》。そして秋月悌次郎（胤永）をはじめ、勉学に励むようにしてくれた河井善順（智海）、奥平謙輔、前川一誠、そして、越後の遠藤七郎。さらに、留学のきっかけをつくってくれた黒田清隆に、永岡久茂。アメリカ留学で援助してくれたハントマン夫人。そして、賢夫人といわれた鉚子《りゅうこ》夫人に、東京帝国大学総長の浜尾新。明治専門学校創始者の安川敬一郎と数え上げればきりがないほど、多くの人たちに恵まれていたのである。

薩長嫌いの小説家、子母澤寛《しぼさわかん》は決して健次郎を呼び捨てにはせず、終生「山川健次郎先生」といい通したほど尊崇していた。会津には、二人の神様がいたという。それは、秋月悌次郎と、この山川健次郎だという。

青瓢箪《あおびょうたん》だったが向学心は強い　山川健次郎は、嘉永七年（一八五四）七月十七日、若松本二ノ丁で生まれた。幼名を重教という。父尚江は七歳の時に病没。祖父の重英《しげふさ》が健次郎の教育を行った。藩校日新館に入学するや、成績優秀であったが、瘠せ細りのため「青瓢箪」と渾名《あだな》を付けられるほど、繊細な体質の持ち主だった。

当時の日新館の教育は国史、数学、外国語、理科といった科目は学習していなかった。後年、彼は「始《ママ》めて九九の掛け算の呼び声を習ったのは、十六歳の時、東京に出てからだった」と述懐している。

慶応四年江戸陥落の後、幕臣の沼間慎次（守一）が二十名ほどの部下を連れて会津に来て練兵を教えていた。健次郎たちはその部下の館林という者にフランス語を学んでいた。

奥平謙輔の恩は終生忘れなかった

戊辰の役では、家族と共に籠城していた。彼は白虎隊に所属していたが、藩の方針で、か弱い十五歳の少年では体力が十分でないので足手まといになるといって、学問をさせている。降伏後は猪苗代に送られ、謹慎幽閉される事となった。

その時、秋月悌次郎は戦前親しくしていた長州藩の奥平謙輔に「会津藩の有望な少年を二人ほどに教育を受けさせたい」と懇願した。そこで、小川亮（小川清流の子）と山川健次郎とが選ばれ、真龍寺の河井善順に託して奥平のもとに送られる。十一月十三日、大雪の降る中を越後へ密行したのである。

ところが、奥平は佐渡にいたが、エセ勤王家たちに奥平の所には会津の者がついていると中傷されたので、新発田の葛塚の遠藤七郎宅に世話になり、そこで、古今の書を読んで暮らした。その後、上京して前原一誠の書生となるも、奥平と前原は萩へ帰る事となる。そして、「萩の乱」で亡くなるが、健次郎は終生、奥平謙輔の恩は忘れなかった。

胡麻塩の振りかけ御飯

会津藩は「藩士の子弟の教育は一日も疎かにはできない」といって藩士たちの勉学に力を注いでいたが、この時の学生の給与は乏しく、おかずは胡麻塩だけといった有様であった。

さすがの健次郎も空腹に耐えかねて「私の一生のうち、このように窮した事はなかったので、いまでも食事の不満不足をいう事はなかった」としばしば話をしていたという。

そのうち、健次郎は東京で千村五郎に英語を学ぶ事になる。会津藩士は全員斗南への移住をする事になったが、彼は数人の者と謀り、東京に留まって沼間守一の私塾に入っている。

幸運だったアメリカ留学

北海道開拓使の次官となった黒田清隆（薩摩藩士）は、まず上級役人の養成のためには留学生を海外に派遣すべきだと主張した。そこで、寒い北海道の開拓に従事するには寒い国の青年も用いた方がよいといって、薩長の者四、五人に加えて、会津藩と庄内藩から一名ずつ選ぶ事にした。その時、強力に推薦してくれたのは会津藩士の先輩、永岡久茂だった。

その結果、明治三年十一月、アメリカに留学する事となった。アメリカでは東海岸で勉学する事になる。彼は特に日本人の多い所は社交的な交際が多いし、会話もどうしても日本語中心になるので英語も上達しないと思った。そこで邦人のいないノールウィッチという静かな田舎町に住む事にした。このように、ひたすら勉強に精進しようとする気構えが健次郎には感じ取られる。

ハントマン夫人への誓約書

一年後、念願のエール大学で物理学を学ぶ事になるが、ここでは、音楽や図工といった科目があって、いままで全然経験した事のない科目に戸惑ってしまうが、学校側の厚意で何とかクリアーした。

ところが、学業半ばであと少しで卒業できるという時に、留学生の補助が打ち切られてしまう事になる。どうしても学業を続けたい健次郎は友人の紹介で、ハントマン伯爵夫人に学費を援助してもらう事になる。

その時、夫人は一つの証文を書く事を要求する。それは「あなたが学業を終えて帰国したならば、必ず国の為に力を尽くす」という事だった。

このハントマン夫人が「国の為に力を尽くす」と証文に残す要求をした事は、凄く健次郎の心に響き、将来の生き方に大きく影響していった。そこで健次郎は「学業成就の暁には力の限り国の為に尽力する」事を誓約書にしたためて、彼女の援助を受ける事になった。

明治八年五月、二十二歳の時、バチュラー・オブ・ソフィーの学位を得て帰国する。翌年、東京開成学校（後の東京帝大）の教授補となり、三年後には我が国初の理学部教授に昇任し、明治二十一年には最初の理学博士の学位を授与される事になる。

山川博士の特色ある講義　山川健次郎教授の講義は、持ち前の長身痩躯、眼光鋭く、人を射るような目をして、大冊を抱えて教壇を闊歩して烈しい口調で教えていた。そして、極めて大きな声で耳も聾するばかりであったという。

始業の鐘がまだ鳴り止まぬうちに教室にあらわれ、終業時にはキチンと止めて退出していた。生徒たちは、「打つ鐘のあとより入る山の川　声ぞ積もりて熱となりぬる」と詠むほどだった。

のち、東京理科大学学長、東京帝国大学総長と進み、至誠公平、一点の私心を挟まない態度は、すべての人々の敬意を受けていた。そして、アメリカでのハントマン夫人の言葉が耳に住み付いていた。それは「国の為に尽くす」という覚悟を生涯貫こうとするあらわれでもあったのである。

七博士の上奏事件　ところが、いわゆる「七博士上奏事件」が起こる。明治三十三年の露国の満州占領に憤激した法科大学の戸水寛人博士たち七名が、連名で首相に日露開戦論を上奏したのである。

山川総長は、大学の独立のため、教授個人のためにも慎重な態度をとるように説得した。ところが、政府は言論統制の伏線もあって、三十八年八月に突如、戸水博士の休職を発表する。

そこで、山川総長は辞表を久保田譲文部大臣に提出する。ここで総長に辞められては世間が承知しないので、慰留に努める。しかし、健次郎は初志貫徹、頑として撤回しなかったので、その年の十二月に受理せざるを得なかった。

その後、教授、助教授百九十名の総辞職に発展し、久保田文部大臣は辞任し、戸水博士も休職を解かれる事となった。この時とった山川総長の毅然とした態度は当時の教育界では大変な評判となった。

高等教育への様々な貢献

明治四十年になって、北九州の実業家、安川敬一郎の出費により、旧制明治専門学校（現国立九州工大）が創立される。安川は、校長に山川博士をぜひ迎えたいと三顧の礼を尽くして懇願したので、校長に就任する事を承諾する。

ここでは、特に山川校長は信念を持って教育の理想を掲げようとしたのである。彼のいう独特の人格主義と基礎学科の重点化を徹底して行った。いまでも九州工大にはその志が受け継がれているという。

明治四十四年に新設の九州帝大の総長に迎えられる。大正二年には再び東京帝大の総長に任命され、翌年には京都帝大の総長も兼任するという事になり、日本の高等学校教育に欠かせない人物となったのである。大正十五年に、白虎隊墓地改修で多大な便宜を図ってくれた、根津嘉一郎氏の強い要請で、旧制の私立武蔵高等学校の校長になる。

教育は教える者の人格から

このように、山川健次郎の教育の根底に流れるのは、多くの人たちの助けを受けて今日の自分がある事を自覚している事である。そして、会津戊辰戦争で多くの会津人が命を絶った事が、健次郎の心の底にはいつも沈んでいたのである。

教育はまず教える者の人格からだとして、絶えず教員の素質の向上には力を入れていた。教員の採用に当たっては、必ず直接面談し、長時間かけてその学識、人物を自ら考査したという。

さらに、学生は必ず一度は海外の風物なり文化なりに接して、祖国に対する認識を新たにする必要を説いていた。会津の生徒が東京で学ぶための至善寮の開寮にも力を注いでいる。また、健次郎の書生好きは有名で、将来有望な青年たちを援助する事を惜しまなかった。

「山川の書生」、「柴四朗の書生」、「日下義雄の書生」の三大書生が有名で、会津の青年が上京すると、この三人の書生として養われていたという。後に『京都守護職始末』を出した時に、厖大な原稿を整理したのがこれらの書生たちだった。

白虎隊の講演で感涙流す

また、学生たちへの書簡に対しては、必ず自ら筆をとって懇切な返事を書いていた。どこまでも自らの生活は質素で、派手な行為やパフォーマンスを好まない夫妻でもあった。姿勢正しく「厳正にして秋霜の如く、まことに古武士の典型だ」と当時の人々は異口同音に話す。

山川健次郎は、晩年には各地で講演をしているが、「白虎隊の回顧」と「乃木大将の殉死」は聴く者の心を揺さぶった。米沢市の中学校では同年輩の少年武士を前にして、会津の白虎隊の悲壮なる最期を目の当たりにした健次郎は感極まって、涙を流して話す事ができなかったという。

教育には熱心だった母の唐衣

会津藩士の中では、特に寛政の改革の立役者である、田中三郎兵衛玄宰の業績と人物を健次郎は非常に高く評価している。しかし、この田中玄宰の行為を教えない日本史の欠点を強く指摘していた。

さて、ここでどうしても触れなくてはならないのは、母唐衣を中心とした山川家の事である。母は西郷十郎右衛門近登之《ちかとし》の娘、二十歳で山川家に嫁ぎ十二人の子を産むが成人したのは七人。変わった事が嫌いで、平凡な事を真面目にやっていた。

実父の影響で、和歌を大いに嗜んでいた。進歩的な考えを持っていたわけではないが、子供の教育には非常に熱心で、女の子にも積極的に学問をさせた。幼い捨松を留学させたのも、この母にして納得できよう。ただ道に背く行為に対しては、容赦なく厳しく戒めていた。この母の辞世の歌「我ながらなにに名残の惜しむらん　おもひおくべきこともなき世に」には母唐衣の生きざまがよくあらわれている歌である。

健次郎は、昭和六年（一九三一）六月二十六日、胃潰瘍を病み没する。享年七十八歳。

山川健次郎のゆかりの地　山川家は二の丁にあったが、いまはその面影すら留めていない。彼の通った日新館の跡は現在、若松商業高校や謹教小学校になっていて、元気な生徒の声が響いてくる。

健次郎は、会津の女性が殉死した事に心から悲痛の声を上げている。大正十五年九月にその顕彰碑文を書いている。「会津藩殉節婦人の碑文」（善龍寺）である。その悲憤に満ちた文の節々からは、並々ならぬ健次郎の気迫が感じ取られる名文である。山川健次郎の銅像は現日新館と会津高校に建てられてある。

井深《いぶか》　梶之助《かじのすけ》（一八五四〜一九四〇）

キリスト主義教育の実践　戊辰の役後の会津人は、教育界での活躍が非常に目立っている。山川健次郎をはじめ、高嶺秀夫とこの井深梶之助の三人は英学修学の結果、日本を代表する教育者として大きな業績を残している。

井深梶之助は政府からの留学生とは異なり、自力で留学し、キリスト教主義教育を実践した教育者として業績をあげた事は特筆すべきだ。このように、井深梶之助の生き方を大きく変えさせたのはキリスト教であった。

井深梶之助は、藩校日新館の学頭をしていた井深宅右衛門の長男として生まれる。母八代子は家老西郷頼母近思の二女で夫の留守を守り、子供の教育には熱心だった。

戊辰の役では、十五歳であった梶之助は白虎隊に入るには年齢が数ケ月足りなかった。止むを得ず籠城戦に参加した。そこで、山本八重の凄まじい女丈夫の戦いぶりを見て感動している。そして、容保に対して大砲の弾丸の効用などについても冷静に講義している八重の有様を垣間見ている。

明治になると、漢学から洋学へと学ぶようになる。明治五年（一八七二）、中村正直《まさなお》（敬宇）の『擬泰《たい》西《せい》人建白書』を読んで感動し、西洋文明の基礎はキリスト教である事に気付く。それ以来、明治維新後の日本の西洋文明の取入れ方がただ物質文明に走り、その本質を忘れている事に気付くのである。

明治四年（一八七一）八月、横浜の神奈川県立修文館の館長となった星亨《とおる》の援助によって、学僕として入所する。その当時梶之助は刀を売ってまで学費に充てるほどの耐乏生活を送っていた。

ブラウン宣教師との出会い　明治六年にはキリスト教が解禁される。その年の一月に梶之助は、幕末から宣教のために日本に来ていたサミュエル・ロビンス・ブラウン牧師より洗礼を受ける事となる。明治六年十二月にはブラウンは塾を開いた。このブラウン塾は極めて厳格で、「言葉は人間だ」といって英語の指導に当たり、特に英語の発音には非常に厳しく、生徒の口の中に指を入れてまで教えるという強烈なものだった。

このブラウン宣教師との出会いが、将来の井深梶之助の行方を決定付けてしまうのである。明治十一年（一八七八）には日本キリスト教麹町教会の牧師となる。のち、京都の山本覚馬から日本の将来はキリスト教を基礎とすべき事を教えられる。また、同志社を創設した新島襄・八重夫妻との親交により、キリスト教による教育の必要性を大いに鼓舞される。

明治十九年（一八八六）築地大学と東京一致神学校とが合併して「明治学院」となった時に、梶之助はヘボン総理の下に副総理を務めるようになる。

明治学院第二代総理

明治二十三年（一八九〇）にはアメリカに留学する。ニューヨークのユニオン神学校で教会史を学ぶ。翌年帰国すると、待っていたかのようにその年の十一月、ヘボンの後を受けて明治学院の第二代総理に就任する。この時「教育こそ明治学院のコアである」といい、ここで彼が目指したのは、鍛錬型の教育ではなく、「生徒を一人の人格者と認め、その人格と個性を尊重する」という教育であった。これは新島襄の精神と共通するもので、当時の学校教育では画期的なものであった。
明治学院の総理時代に、明治三十二年八月、文部省から「訓令第十二号」が出される。
一般ノ教育ヲシテ宗教ノ外ニ特立セシムルハ学政上最必要トス依テ官立公立学校及学科課程ニ関シ法令ノ規定アル学校ニ於テハ課程外タリトモ宗教上ノ教育ヲ施シ又ハ宗教上ノ儀式ヲ行フコトヲ許サザルベシ
時の内閣は、明治の元勲と奉られた因習派の最たるものの山縣有朋総理であった。井深梶之助は長州閥のボスの山縣に対して、キリスト教学校の代表者の先頭に立って宗教の自由を主張し、徹底的に抗議を繰り返した。

薩長への遺恨、和らぐ　梶之助は大正十年（一九二一）に辞職する迄四十年間、キリスト教主義教育発展のために貢献した。日本全国基督教会同盟委員長や万国日曜学校同盟副議長など日本のキリスト教主義学校の指導者として、西の新島襄と共に、東の井深梶之助の名は大きく輝いていた。

キリスト教に出合うまで会津藩士が誰でも持っていた「薩長への遺恨、復讐」を払拭できたのは、ブラウンのキリスト教的人道主義の影響があったからである。また、松野良寅は『会津の英学』で「旧幕臣の篠原桂之助の影響」と指摘している。そして、井深梶之助の人物を評価して、

植村正久は井深を評して《寛弘《かんこう》の人》と呼んだ。この植村評のごとく円満そのものの井深が薩長閥政権の文部省訓令に「宗教の自由」をより所に敢然と対決した毅然たる態度からは、山川健次郎・高嶺秀夫らには見られない、キリスト教信者としての知性と勇気、それに会津武士の反骨の気概が窺われる。

と述べている。まさに明言である。

昭和十五年（一九四〇）八十一歳で天国に召され、その波乱に富んだキリスト教教育家の生涯を終えた。

六、政治・経済

田中《たなか》　玄宰《はるなか》（一七四八～一八〇八）

藩政改革を断行した家老　会津藩士で誇れる人物を一人あげるとすれば、ほとんどの人は田中三郎兵衛玄宰をあげるだろう。外にふさわしい人物はあるだろうが、彼の存在なくして会津藩の財政的危機は乗り越えられなかった。

藩祖保科正之の時代から百年ほど経つと、政治・経済が現実の枠に合わなくなってきた。物の流通と情報の発達による生活全体の急激な変化は、目まぐるしいものとなってきた。さらに、士農工商という固定化された身分制度は社会の変革の妨げとなってきた。

江戸時代も半ばになった玄宰の時代は、諸藩の政治、経済が崩壊の危機に遭遇した時期だった。それは政治の失政そのものではなく、飢饉のせいでもなく、現物経済、つまり米を中心とする依存体制は、経済的にも当然改革を要求される情況であったからである。

その上、商品流通の発展による貨幣経済の移行は、農村地域にも影響を及ぼしてくる。自給自足の社会が崩れ、物よりも金の威力が増してきた時代であった。経済は藩内の流通だけにも留まらず、全国的な規模の経済の流れの中で活躍する豪商が目立ってきた時でもあった。

それに追い討ちをかけるように、天明の飢饉などの天災、参勤交代や公共の土木事業などにより、慢性的な財政困難に陥り、借金の山は高くなるばかりであった。会津藩もこの危機的情況を乗り越えるには、強烈な指導力を持つ人物の出現が待たれたのであった。五代藩主容頌の時には借金が五十二万両にも膨れ上がっていた。倹約令の実施、家臣への俸禄から金を借りる「借地」という情けない情況にもなっていた。

そんな時期にあらわれたのが、田中玄宰だった。その時、危機感を抱いた玄宰は三十四歳の時、家老に就任した。早速、徂徠派の熊本藩の儒者、古屋昔陽を招聘して改革を進めようとしたが、藩主容頌は藩祖と学風の違いを理由に許可しなかった。

八大項目の実現に向けて　玄宰は、改革の出鼻をくじかれ、病気と称して辞職してしまった。その間、彼はただではいなかった。この機会に様々な学問に励んでいた。一年半ほど経った天明五年（一七八五）に、この現況を乗り切る者は彼しかいないと藩主容頌は悟り、復職を命ずる。

再び家老職に就いた玄宰は、当時は前例を打ち破る事が至難の業だったが、前例踏襲という束縛から敢然とはねのける事にした。その一つは「家老の職務分担制」の採用にあった。これまでは各部署から上がってくる決裁は、その月の月番家老が行っていた。しかし、膨大な量の事柄を処理するには、とても裁き切れなかった。そのうえ翌月の月番がまた最初から説明を受けなければならないし、責任の所在もはっきりしなくなる。

そこで玄宰は家老の月番制を廃止して、政務を三つの分野に分担する事にした。すると継続的に能率的に素早く処理する事ができるようになった。このような前例を変えようとするにしても抵抗が烈しかったが、藩主容頌の許しを得て断行した。

天明七年（一七八七）、次の八大項目を藩主に提出している。

一、武備を充実して士気を訓練する事（武備の充実）
一、学校を拡大し、文武の道を講究する事（教育の振興）
一、門地にかかわらず、人材を登用する事（人材の選抜登用）
一、財用を節して、国用を足す事（支出の節約）
一、刑則を定めて、裁判を公平にする事（裁判の公平化）
一、服色を定めて上下の身分を明らかにする事（上下身分の分明化）
一、賞罰を明らかにして、各々その分を尽くす事（風俗を正す法）
一、村里の法を定めて風俗を正す事（農村の制度改正）

彼はこのような八大項目を実行に移そうとして、外の家老に諮ると、藩祖正之の遺法を変えるべきでないと高橋重長だけが反対した。しかし、玄宰は世の変遷に応じなければ改革はできない事を強調して、実行に移す事にした。

「武備」については、戦いの極意は戦わずして屈服させる事だとして、軍備の充実を他藩に認識させようとした。そのため、従来の「河陽流」を止め「長沼流」へと変えた。

殖産振興に力を入れる　さらに改革を進め、実行に移そうとして「殖産振興」には特に力を入れた。その時、御用商人の林家五代目和右衛門光治は、藩財政再建へ陰ながら玄宰を助けた。そして、安永二年（一七七三）には藩の窮状を見過ごせないと、所持金二千両を献上している。

玄宰の地場産業の奨励により、漆器は勿論、清酒醸造、薬用人参の栽培、陶磁器などの技能の向上に力を注いでいる。これは藩外に売り出す事で、いまでいう外貨稼ぎをして、藩財政を豊かにしようとした。

中でも薬用人参栽培には力を入れ、二百両もの種を購入し、広範囲の土地に種を播き、どの地味に合うかを調べさせている。その結果人参の生産が大いに高まり莫大な利益を生むようになった。玄宰の行動は大胆にして細心、用意周到で発想の豊かさを大いに発揮していた。

さらに全国でも唯一の藩直営の酒蔵を造り、「清美川」という清酒を売り出している。会津はまだまだ醸造技術が未熟だったので、上方豪商との関係を頻繁に行っていた林光治は、灘の醸造技術者の杜氏を招くのに骨折っている。そのお蔭で、全国に誇る清酒を造るようになった。

また、会津塗の蒔絵《まきえ》の技術を向上させるため、京や江戸から蒔絵の技術者を招聘して、売れる商品づくりを進め、他国に売り出した。さらに本郷焼の磁器焼成向上のため、佐藤伊兵衛を有田焼に秘かに入らせ、その技術を学ばせ、商品としての価値を高めさせた。

このように商人たちの助けを借りて、玄宰は地場産業の促進と商品の流通を大いに進めた。

藩校、日新館の教育　教育の革新では、はじめ既存の「講所」で、主に人材の育成に力を入れていた。十一歳から十八歳までの藩士の子弟への入学を義務付けた。その内容は、親孝行と目上の者への仕え方を基本とし、国に役立つ人材を養成する事にあった。受講者が増えるにしたがい、西に新校舎を建て西講所を増設した。

文武の教育内容を充実させるためには、新しい総合的な学校をつくる事が必要になったが、莫大な資金がかかる事により資金面から行き詰まった。その時、御用商人の須田新九郎の莫大な寄付によって、藩校、日新館を文化二年（一八〇五）にようやく完成させる事ができた。

日新館の規模は、東西百二十間（約二二〇ｍ）、南北六十間（一一〇ｍ）で、米代の敷地（現若松商業高校の辺り）に当たる。武芸所や水泳用のプールなどもあり、総合学校としては、全国的にも高水準であった。その学力は相当高いレベルであった。それは、幕府学問所の昌平黌への入学生が、幕末にかけて会津藩からの入校者が最も多い事からもよくわかる。学校は若松城下だけではなく、宿駅を主に会津各地に寺子屋ができて、江戸後期には在郷では女子の入学者も目立ってきた。

会津藩中興の重臣、田中三郎兵衛玄宰は、寛延元年（一七四八）に生まれ、玄宰、幼名を小三郎、通称加兵衛、後に三郎兵衛と称する。宝暦十年十三歳で一千石の家督を継ぐ。

文化五年（一八〇八）、六十一歳で没す。五代藩主松平容頌は、延享元年（一七四四）の生まれ、文化二年（一八〇五）、六十二歳で逝去している。奇しくも、この主従は四歳しか違わない。同じ頃に生まれ、同じ頃に亡くなっている。この主従ほどぴったりと息があっていたのは、このような同年代に生きていたからであろう。

諡は忠翁霊社。遺言で「我が骨は、城と日新館の見える所に埋めよ」といって、墓を城東小田山頂上に建て、いまなお人々の敬意を受けている。

林《はやし》 和右衛門《わえもん》（光正《みつまさ》）（？〜 ）

寛政の殖産振興に尽力　田中玄宰の寛政の改革に陰ながら協力したのは林家である。そして会津の殖産振興に大いに貢献した林家の存在は忘れる事はできない。中でも七代目の林和右衛門光正の言動は目を見張らせるものがあった。そして、芸術家や技術者を大事に育てた人物でもあった。

藩政を揺り動かすほどの表立った活躍はしなかったが、商人の縁の下の力こそ玄宰にとっては必要な事だった。特に地場産業の漆器・酒・陶器の三つの産業の振興はやらねばならない事だった。

上方から職人を呼ぶ　寛政四年（一七九二）から寛政十年にかけて、玄宰が京都から職人を招いて「髹塗蒔絵《きゅうとまきえ》の法」や、「消金蒔絵の技法」を習得させた。未熟な会津の蒔絵では他国の製品と太刀打ちできないと思い、京や江戸から職人を呼んで習わせた。

その時、上方から蒔絵師を呼ぶ事に力を尽くしたのが、この林和右衛門光正だった。京より木村藤造を招き自宅に居住させて、その消金蒔絵を指導させ、会津塗の基礎を完成させようとした。この「消金蒔絵」とは、金粉の中でも最も細い粉を使用した高度な蒔絵である。

現在、林家には『会津絵中央卓《じょく》』（天保七年）、『大福帳蒔絵木杯』（天明五年）や『卵殻塗吸物椀』などが保管されている（会津若松市文化財指定）。このように京の優れた職人を連れて来たのは林光正だった。それ以後、会津塗も飛躍的に評価が上がり、産地としての体制が出来上がってきた。

幾多の職人を育てる

林光正は芸術家や技術者を大事に育てたので、多くの人材が集まって来た。そして、多くの先進的な職人から学ばせ、経済的、精神的な援助によって大きく伸びていった者が数多く輩出された。

中でも、遠藤香村は若い時に三年ほど林家に住みついて絵の修業に励んでいた。さらに光正は香村の才能を認め、江戸遊学を勧め、谷文晁の門下生にさせている。そして長崎まで出かけ、様々な修業を経て学ばせている。

帰郷後、香村は城下の蒔絵師や絵蝋燭《えろうそく》、藍染め職人、刀剣の鍔《つば》工人たちに、実用に役立つような図案改良を指導している。林家の分家の林敬宰氏宅には、彼のデザインや素描集などが残っている。だから、林家の土蔵は当時の芸術工房のような様相を呈していた。彫刻師の左一山や鐔工《たんこう》の林正光などの名工を育てたのも、この光正だった。

酒造の技術と磁器の製造

酒造では、光正と懇意だった鴻池家を通して摂津の杜氏、茂兵衛、庄七と糀師の清七ら三名を派遣してもらい、寛政四年（一七九二）に我が国初めての藩営の酒造所「清美川」が完成する。この時も林家から二百両を出している。これによって会津の酒造技術が飛躍的に向上したのである。

本郷焼の磁器の開発にも大いに貢献した。本郷の佐藤伊兵衛を有田焼へ潜入させて、磁器製造の技術を得てきたのも光正の力であった。上方の情報を集めて、大坂の布屋新左衛門が鍋島藩の蔵元をしていた関係から、その計らいで鍋島の高伝寺の寺僕となって有田焼の技法に触れる事ができた。本郷の磁器の製造に大きな影響を与えたのは無論伊兵衛だが、光正の陰ながらの援助がなければ実現できなかったのである。

このように、林家は上方商人との交流がより緊密であった。上方の蔵元の鴻池善太郎、茨木屋安左衛門の手代、番頭たちの宿泊所を小田山麓の宝積寺裏に建てて接待していた。

永宝屋に伝わる商人の心　林家の祖、林太左衛門光仁は、信州高遠から保科正之に随従して二百石を賜った。ところが、二代光儀が元服前に父を亡くしたので、武士にならずに町人として過ごす事になった。四代平助光信が中興の祖となり、藩御用達を仰せられるようになった。これ以後、林家は代々「永宝屋」という屋号を名乗るようになった。そして新潟からの廻米船の名を「永宝丸」と名付けられた。

現在でも、分家の材木町の林合名会社を「#永宝屋」、七日町の鶴乃江酒造を「(永)永宝屋」と名乗っている。七代目の林光正を中心に林家は、公の記録には大きくは留められてはいないが、玄宰の改革、特に殖産振興に尽くした事は高く評価されていい。林家の歴代の墓は若松宝積寺にある。

横山《よこやま》　主税《ちから》（常徳《つねのり》）（一八〇一〜一八六四）

英才を抜擢する能力　横山主税（常徳）の最も優れたところはどこだったか。それは「身分にこだわらず英才を抜擢して思う存分活動させた」事だろう。京都守護職を命ぜられた時に、彼の行動は画期的な事だった。

容保が守護職となった時に、彼は京では他藩や幕府、そして公卿たちとの外交折衝が重要な仕事となる事を見抜いていた。そこで、その外交を専門とする「公用局」を新設した。そのために手代木直右衛門、秋月悌次郎、広沢安任など、有能な藩士たちをその任に就かせたのである。

会津藩の守護職受諾への圧力

安政五年(一八五八)彼はこの多難な中で、江戸常詰家老に命ぜられる。当時、水戸藩の武田耕運斎、宇都宮藩の戸田大和と並んで、会津藩の横山主税は江戸詰の三家老と評されるほどの人物であった。彼が最も苦しんだのは、会津藩が京都守護職を受けるように圧力がかかる事だった。その圧力をまともに受ける立場にあったのがこの横山常徳であった。

守護職拝命の話が出て、藩の重臣、西郷頼母、田中土佐たちが極力反対の声を激しく叫んだのはもっともであった。しかし、常徳は損な立場に立っていた。それは、幕府の政事総裁職に就任していた越前藩主松平慶永《よしなが》に呼ばれて、いわれた事は「京都守護職を拝命するように容保に進言し説得せよ」としつこいほどの要望であった。

彼は容保に伝えると、過失があれば徳川宗家に甚大な影響を与える事になるので辞退しようといい、二人の間では話がまとまった。そこで、再三慶永の所に行って辞退する旨を強固に主張した。ところが、慶永は一橋慶喜と一緒になって、藩祖正之の遺訓を持ち出して強硬に説得する。その結果、容保も押し切られ受諾せざるを得ない立場に陥ってしまった。

反対を大きな声で叫べない立場

そこで、常徳も容保の心を察して、家臣たちと死を覚悟しようと一同涙を流して決意したのである。だから、常徳は外の家老たちとは異なり、反対を大きな声を出して叫ぶ事ができない辛い立場にあったのである。

したがって、決まったとなれば次の対策を立てねばならない現実が待っていた。グズグズしていられない。直ちに行動を起こして、この役割を果たさねばならなくなった。そこで、外交に適したポストの新設と、適切な人物の抜擢となったのである。

文久三年（一八六三）八月十八日の政変による七郷追放における、秋月悌次郎、広沢安任などの働きにより、横山常徳の抜擢した下級の藩士たちの活躍ぶりは、目を見張るものがあった。

惜しまれる彼の早死　しかし、その後、彼は病に倒れる。元治元年（一八六四）五月会津へ帰藩し、療養を続けたが、八月七日病没してしまう。その後、秋月悌次郎の北海道への左遷、孝明天皇崩御などにより、薩摩藩との間が気まずくなってしまう。常徳のあまりにもあっけない死により、会津藩の運命が急速に転落の一途をたどるのである。

もし、彼の死がなかったならば、会津藩の運命も少しは変わったかもしれない。それほど彼は有能な人物だったのである。身分にこだわらず、能力のある者を抜擢した彼の行為が、最後まで活かせなかった事は残念だったろう。大窪山に葬られている。

武井《たけい》　柯亭《かてい》（完平《かんぺい》）（一八二三～一八九五）

長州藩士久坂玄瑞《くさかげんずい》を殴った男　武井柯亭は、長州藩の久坂玄瑞の頭を殴り付けて有名になった。

幕末、容保が京都守護職を拝命する前に、長州藩士の桂小五郎たちと親交があって国事に奔走していた。

ある時、玄瑞と約束した所に行ったが、玄瑞は裏をかいて約束する場所を変えてしまった。
桂小五郎たちは連絡しなかった事を詫びたが、玄瑞は少しも意に介さなかったので、彼の行いをたしなめようと柯亭は直ちに玄瑞の傍らに進んで、「君の頭髪はよく生長している」といって撫でる真似をして、その頭を強く殴り付けた。玄瑞は大いに怒り、刀を手にして立ち上がった。柯亭が大笑していうには「圓《えん》顱《ろ》（髪をそった丸い頭）の毛髪がのびている。だから褒めただけだ。他意はない」といって悠然としていた。万座の者もいきりたったが、小五郎が宥めてようやく収まったという話だった。長州藩士たちは、玄瑞が柯亭を斬らなかった事は卑怯だと非難した。

長州藩との親密さを疑われる

文久三年（一八七三）のいわゆる「八月十八日の政変」以来、長州との仲が剣呑な関係になってきた時、長州の事情をよく知っている柯亭は長州藩に対抗する策を進言するも、重臣たちは長州藩を軽く見て、話を聞き入れなかった。
むしろ、逆に柯亭が長州藩士たちと懇ろになっているのを内通者として疑ってしまった。そこで、憤然として官を辞して帰国し、風月の漢詩を吟唱して漢詩文の世界に入った。戊辰の役になると、藩は柯亭を起用する。進撃隊長となって大芦村（現昭和村）で奮闘したが、敵弾に傷を受け退く。会津藩開城の後、東京に出て密かに藩命を受けて藩の再興を努めるが、成功しなかった。

「敵の禄を取り、独り煖飽を貪らんや」

明治になって、柯亭の能力と人物とを惜しみ、薩長の友人たちが頻りに官に就く事を勧める。しかし、柯亭は「余は亡国の臣にはあらずや、何の面目あって敵の禄を取り、独り煖飽を貪らんや」といって拒絶した。その強い節操を感じ、再び誘いをかける事ができなかった。
それ以後、武井柯亭は翰墨を携えて各地を巡り、清貧に甘んじて会津高田村の寓居で風流な文人として過ごした。明治二十八年（一八九五）五月二十三日、七十三歳で死去。会津高田町の社人墓地に葬られる。

柯亭は、文政六年（一八二三）若松に生まれる。幼名万太郎、通称完平、名は泰。柯亭は号である。若い時から漢詩文をよくし、書は星研堂に学び、以後一家をなすに至った。容貌は偉然として、眼光は人を射るほどで、性格は豪放磊落であった。特に琴をよく鳴らし、柯亭琴士と号した。

その才能と活動力とを大いに発揮する事なく、学問とその能力を生かせないままに晩年を過ごした事は残念であった。

広沢《ひろさわ》 富次郎《とみじろう》（安任《やすとう》）（一八三〇～一八九一）

学問を現実に生かす　広沢安任の写真を見ると、その容貌の魁偉というか、怪異というか、異様な風貌をしている。大きく秀でた額、アゴの張った傲慢なところ、意志の強い口元、非常に奇妙で一面個性の強い面貌をあらわしている。

安任の父、庄助は会津藩士といっても極めて微禄で、家は貧困を極めていた。そのため、教育を受ける機会が遅かった。幼い頃は温和で泣き虫であったという。しかし、兄安通と共に学問に励んだが、才覚をあらわす事が遅れたらしい。

昌平黌で早くから学んでいた南摩綱紀や秋月悌次郎と異なり、嘉永五年（一八五二）二十二歳の時、藩から選ばれて昌平黌に留学する。足かけ四年間で、学に精励し舎長になる。

文久二年（一八六二）、糟谷筑後守に随行して函館に行く。そしてロシア外交団との交渉を委託される。この時、彼は観察力や情報収集と分析の確かさを、藩の上層部に認められたのではないか。これ以後公用役に就くきっかけとなった。だから、安任が歴史に登場してくるのは文久三年（一八六三）の会薩同盟の頃からである。

文久三年八月十八日の政変で、公武合体派の勢いが強くなる。その後、なぜかわからないが、秋月悌次郎が京都を追われ北海道に左遷される。ところが、広沢は藩内の勢力争いにもかかわらずに、慶応二年（一八六六）まで公用役の仕事を務める。この間、彼は開国論者の佐久間象山、山本覚馬との間の連絡係として活動している。しかし、その後藩主の秘書のような役に就いたので、他藩との交渉にかかわらなくなったのが不満であった。

和平工作で飛び廻る　鳥羽伏見の戦い以後は、江戸に残って薩長などの知人友人に和平工作を依頼するために奔走するが、薩長からは危険人物と見られ、囚われの身となる。したがって、会津戦争には直接参加できなかったので、批判する者もいる。

戦後、会津藩の行方を提示され、斗南か猪苗代の選択に迫られたが、大参事山川浩、少参事永岡久茂らと相談して、猪苗代では旧会津への未練が吹っ切れないし、一万七千人を養うには狭すぎるとして、新天地の斗南へと舵をとる事になる。

西洋式牧場を経営　そこでの悲惨な生活は見るも無残なものだった。新政府になって、広沢安任の能力を買っていた大久保利通の強い誘いにも屈せず「昔の広沢安任は死んでしまいました。いまはまったくの百姓として暮らしています」といって、斗南ヶ丘に牧畜業の許可を新政府から得て、明治五年五月二十五日から牧場経営が始まった。この時、英国人のマキノン、ルセーの二人の外国人を雇い入れ、西洋式牧畜を採用している。そして、彼は個人経営ではなく会社経営として、二百頭の牛や馬を飼育している。

彼の学問が外の学者と異なり、単なる学問や漢詩文のためではなく「経世濟民のより実践的な政治の道にあった」という事だった。だから安任の実践的な行動が、牧場経営の時役立つ事になる。

明治十九年、息子の弁二に牧畜業を譲り、東京に出て国家に尽くすため、東京郊外角筈《つのはず》村（現都庁の辺り）に草庵を結び、牧畜業、牛乳販売の経営を行う。その時、福沢諭吉、渋沢栄一、芥川龍之介の父、新原敏三などもここで牧畜業を営んでいる。

明治二十三年六月二日付の『国民新聞』に「牧畜家広沢安任氏を訪ふ」という記事がある。それには、

思うに維新世運転変の際、各地を脱して江湖にあそぶこと、あたかも范蠡子房の徒必ず其人多からん。即ち広沢安任氏の如き其人たらざるを得ず。氏は西京なる山本覚馬氏と同じく会津藩の重臣たり。順逆の際、一旦事非にして世望を擲抛《てきほう》、余財を抱きて山野に隠れ、奥の野に於て牧畜を初めたり。本是世外の閑事業、今日に於ては却て我殖産の率先者たり。櫛風沐雨《しっぷうもくう》（風雨にさらされ苦労する）今に及んで二十余年、近頃は東京南豊島郡の茂草に於て、乳牛を飼養するに至れり。

とある。

「小事に愚、大事に智」　また、一時彼の牧場で勤務していた柴四朗は彼の事を、

先生の家、世々小録、極めて貧困、殆んど給する能はず。故をもって蓆を織り筆に耕して生計を助く。中年始めて笈を負て昌平黌に遊ぶ。貧窮と勉強とを以て鳴る。先生常に章句の儒たるを愧ぢ、専ら眼

光を古今成敗の間に注ぐ。平生、熊沢蕃山、野中兼山の経済の才略を欽慕す。牧老人広沢先生幼にして健剛遅鈍、いささか長ずるに及び疎大事業に堪ずと。交友相語りて曰く、彼小事に愚にして大事に智なりと。先生毀誉《きよ》を以て嘗て心頭に置かず、只好んで書を読み文を属し、論議往々人の意表に出づ。是に於て人目するに大器晩成を以てなす。

といっている。これによって、柴四朗が安任を心から尊敬していた事がよくわかるし、広沢安任の人となりをよく観ている。「平生、熊沢蕃山、野中兼山の経済の才略を欽慕す」とか、「小事に愚にして大事に智なり」「論議往々人の意表に出づ」とかにそれが十分にあらわれている。

また、広沢安任にとって、文章とは「私」の表出ではなく、「公」に尽くすためのものだったという。学問を現実に生かす事に目的を置いていた広沢安任の存在は、会津人としては珍しく柔軟性のある貴重な人物であった。明治二十四年（一八九一）一月二日、インフルエンザに罹り、二月二日に不帰の客となる。享年六十二歳であった。

秋月《あきづき》　悌次郎《ていじろう》（胤永《かずひさ》）　（一八三五〜一九〇〇）

会津藩降伏式での秋月悌次郎　明治元年九月二十二日十二時、追手門前の道には大きな緋毛氈《ひもうせん》が敷かれていた。その上で戊辰の役の降伏式が行われた。藩主松平容保、その養子喜徳ほか重役に交じって秋月悌次郎の姿があった。熨斗目《のしめ》を上下着用、無刀であった。この降伏式は秋月と手代木直右衛門《てしろぎすぐえもん》の二人によって、段取りまで一切の準備をしたのである。

この時、使用された十五尺四方の緋毛氈を、後に「泣血氈《きゅうけつせん》」と名付け、苦難を共にした藩士たちに小さく切って分かち与えたのは、この秋月悌次郎であった。

思えば、彼ほど幕末会津藩のために活動した者はいなかった。安政五年（一八五八）日米条約に調印した井伊直弼に対して、攘夷鎖国を主張する浪士たちの不穏な空気が醸し出されていた。中でも水戸藩の志士は激しかった。万延元年（一八六〇）三月三日、桜田門外の変が起こり、幕府と水戸藩との間が軋轢を増していった。

その時、その斡旋を将軍から依頼された藩主容保は、外山義直と秋月胤永を水戸藩へ使わした。その結果、交渉を成功させた。それ以後、その手腕が認められ、容保の信任厚く重用されるきっかけとなったのである。

横山常徳《つねのり》の強い推薦

会津藩が京都守護職になり、彼も赴任の準備のために派遣された。それは、彼の実力を見抜いた江戸詰家老、横山主税《ちから》常徳が強く推したからであった。これより側用人となり、外交に活躍し、中川宮朝彦《あさひこ》親王、二条関白に信用され、各藩に名も知られるようになる。

特筆すべきは、文久三年（一八六三）の事である。八月十五日、薩摩藩士高崎佐太郎（正風）が秋月宅を訪れる。これが「八・十八の政変」のきっかけとなる。

この時、孝明天皇側近の朝彦親王を中心によって起こされた過激派公卿排斥により「七卿の都落ち」となったのである。このため、秋月は刺客に狙われている事も気がつかず、公私多忙の毎日を極めていた。

元治元年（一八六四）、四十一歳の時、彼を強力に推薦していた家老の横山主税常徳が病死した。それを契機に秋月の名声を嫉む者がいた。翌年、北海道の斜里の代官に左遷されてしまった。その理由についてははっきりしない。その間、薩摩は長州に接近して薩長同盟が結ばれ、過激な攘夷派が勢いを増してくる。会津藩でも秋月の不在が情報の遅れをきたしたので、秋月を至急京に呼び戻す事になる。

しかし孝明天皇、将軍家茂が相次いで亡くなり、薩摩藩の小松帯刀に会っても薩摩の翻意を覆す事はできなかった。慶応四年戊辰、正月三日、薩摩藩兵が京都に入ろうとした幕府軍を妨害するため放った銃声を機に、鳥羽伏見の戦いの火ぶたが切られた。

敗戦処理に力を尽くす　将軍慶喜から会津に帰れと命ぜられ、藩主一行は二月二十二日、若松に帰る事となる。五月に入り、西郷勇左衛門と共に、軍事奉行添役として越後方面で戦った。八月初め、若松城下の作戦に参加するも、時利あらず敗戦に向かっていた。

九月米沢藩が降伏し、藩主上杉斉憲《なりのり》は容保に降伏を勧める。そこで、悌次郎と手代木直右衛門は坂下にあった米沢藩の陣営に行き、降伏の手順などを相談してきた。さらに秋月、手代木の二人は、西軍の本営で板垣退助らと降伏の相談をした。

その結果九月二十一日になり、帰還して経過を説明した。容保自ら謝罪文を西軍の軍曹山形小太郎に渡され、藩重役の連名による嘆願書を渡して降伏式を終えたのである。

このような経緯から見ると、悌次郎は様々な働きをして、最後の降伏に至るまで会津藩に尽くしたのであった。この時の状況を彼は『泣血氈』と題して述べている。

此の氈は元足達仁十郎が献ずる所にして凡そ十五尺四方の大氈とす、戊辰の年、降謝の場を城北甲賀町通り、内藤、西郷両家の間にもうけくるや、胤永をして其事を管理せしむ……

とあり、最後に、

……式事了りて皆謂ふ、今日の辛苦、蓋戦場も啻ならず。畢生忘るる能はざるなり。乃ち此氈を切り、同苦者相分ち、以て徴拠とす。吾々受くる所四尺余方もありし。入江惟一郎君は好古高誼の人也。往時を談ずる毎に、輒ち更の深きを忘れ、席の前むを覚えざるなり。今割きて以て贈る。君も亦将さに泣かんとす。

明治二十三年　老契　胤永子錫

と切ない悲況の心を綴っている。いまでも会津人の悲憤の情の象徴として、心に響き合っている。

長州の旧友奥平謙輔への依頼　さて、敗戦後の秋月はどうなったであろうか。翌日、藩兵三千人は米沢藩兵に護送されて猪苗代で謹慎する。この時、小出鉄之助、河井善順らとはかり、藩の処分を軽くしてもらおうと奥平謙輔に陳情するために、越後まで行って再会した。その帰りに束松峠で詠んだ漢詩『故有って北越に潜行し帰途得る所』は切実にこの時の心境を示して人々の心を打った。

九月二十四日付の手紙を真龍寺住職の河井善順に託して、長州参謀の奥平謙輔に送っている。それは「藩主父子の罪の軽減」と、「会津藩の青年を幾人か引き取って教育の機会を与えてほしい」という内容だった。国敗れても決して子弟の教育は忘れなかった。そこには会津藩の教育の本質があらわれている。

奥平謙輔が承諾したという返事の中で、次の言葉は、悌次郎の胸に刀を突き付けられたような気がした。それは「城を守って城の陥ると共に討死してしまえば忠義の美名を世に残したのに、なぜ城と共に命を捨てなかったのか」という問いかけだった。これ以後、彼の生き方に大きな変化をもたらした。

萩の乱で奥平謙輔、前原一誠らが逝く

その後、秋月は十二月二十九日、萱野権兵衛長修《ながのぶ》を首謀とし、秋月悌次郎を従として終身禁固刑に処せられた。熊本藩細川家、高須藩での幽閉二年四ケ月の間、漢詩や漢文を作って過ごした。明治四年十二月に斗南、野辺地にて閉じ込められる。罪人として長く幽閉されていたが、翌五年正月になって、ようやく藩主容保はじめ二十六人と共に罪を許された。

特赦後は左院少議生に任ぜられ、五等議官になったが、明治八年職を辞し故郷の会津に帰って、田畑を買い、老母を養い厚く孝養を尽くしていた。

明治九年（一八七六）「萩の乱」が起こり、奥平謙輔、前原一誠らが処刑される。悌次郎は親友、奥平謙輔などの遺書を見て号泣した。波乱な新政府時代を彼は故郷で過ごしていたが、明治十三年一月、母が九十歳でこの世を去ったので、東京に出て行く。四ツ谷で塾を開き、若者に教育をほどこす事になる。

ラフカディオ・ハーンとの出会い

明治十八年、六十二歳で東京予備門の教諭となる。老いても盛んな向学の日々だった。明治二十三年六十七歳の九月、熊本の第五高等学校の教授となる。年俸七百円の高給取りだった。この時、同僚だったラフカディオ・ハーン（小泉八雲）をして、この悌次郎を「美しい老年」といわしめた。

ハーンは熊本の気風が荒っぽく不快に感じていた時に、秋月悌次郎に出会う。「暖炉のような暖かさ」を感じる秋月との付き合いだけは、ハーンにとって心休まる一時だったようだ。それは、松本健一氏のいう「古き良き伝統を伝えている人といい、その人格的温和さとそれを支えている中庸のエトスとが、維新史の動乱をかいくぐることによって手にいれられたものだ」（『秋月悌次郎』）と推測しているように一時的な激情によってあらわされるものではないものだった。

会津藩滅亡までの秋月悌次郎

文政七年（一八二四）、百五十石取の会津藩士丸山胤道の二男として若松、米代二ノ丁に生まれる。字は子錫、韋軒と号した。諱は胤永といい、専らこれを用いていた。悌次郎は通称である。故あって、秋月姓を継ぐ。

藩校日新館の秀才で、天保十三年十九歳の時、選ばれて江戸遊学に上る。幕府の儒官、松平慎斉の麹渓書院に漢学を学び、慎斉を生涯の師と仰いだ。四年後、幕府の昌平黌に入る。二十七歳の時、書生寮の舎長助役となり、三十歳で舎長となり、微禄ながら手当てをもらい、少し生活が楽になる。

昌平黌にいたのは、足掛け十一年の長きに渡る。その間、水戸藩の原市之進、薩摩藩の重野安繹、仙台藩の岡鹿門などの秀才と交わりを持つ。

安政六年（一八五九）に藩の許可を得て、西国回遊の旅に出る。その時の記録を『観光集』『列藩名君賢臣事実』に編述し、藩公に献上している。その中で、長岡藩士河井継之助と松山で会った後、安政六年に長崎で再会する事が書かれている。奔放で柔軟性の河井と、純粋学問に寄せる真面目な秋月とは、その性格資質の相違が極端であったが、互いに短所を補うにふさわしく、気脈相通ずるものがあった。それは秋月の誠実さと河井の包容力によるものと思われる。明治三十三年一月三日、病のため没する。享年七十七歳。東京青山墓地に葬られる。

秋月悌次郎ゆかりの会津

秋月胤永の「生家」は米代二之丁の隣の三之丁の西端北側にあった。現在の若松商業高校の前の通りの西側である。藩校日新館跡に近い位置にある。故秋月一江氏の旧宅の所であるが、この辺は度重なる火災で戊辰の役以後は空き地や田畑になっていた。

秋月悌次郎が越後で奥平謙輔に会った帰りに、漢詩『故有って北越に潜行し帰途得る所』を詠んだのは越後街道の「東松峠」（現会津坂下町）で、当時茶屋が二軒開いていた。

戊辰の役の「降伏式」が行われたのは、城の北出丸から北に延びる内藤邸と西郷邸の間の道に設けられた場所であった。その時用いた毛氈を切り藩士に分かち与えた切れ端は、若松城天守閣郷土博物館や、白虎資料館などに展示されている。

秋月悌次郎の「墓碑」は、東京・青山墓地に南摩綱紀の撰文で建てられてある。また、会津若松市の鶴ヶ城旧三の丸には「秋月悌次郎詩碑」が秋月悌次郎顕彰会によって建てられており、毎年十月十四日に碑前祭が行われている。

初瀬川《はつせがわ》 建増《けんぞう》 （一八五一～一九二四）

漆樹栽培の復活に力注ぐ

初瀬川建増が漆樹栽培の振興に尽くした功績は大きい。彼の生家は耶麻郡奥川にある郷頭の宮城家である。慶応元年十四歳の時、大沼郡小谷村川端の肝煎と蠟漆取締役を代々勤めてきた初瀬川家の養子に入る。

明治時代になって、会津藩では貢納上から保護してきた漆樹制度が衰退してきた。小谷村の肝煎を受け継いだ建増は、この漆樹の衰えを憂え、その挽回策に苦心する。

戊辰の役の敗戦後、会津藩の保護がなくなると漆山は荒れ放題で、漆樹の栽培も物凄く減少してしまう。

勿論このままでは会津の漆器業も衰退の一途をたどる危機的状態を見て、漆栽培の復活に力を注ぐ事になる。

物事に熱中するタイプ　もともと、物事に対して執念を持って熱中するタイプだったので、徹底的に過去の現状を研究した。それが明治十七年（一八八四）に藩政時代の漆蠟の制度を述べた『漆蠟制度秘書』二冊を版本にして、これを農商務省や福島県庁に献本した。

その中で漆樹栽培は国家に利益をもたらす事を説いて、その重要性を指摘した。また、農民に対しても漆樹の栽植を勧めた。啓蒙する一方で地元に植栽会社を設立し、苗木の増産を行った。まず自分の持ち山に二十万本もの漆樹を植え、率先して増産に尽力した。

さらに明治十九年には『漆損取法』を出版し、同二十一年には『会津漆樹栽培書』を三万部も刊行するなど、その啓蒙ぶりは会津のみならず、漆樹栽培熱は全国に広がり、その成果は上がり影響は大きかった。

パリやシカゴの万博にも出品し賞を得、幾多の感謝状や表彰状を受けている。同三十一年には全国漆器展の審査員になる。このような漆樹の増産は、全国の漆産業に大きな影響を与えた。

しかし、当時、中国産の低価格の漆の輸入により、国産漆の競争力が落ちてくる。そこで、清国に自費で行き、現地の湖北省を実地調査している。その結果として『清国漆樹栽培』を出版している。

明治三十九年（一九〇六）には「漆樹栽培奨励」の案件を議会に請願して、国庫補助を交付させている。このような建増の行動は、まず実践的であったので非常に説得力があった。

会津の漆器産業に貢献　これほど熱心に啓蒙的に行動したとして、会津では稀に見る傑物とされ、かつて会津の漆器産業の近代化に貢献した者はいなかった。漆器産業の基礎ともいえる漆樹栽培に執念を燃やした。

明治百年を記念して、昭和四十三年に福島県から地場産業の会津漆器に功績のあった「漆の功労者」として顕彰され、ここで彼の熱意が報いられたのである。

初瀬川文庫の存在

なお、彼は行政・政治の活動でもその業績は大きかった。小谷村はじめ近隣各村の戸長、川路村大石学校の新築、小谷の吊橋の改修などを行った。さらに関係図書の蒐集は現在「初瀬川文庫」と名付けられ、自宅の前に建てられてある。

江戸期における農業では『会津農書』の佐瀬与次右衛門と明治期における「漆樹栽培」の初瀬川建増の二人の功績は大きい。大正十三年四月二日、高田町の友人宅で倒れて翌日死去する。享年七十三歳の生涯であった。明治維新後、彼ほどの行動家であり実践家である人物は、会津では存在しない。

七、書道

加賀山《かがやま》　蕭山《しょうざん》（知常《ともつね》）（一七五一～一八二八）

いまに残る多くの書作　会津の書家は数多くいるが、蕭山ほど多くの作を残している者はない。各地の寺社をはじめ、堂名の扁額の書などを残している。中でも若松の石塚観音にある「石塚山観音堂修理記」には知常書と署名してある。また会津美里町赤留の不動堂の扁額には「不動堂　文化辛未　賀知常書」と、文化八年（一八一一）に奉納している。その優れた楷書は見事である。

知常は幼時から馬術に精を出し、遊びに夢中になって少しも学に向かおうとはしなかった。藩医で百石の家柄であったが、父盛昌は知常に期待できなかったので、妹に婿を取らせて家督を継がせた。その知常の有様を見て、友人たちから「字も読めない馬鹿者だ」と皆の笑い者になっていた。成人になって、知常は期するところがあって、姉の嫁いだ諏方神社に籠って一心に漢学を勉強し始めた。彼は物事に熱中する性格であったので、寝るのも惜しんで勉学に励んだ。

清国人王逸少に学ぶ　その折、書の方にも興味を持ち、書の素質を如何なく発揮するようになった。そこで本格的な書を学び、さらに狩野《かのう》派の画を学び東米山と号した。三年後、広く世に出て師を求めようと旅に出た。

しかし、旅の費用もなく出かけたので、途中書や画を書いてその費用に当てようとしたが、書は売れずに、画の方がよく売れたそうである。九州は長崎にまで旅を続けた。長崎では清国人の王逸少に数年その筆法を学んだ。そこで清国人に学んだ事で、飛躍的に彼の能力を発揮する事となった。その後、江戸に出て屋代輪池の門で十年ほど学び、その塾生の長となった。三十七歳になって、天明年中会津に帰り、字を知らない奴だと嘲笑した友人のお陰で発奮して一人前になったと、昔の友人たちに感謝した。

加賀山流の書の新風　その事を五代藩主容頌は深く感じ入り、任官させて師範とした。後に容住の師範となり、日新館教授にもなった。容衆、容敬両公にも仕え、当時の会津の優れた書家として名をあげる事となる。

彼は、清国の華様を学ぶという基礎によって、さらに研究を進め、新しい書風を極めようと力を尽くし、遂に「加賀山流」という新風を生み出したのである。

宝暦元年、藩医の加賀山謙純盛昌の二男に生まれる。通称勝四郎、のち、俊蔵、名は知常、号を蕭山。文政十一年三月十日、七十八歳で病没。大窪山に神葬にて埋没され、「知常霊神」とある。

星《ほし》　研《けん》　堂《どう》　（一七九三～一八六九）

両手の筆で大書する　江戸時代は、記録を残すには筆と絵の力が必要だった。したがって、記録係としての祐筆の存在は大きかった。だから文の士といわれる者たちは、競って書を習っていた。勿論、それを芸術にまで高めていった専門職は各藩にいた。

会津藩でも幾多の書家の秀逸な者を多く輩出していた。中でも江戸後期に活躍した星研堂の存在は大きかった。彼は書においては勿論、性格、行動においても異質な人物であった。寛政五年（一七九三）の生まれ。

彼は嘗て右手の指を骨折して右手が使えなくなった。そこで未だ治癒しないうちに、左手を用いて書いた。その筆跡は、右手とまったく変わらずに素晴らしい書であった。後に両手で筆を揮って大書する事を得意とした。

また、彼は八石取りの極めて貧しい家だったので、紙筆を思うように購入できなかった。そこで、江戸での職務の余暇に米を撞き、それで賃稼ぎをして紙筆の費用に当てたという。

酒と里芋を切らさず

幼時の頃、酒瓶に指を入れてこれを嘗めて喜んでいたという。「梅檀は雙葉より芳し」というように、その後酒豪となった。彼は、一名「芋先生」と呼ばれていた。食する時、酒と里芋は切らさなかった。書家として名声をあげてからもそんな磊落な面を持っていて、友人門弟から親愛の情を持たれていた。会津各地の寺社には、彼の扁額が数多く掲げられている。弟子の研山の縁で下郷町楢原の圓福寺などには人々の目を引く書が多い。

時鳴《じめい》から華様を学ぶ

彼の諱は猷訓《ゆうくん》、名は孚。通称は俊吾、研堂と号した。寛政五年の生まれ。十二歳の時に、藩から『礼記』の書や硯を賜り、その学修を賞せられている。はじめ内田近明（弁蔵）に師事し、滝本流の書を修める。

文政六年（一八二三）、藩命で江戸へ出て加須屋時鳴（磐梯）に教えを受け、華様を学ぶ。後に楷書は顔真卿、草書は懐柔の風を修め、容敬・容保の両公の祐筆となる。

戊辰の役では八月二十三日の西軍の城下侵入の際、七十六歳になった研堂は、二人の孫を引き連れて城内に入ろうとしたが、城は既に閉じられていた。そこで在郷に退き、「男児国に殉ずるの秋《とき》なり」といって、孫たちの首を斬り、ついで己も屠腹しようとした。その時、人が走って来て必死に止めようとした。呆然とした研堂は、塩川村にたどり着く。

塩川村に退隠し有望な書家を育てる　戦後は塩川村に退隠し、子弟に書や学問を教えていた。藩主の墓碑や所々の誌石などは皆、研堂の書したものである。門人として荘田膽齋《たんさい》、佐瀬得所などが出たが、多くの有望な書家を育てた。

明治二年（一八六九）十一月二十三日死去。享年七十七歳。塩川の阿弥陀寺に墓がある。研堂の頌徳碑が東山温泉の入口に建立されていたが、道路改修により、河原町の菅原神社境内に移転されている。

山内《やまうち》　香雪《こうせつ》　（一七九八〜一八六〇）

風流人の書家　幕末に発行された『海内當世書家競』の中に、会津からは牧原半陶《はんとう》、平尾松亭が前頭、加須屋磐梯が勧進元差添人としてその名があげられている。香雪は別格で頭取として名を連ねている。

寛政十年（一七九八）の生まれ。名は晋《すすむ》、字は希逸。香雪は号。通称を熊之助という。五歳の頃から書に親しみ、八歳で学問の道に入った。たびたび筆や硯などを褒美として賜っている。

二十二歳になり江戸に出て、はじめ亀田鵬齋《ほうさい》、大窪詩仏《しぶつ》に学ぶ。のち、市河米庵の門に入り才能を開く。二十五歳の時、西国遊歴の旅に出て、清国人の江芸閣に書法について質問している。また、よく漢詩を詠み、その書と共にその名声をあげる。

その後、江戸にて墨場を開き、多くの子弟を教える。また梅の花を好み、中国、晋・唐代の梅を詠んだ詩数千首を集めて『梅花集』十五巻を編集している。このように書家としてだけではなく、詩作や絵画にも長じていた。文政八年（一八二五）七月十一日には富士山に登っている。その後は江戸鋸匠町に書の教場を開き、門弟が多く集った。

「三忠碑」の字を顔真卿から採る　彼の逸話としてよく語られるのは、「三忠碑」の建立に関する話である。嘉永三年（一八五〇）藩主容敬が葦名の忠臣、金上盛備、佐瀬種常、その子佐瀬常雄を後世に伝えるために「三忠碑」を磨上原に建てるに当たって、撰文を儒者高津泰に作らせ、その書（字）を唐の顔真卿の書の中から集めるように山内香雪に命じられた。そこで香雪は顔真卿の書から該当する漢字を選んで、その見事な字が彫られてある。

万延元年（一八六〇）六十二歳で亡くなる。現在、港区三田台町の薬王寺（日蓮宗）に「山内香雪顕彰碑」と「山内先生之墓」と刻まれた墓がある。

荘田《しょうだ》　膽齋《たんさい》　（一八一五〜一八七六）

巧みな書き分けの書家

　荘田膽齋は、会津でも器用な書家であった。それは巧みな書法でもって、あらゆる書風の書を書く事ができたからである。各書家の癖を素早く捉え、上手に模倣する術に長けていたのである。

　はじめ星研堂について学び、のち、江戸に出て巻菱湖《まきりょうこ》の門に入る。菱湖は幅広い柔軟な書法を持っていた。この影響を受けて膽齋は、研堂の弟子には研堂風の書跡で手本を書き、菱湖の弟子には菱湖風の手本を書くというように、その巧みな書き分けは見事なものだった。そのため、その器用貧乏さを師の研堂に激しく叱られたという。

見事な字配りの筆使い

　膽齋の特色は、何といっても細字にある。半紙四枚に千字文を細かく書いたが、一字の誤字や脱字がなかったという。また、その字配りの配分については、筆を下すに少しも位置を狂わす事がなかった。

　その器用さは真似る事ができなかったという。したがって、彼の能力を発揮したのは、祐筆としての能力であった。素早く書き、しかもその筆法は少しも誤る事なく誰にも劣る事がなかった。戊辰の役後は、福島県や文部省の役人となったが、退任後は清国に遊学する。清国では名書家の呉廷康や胡公壽らと交流した。膽齋は呉廷壽《ごえんじゅ》の書に感銘し、教えを乞うた。しかし、呉は膽齋の書を見て、「法にかなってはいないが、之を改めると却って彼の特質が失われる。だからいままでのままの書法を続けた方がいい」といって激励した。

膽斎の人柄に惹かれる子弟　また、上海において、鶏血石の素晴らしい印鑑を見て欲しくなった。ところが、二十五ドルとこの当時としては高価なものだった。躊躇っていたが、彼と一緒について行った妻は、冬服を購入しようとしていた費用を投げ出して買う事を勧めた。膽斎は、妻の善意を受けて手に入れる事ができた、という話も伝わっている。帰国後は東京で塾を開き、子弟を指導していた。

膽斎は文化十二年（一八一五）、二百石の荘田半蔵忠重の二男として若松に生まれる。名は忠膽《ただひろ》、膽《ひろし》。字は君平。通称を長之助といい、のち、半蔵と改め、膽斎と号した。

明治九年（一八七六）三月三十日没す。享年六十二歳であった。明治十九年（一八八六）、飯盛山上に荘田膽斎の招魂碑が建てられた。題字は勝海舟。撰文は南摩綱紀で、書は神山敬次である。場所は白虎隊士の墓の裏側の一段低い所にある。

会津では少ない異色の書家の一人として、もっと注目されてもいい人物であろう。

佐瀬《さぜ》　得所《とくしょ》　（一八五四～一九一〇）

清国の書家から学ぶ　能書家で、若松城下に生まれる。彼の「遺徳碑」が門人たちによって東京、芝公園に建てられてある。その「佐瀬得所遺徳碑」によって得所の伝記をたどってみる。

名は恒、字は子象、八弥という。幼い頃より書を好み、はじめ星研堂に学ぶ。その後、長崎に行き清国人の銭少虎、江元曦などと書法について議論している。明治元年には清国の上海に渡って、名書家を訪ね研鑽する。

大書して天覧に浴す　翌二年に帰国する。東京に寓居し、その名声盛んになり門弟も多く集まって来た。明治五年（一八七二）に「修齋廉節」の四文字を大書して天覧に浴し、宮内省より金梅花筆一枝、金龍墨両笏を賜った。この栄誉を記念して「會經御顕賜筆墨」と印を刻した。そして、その寓居を名付けて「梅龍書屋」といった。

両国の中村屋で賓客を招き、御下賜の品を披露した。その時、「鶱龍」の二字を三m四方ほどの大きな紙に大書した。その腕力強健、淡墨淋漓の素晴らしさに驚嘆した。

官職に就く事を嫌い門弟二千人　彼の人となりは、安らかで率直な性格で、人を決して毀誉したりしなかった。常に酒を嗜み専ら書に力を入れ、日夜筆を止めず、教えを請う者には親切に指導した。したがって、門弟は二千人に達したほどだった。

太政官の機関の一つである左院に仕官するも、宮仕を嫌ってすぐに辞めてしまった。官職に就くよりも死ぬまで書に興味を持ち続けた。年と共に眼病を病み腕力が衰えても、書を休まず続けた。得所ほど書道に気を入れて過ごした者はいなかった。門人たちが師の佐瀬得所を尊信した事は、この「遺徳碑」によってもよく理解する事ができよう。

明治十一年一月二日死去する。享年五十七歳であった。

八、絵画・工芸

水野《みずの》　瀬戸右衛門《せとえもん》　（?～一六六〇）

本郷焼の基礎を作る　兄の源左衛門は、寛永年中に、岩瀬郡の長沼で陶器を造っていた。正保二年（一六四五）藩祖保科正之が江戸から会津に帰る途中、源左衛門を三人扶持で召し抱える事となった。そこで、若松の松井浄光寺に住まいして原土の調査をしていると、本郷に良質の陶土を発見してここに釜場をつくり陶器造りを始めた。ところが源左衛門が正保四年（一六四七）に急逝したので、美濃の瀬戸村から長沼に来ていた弟の長兵衛（瀬戸右衛門）が呼び寄せられ、瀬戸右衛門と称された。

強固な赤瓦を完成　その時、奉行の佐川勘兵衛から若松城の黒瓦が寒さで割れてしまうので、良質の釉《うわぐすり》を用いて造る事を命じられた。様々改良を加えて五枚の赤瓦を堀に浸して寒中一ケ月ほど試した結果、強固な赤瓦が出来上がった。承応二年（一六五三）太鼓門にまず使用してみた。

さらに、小川庄に石灰が産出するというので、それを本郷の窯で焼いて白壁用の漆喰などを造る事にも成功した。これ以後、お城の壁はすべて白壁となり、瓦を「赤瓦」と名付けた。現在、再建された天守閣が元のように赤瓦に復元されている。

「瀬戸右衛門」の名をもらう　このような功績により、長兵衛は藩主より「瀬戸右衛門」と命名され、後に子々孫々、瀬戸右衛門の名を襲名する事となった。さらに、釉の研究を続け、特に「白色」「浅黄釉薬」の成功で本郷焼を一段と高い製品に高めたのは、この瀬戸右衛門であった。また、「水簸《すいひ》」（粉末の微細な陶土を調製する工程）による土の拵えを始めたのも彼の研究の賜物であった。それにより、その前までは熱湯を入れると割れてしまっていたが、これにより割れない強固な陶碗の製作に成功した。

高麗手濃茶碗、水指、水翻などの高度な作品を造る事ができるようになった。このように本郷焼の基礎を築き、本郷焼の発展に寄与したのは水野家の力によるところ大であった。

現在、本郷の常勝寺には、兄源左衛門の陶祖像が所蔵されている。この兄の後を受け継いで、さらに本郷焼の技術向上に力を尽くし、発展させたのはこの瀬戸右衛門である。「瀬戸」の名を許され、本郷焼を広めた功績は大きい。万治三年（一六六〇）、多くのレベルの高い陶器を残して病没した。

三善《みよし》　長道《ながみち》（一六三三～一六八五）

陸奥大掾の位を授受する　三善長道は、会津藩の優れた刀匠である。祖父の時、加藤嘉明に従って寛永三年（一六二六）会津に来る。祖父長国は会津に来て、刀鍛冶となる。父藤四郎政長は製刀術を継いだ。加藤明成は改易になったが、保科正之が会津に入城した時、前と同じように刀匠として仕え、常慶寺町に住む。

長道が十六歳の時、父が病死する。幼年だったので、叔父の中条系の祖である長俊の教えを受けて、刀工の術を学ぶ。万治二年（一六五九）に上京して、刀匠の位である陸奥大掾を授受する。その時、二十七歳であった。

刀匠の本阿弥光山《ほんあみこうざん》に賞せらる

保科正之に仕えた長道は、江戸剣士、山野勘十郎久英に新しい刀を試し斬りしてもらったところ、三胴を鮮やかに斬った。久英はその切れ味を大いに褒め称えた。また、刀匠の第一人者の本阿弥光山にも、素晴らしい傑作だと褒め称えられた。

この刀には「陸奥大掾三善長道　延宝三年八月十一日　参ツ胴裁断　山野勘十郎（久英）」と銘に刻まれ、二代藩主正経に献上された。この刀はいまも会津若松市の重要文化財に指定されて現存してある。

彼の刀剣の特色は、恰好が豪壮で反りが浅く、刃文は大房の丁字である。稀には中直刃で「匂い」（刃の地肌と境目に見える文様）が深く、小沸付きの中に働きがある。名刀虎徹を彷彿と思わせるものである。

三善長道の刀を持つ事が誉れ

これ以後、長道は佩刀を製するごとに五両を授けられていたという。さらに、彼の子孫がその技を継いで、長道、政長の名を名乗り、優れた多くの会津の名刀を製作した。

会津の刀匠の系譜としては「五鍛冶六家」がある。五鍛冶は、古い順に古川、下坂、三善、中条、鈴木と続く。この中でも、初代三善長道は最も傑出していた。だから、三善長道の刀と加藤遠澤の画を持つ事が最も、当時の会津藩の最高のステータスであったという。

貞享二年（一六八五）十一月、五十三歳の若さで病没する。会津の刀匠の源ともなった三善長道の存在は忘れる事はできない。

加藤《かとう》 遠澤《えんたく》（一六四三〜一七三〇）

狩野派の指南役

会津生まれの画家として中央に名を馳せたのは、この遠澤と佐竹永海とであろう。中でもこの加藤遠澤は狩野派の四天王として、その画風を受け継いだ会津の優れた画家である。

狩野探幽《かのうたんゆう》は徳川幕府をはじめ、各支配階級と結びついて江戸初期の画壇の第一人者となった。会津藩祖保科正之も狩野探幽の芸術に深い理解を示していた。特に探幽に二人の画家の育成を要請している。それは棚木良悦《りょうえつ》とこの加藤遠澤の二人であった。

遠澤は良悦から絵の手ほどきを受け、十九歳の時、狩野探幽の門に入った。三十歳の頃には、狩野派一門を代表する師範代の一人となった。遠澤の性格は資質温厚といわれ、師の探幽の信頼を一身に受けていたという。

探幽の末弟、安信が次のように唱えている。「絵には質という生まれつきの器用な天性のもの有り」といい、「学というものは其の道を努めて絵の術を得る事をいう」という。つまり、才能によって描かれた「質画」は、努力して描かれた「学画」には及ばないという。

伝統的な画風の継承

個性溢れる画よりも、〈伝統的な画風の継承〉こそ狩野派の特質だというのである。「遠澤は、有名な富士山図を幾つか描いているが、そこでは狩野派の画風を見事に受け継いでいるのがよくわかる。しかし、壽老人図の方では、探幽の画風を継いだ上で、雪舟の古風そのものを彷彿させる」という（鬼原俊枝『狩野派の学画とは何か』）。

さらに鬼原氏は「遠澤の絵は自らの個性からはむしろ遠い二つのもの、つまり探幽画風と室町水墨との折衷をねらっている」と指摘している。このように遠澤の作品には古画の趣が付け加えられている説は、遠澤の画の特徴を探るには必要な観点であろう。

狩野探幽の遺志を守る　猪苗代の土津神社には歴代の会津藩主の画像が残されてある。このうち藩祖正之の画三幅は狩野探幽の作である。その時、下絵を描いたのが弟子であり、遠澤の兄弟子でもある棚木良悦だという。

探幽は正之没後、二年目の延宝二年（一六七四）七十三歳で亡くなる。その時、探幽は遠澤を枕元に呼び、長子探信、次子探雪《たんせつ》の教育を遠澤に託する。遠澤三十二歳の時であった。師は遠澤の誠実な人柄と、狩野派の継承にふさわしい人物として遠澤を選んだのである。

遠澤は師の遺言を守り、その名声により諸大名からの仕官を断り、専ら探幽の遺子の教育に励んだ。将軍家からの依頼の画は、探信のために遠澤がほとんど下絵作りに携わり、狩野家の存続に力を注いだ。このような、遠澤の狩野家に対する献身的な努力なくして、狩野派の栄華はなかったろう。

会津藩のお抱え絵師となる　加藤遠澤は寛永二十年（一六四三）、加藤九右衛門勝重の三男として若松に生まれる。幼名は玄甫、通称、五郎兵衛。父は肥後の生まれ、加藤嘉明に仕え若松に来る。のち、加藤家改易のため、浪士として会津に留まる。

保科正之の茶坊主となり、この頃から絵心が芽生え、熱心に絵筆に勤しむ。それが正之の目に留まり、探幽の下に入門させる事となる。三代藩主正容は遠澤が探幽の長子、探信の後見役である事を認めた上で、藩の絵師として召し抱え、百石を俸給する。そして、遠澤は享保十五年（一七三〇）八十八歳で天寿を全うした。探幽の子、探信は育ての親、遠澤を池上本門寺の狩野家の墓域内に埋葬して手厚く葬った。法名、覚性院圓宅日理居士である。

門弟には会津藩お抱え絵師の安藤遠雪や遠佐、竹内澤輿がいて、その遠澤の画風を継承した。

山川《やまかわ》 賢隆《まさたか》（東雲《とううん》）（一七六五〜一八二一）

『唐太嶼奇覧』を献上

写真が登場する前は、絵がその役割を果たしていた。だから、写実的で実用的な絵が必要とされていたが、江戸も時代が下がるにつれて、芸術的な絵も重んじられるようになった。したがって、江戸の文人たちは、ほとんど絵の達者な者たちが多かったのである。その例として澤田名垂の『家屋雑考』の中の絵も忠実に描かれている。

山川賢隆は幼い頃より書画に親しんでいた。天明七年（一七八七）二十三歳の時、「礼儀類典」の書写にて、褒美として七両を賜っている。そして和歌師範手伝い方を命ぜられる。

彼が最も著名となったのは、文化五年（一八〇八）、蝦夷警備の時、陣中絵図絵形の描写に努め、『唐太嶼奇覧』一巻を絵巻にして藩主に献上している事である。この時の絵は、田村観瀾の『会津唐太出陣絵巻』や『唐太美也計』などもあるが、賢隆の作品は現在函館市立図書館に所蔵されている。

紀行文『蝦夷錦』を残す　アイヌなどの原住民の当時の生活を記録したものもあり、現在も貴重な資料としても価値が高い。なお、賢隆は、歌人としても優れた和歌を残している。特に唐太出兵の時の紀行文『蝦夷錦』を書いているが、その中で和歌を数多く詠んでいる。

晩年は眼病を患った。彼こそ、当時の文人としての特徴のある書画、和歌に堪能した文人の一人である。唐太出征で、三厩から蝦夷の地に渡る時に、

便りあらば我が古里へ言伝へよ蝦夷ぞ白波をけふわたりぬと

という歌を詠んでいる。

明和二年（一七六五）三月、城下に生まれる。名は賢隆。通称佐兵衛、はじめ左膳、左取と称した。想像ではあるが、彼はこの名から左利きだったと思われる。

萩原《はぎわら》　盤山《ばんざん》（一七七四〜一八四六）

奇行の多い画家　盤山は奇行が多い画家としてよく知られている。嘉永年中のある夜、近所で火事があって風強く火の勢いが烈しかった。知人たちが慌ててやって来て家具類を運び出した。ところが本人の盤山は筆と硯を把って屋根の上に登って、悠然と火災の有様を無我夢中で写しとっていた。火が近くに及び、ようやく写すのを止めて降りて来た。

これは、『宇治拾遺物語』の話にある、有名な絵仏師の良秀が隣家の焼けるのを見て悦んで、我が家が類焼するのもかまわず描き続けていたという奇天烈《きてれつ》な話に似た情況であった。

絵を描く事にかけては、このように熱心な事は類を見ないほどだった。またある時は、鶏、犬に遇って興味が高まると杖を立てて停まってジッと観察する事、しばしばだった。

「半日先生」と呼ばれる

友人を訪うと対談する事、興に乗ると半日に及ぶので、その来訪を嫌って「半日先生」といわれるほどになった。

或る人、鷲が狐を掴む図を頼んだ。盤山は「鷲は之を見かけて描いたけれども狐はよくわからない」という。弘真院で鳴いているという事を聞いて、その形状を写す。その絵を頼んだ者は絶品だといって喜んでいた。

ところが子どもが夜泣きするので占い師に見てもらうと、その狐の絵の祟りという。そこで本六日町の法華寺に奉納する事にしたという。このような逸話を多く残している萩原盤山であった。(『若松市史』下巻)

絵も人格のあらわれと見る

佐竹永海ははじめこの盤山の弟子となり、江戸で谷文晁の門弟となり、その人柄を愛されていた。技も大いに進み、会津に帰って来る。その時盤山は七十歳を超えていた。永海の絵を求める者が多く、永海も得意の絶頂にあった。

永海の絵を見て盤山は涙を流していた。師も永海の技が進んだのを見ての嬉し涙かと思って訊ねたところ、「永海の画大いに進む。されど軽薄に流れるところあり」といい「人柄も変わってしまった」といって嘆いたのである。無邪気な性格の盤山ではあるが、絵も人格のあらわれと見たのである。

盤山は師を大切にした。京の師の碑を建ててその恩に報いたという。会津においてはその画風を愛でる人が多く、いまなお彼の作品は絵馬をはじめ、多くの作品が残っている事は喜ばしい。
弘化三年（一八四六）四月十三日、七十三歳で死去。法名は順信院画道盤山居士である。

遠藤《えんどう》　香村《こうそん》（一七八七〜一八六四）

多能多才な持主　遠藤香村は多能多才な絵師だった。絵画は勿論、俳諧、漢詩などを学び、会津における文化活動の先駆者として大いに貢献した。江戸期の会津において、和学の澤田名垂と並ぶ、マルチな活動をした特異な人物であった。また、会津に洋風画を持ち込んだ第一号の画人でもあった。
天明七年（一七八七）若松の南、大戸村香塩（現会津若松市大戸町）の農家に生まれた。名を平次郎、号を瘦梅、如圭、水石、幽竹山窓、十五山水精舎などといった。少年の頃から絵を好み、絶えず絵筆を握っていたという。彼が本格的に絵を学んだのは城下の画家、黒河内会山という画家に師事してからだった。はじめは狩野派の画風を学んでいたが、形式化して時代の要求に満たす事ができなくなってきた事を悟る。

洋風画への傾斜　江戸中期以後から、対象を如実に正確に写す西洋画を学ぶ者が目立ってきた。香村はこのような情勢の中で、新しい画風の洋風画に興味関心を抱くようになる。
江戸に出て画壇の新風を求めようとして、藩に斡旋してもらおうと縁故を頼って働きかけていた。文化五年（一八〇八）に会津藩が蝦夷警備に派遣した時に、藩絵師、山川賢隆の『樺太警備絵巻』が完成した。

しかし、写実という点では西洋画に及ばなかった。写真がなかった時代には、写実的な西洋画を必要としたのである。

そこで、文化七年（一八一〇）の三浦半島警備に命令が下り、藩では新しい写実法による正確な沿岸図を学ばせ、西洋文物の理解に役立てようとしたのである。そこで絵師の遠藤香村と佐竹永海が推薦されて、谷文晁塾の写山楼へ入門する事になった。香村二十七歳の時だった。

当時の西洋画といっても、洋風画といった段階であった。特に須賀川出身の亜欧堂田善《あおうどうでんぜん》から西洋画を学んだ事は、その後の彼に大きな影響を与えた。田善が香村に与えた油絵の顔料の調合法を記した文献が、会津若松市の林平治氏宅に残っているという。これは田善の所に香村が訪ねた折、伝授されたらしい。

文化十二年（一八一五）、香村は会津の商人、林和右衛門光正、渡部徳五郎綱常、林平八郎光敬の三人らと、林家の祖先の地、信州諏訪の高島に旅をしている。そして、諏訪神社に香村の描く絵馬、「韓信股くぐりの図」を奉納している。林家と香村との関係は後に触れる。

さらに、香村は、長年の夢であった京の佐伯岸駒の所に谷文晁の紹介で修業する事になる。岸駒は長崎に行き、清人の画風をも学んでいる。このように香村は当時中央の最先端の画人から学ぶという僥倖に恵まれ、特に京の諸派の画風を学び、生涯の彼の画風の中心となっていくのである。

「密ならず親しみ易い」画　彼の画風は、京の円山応挙を主とする四条派を中心に各方面の刺激を受けながら、田善の影響を受けた西洋画的表現と、俳諧から滲み出る詩情の世界を絵に取り入れていた、独特のものであった。「香村の絵は疎ならず、密ならず親しみ易い」と人々はいう。

このように香村が世に出るきっかけは、写実的な図を必要とした会津藩の後援により、江戸、京の一流の画人から学べたという事であった。また香村自身にも、様々な画風を積極的に受け入れようとする土台があった事にもよるだろう。

さらに、当時の世相そのものが彼を表舞台に登場させたのである。それは文化五年（一八〇八）の会津藩の改革が、田中玄宰によって行われた事にもよる。さらに、地場産業の振興は、会津の漆器、金工、絵蝋燭、本郷焼の図案にも影響を及ぼした。谷文晁の門に入れたのも、その藩の政策の後押しがあったからだった。このように、写実的、実用的な彼の画風が要求されたという社会的背景があったからだった。

貪欲な知識欲　それは彼が木草学にも造詣が深かった事にも通ずる。彼の書の『画学須知』（画学は須らく知るべし）の中にいろいろな草名、木名、薬名をあげ、さらに西洋画の顔料や描写なども記している。このように彼の写実派の技法は、実用的な面で新鮮なものとして持てはやされ、その片鱗が窺われる。また、彼ほど貪欲に知識を吸収した者はいない。多読で、オランダ語を習得しようと努力している。そして、蘭学者や蘭学画の書を会津に伝播した功績もある。俳諧にも熱心に取り組み、安政三年（一八五六）、七十歳の時『会津俳諧六々仙』（会津三十六俳仙）を出している。

林光正の後援に与る　さらに香村は、会津藩の芸術振興にも大いに力を尽くしている。それは、藩の御用商人、林家の七代和右衛門光正、八代光徳が、最大の後援者であった事による。林家は上方の有力商人との親交から、七代光正の時から会津の地場産業の酒造、漆器、陶器などの技術向上に果たした功績は多大なものであった。

光正は京から蒔絵師、木村藤造を招き、自宅に蔵を建てて蒔絵の技法を職人たちに学ばせ、林工房といった存在だった。特に実用に役立つ絵師の養成には尽力し、狩野派から脱却するために若い絵師を上方や江戸に遊学させて、新しいデザインを採用しようとした。

遠藤香村もこの恩恵に与った者の一人で、若い時に三年間林家に居住させてもらっている。光正は後年、会津の芸術者集団たちの指導者として迎えられたが、その役割を香村に託している。

香村の妻はまさといい、塩川の料亭、佐野駒の娘で、俳諧の仲間同士から結ばれたらしい。彼女は明治十七年まで生存していた。香村没後二十年であった。辞世の句は「朝顔の軒を離るる寒さかな」である。嗣子の霞村は文政十一年（一八二八）の生まれ、『会津三十六俳仙』に父香村をはじめ、会津の俳人三十六人の肖像画を描いている。戊辰の役後は会津坂下、塔寺に隠棲し、農業の傍ら絵を描いて生活し、明治二十四年五月十八日に没している。

進歩的な画塾　香村の門人は、星暁村、渡辺東郊、大橋知伸など多士済々、香村の新しい画風と人間性に魅力を感じ、入門する者が多かった。特に門下生の個性を尊重し、自由な画風を確立させるという、進歩的な画塾として評判が高かった。

その結果、門人たちにも大きな影響を与えた。師の画風にとらわれずに、新しい画作に意欲を燃やす者も多く輩出し、大須賀清光は、極彩色の技法を学んで歴史画、風俗画、屛風画に新風を打ちたてて、若松城下絵図を描いている。

ところが、香村によって油絵を会津にもたらしたが、この頃はまだ西洋画を理解する者が少なく、むしろ「蛮画」と称して冷ややかな目で見る傾向が強かった。したがって、油絵を積極的に受け継ごうとする者があまりいなかったようである。会津の画壇はまだまだ保守的で、この当時の油絵は香村以外には目に入らない。油絵の作品としては、『江ノ島図』、『猪湖十六橋』が有名であるが、『熊谷と敦盛』は所在不明なのは残念である。

地場産業にも貢献する

香村の残した財産が、地場産業の漆画や陶画の分野にも、彼の芸風が大きな影響を与えたのは周知の事である。偏った画風にとらわれず、様々な画家たちとの交流や、各分野の知的教養を身に付ける事によって、会津画壇では稀に見る柔軟性を持った画家として高く評価されている。

また、彼の性格は親しみやすく、庶民的なところから多くの人々に好まれている。画家にありがちな大家ぶったところは微塵もなかった。むしろ、頼まれると誰にでも応じて、気安く筆を揮っていた。したがって、香村ほど遺作品が多く、会津各地でその作品が見られる。

数々のエピソードを残す

ここで、彼のエピソードの幾つかを拾っておきたい。『会津日報』の大正六年八月二十一日から二十五日までに載っている逸話のうちから幾つか紹介しておこう。

幼年期の話として、

香村の養父は貧家であったので、小さい頃から毎朝彼は納豆を売って生計のたしにしていた。或る日、融通寺町の富豪の家に納豆を売りに行った時、主人が我が子の画いた鐘馗《しょうき》の絵を自慢げに見せた。香村はその時、九歳だった。その絵が羨ましくて、家に帰って鐘馗の絵を真似て画き、後日その主人に見せたところ、運筆の非凡なところ、素晴らしいと感じ、画家の黒河内会山という絵師の門に入れさせた。

また、谷文晁の所に入門した時の逸話として、

香村は谷文晁を遥々訪ね、師を慕う気持ちを綿々と語った。その時文晁は、料紙を与え何か描けと言ったところ、彼は玩具の牛の首を左右に振る絵を描いた。侍坐する門人たちは笑い崩れた。楚歌氏、文晁のみが黙々と眺めていた。そこで、文晁は静かに香村に向かって言うには「少なけれど我に粉本、

長持ちに二つあり。心静かに之を謄写せよ、汝に一室を与ふべし」と言った。左右にいた門弟たちには稚拙に見えたが、文晁の眼識は格別なもので、香村の非凡なところを看破したという。

遠藤香村は現在の会津若松市大戸町の香塩に生まれた。その名の香という字をとって号としている。香塩の村の中心から東に入ると、愛宕神社がある。その北側に五十坪ほどのさら地がある。そこを地元の人たちは香村屋敷と呼んでいるが、ここが彼の家跡かどうかははっきりしない。恐らくこの辺りには違いないだろう。ただ、一説には、香村は武士の妾腹の子で、香塩の遠藤家に養子としてもらわれたともいう。

数多い香村の遺作　香村は求められるたびに応じていたので、各地、各家に多くの作品が残されている。しかし、個人蔵の場合は展示会などでしか目に入らない。そこで、比較的観覧の機会のある遺作を幾つかあげておきたい。

◆会津若松市蔵

①『信遊紀行図帳』（文化十三年）②『楼閣山水図』（天保六年）③『曳舟図屏風』（天保十五年）

④『柳津景図』（嘉永四年）⑤『蓬莱山図』（安政六年）⑥『走水図屏風』（安政六年）

◆会津武家屋敷蔵

⑦『夏冬山水図屏風』（天保六年）⑧『唐人物山水図』（江戸後期）⑨『花鳥人物諸画押貼屏風』（江戸後期）

⑩『飲中八仙図巻』（安政五年）⑪『鐘馗図』（江戸後期）

◆福島県立博物館

⑫『仙人図巻（人物譜）』（安政四年）⑬『蕉翁十哲図』（文久三年）

⑭『七里ヶ浜絵図』（油絵・江戸後期）⑮『蓬莱・高砂図』（江戸後期）

◆喜多方市立図書館
⑯『押切川通船図屏風』（江戸後期）

その外、絵馬画が会津の各寺社に奉納されてある。柳津町の円蔵寺には『弁慶義経図絵馬』（嘉永三年）『鐘馗図絵馬』（安政三年）などがある。外に、会津美里町永井野の熊野神社には『農稼十二ヶ月之図』（安政五年）の絵馬が掲げられてある。苗代の種蒔き、田植え、代掻きから稲刈り、籾打ち、摺る臼ひき、米俵搬入までパノラマ風に生き生きと描かれている。

元治元年（一八六四）、七十八歳で没する。墓は若松、行仁町の本覚寺に移されてある。

佐竹《さたけ》 永海《えいかい》（一八〇三～一八七四）

人間臭い画家

佐竹永海ほど人間臭い画家はいないだろう。気取ったところは微塵も感じられない。庶民的ともいえるやや型破りな性格は、彼の評価を二分する。とにかく不羈《ふき》奔放で大酒飲み。細かい事には一切こだわらない。だから会津という堅くるしい所では個性が発揮されなかったからか、彼の画業は江戸が活躍の場だった。彼と同時代の遠藤香村とよく比較される。香村は度量の大きな才人であったが、永海は反対に豪快磊落である。似ている点といえば、共に町人の出である事である。

永海は享和三年（一八〇三）城下の北小路町で生まれる。家は会津藩御用の蒔絵師で、幼い頃から絵師を志し、会津の狩野派の絵師、萩原盤山に師事する。師の一字をもらって盤玉と称した。

二十歳の頃、八代藩主容敬の勧めで両親を残して、遠藤香村と共に江戸へ出て画業を学ぶ事となる。この時の容敬の永海、香村への期待度は大きかったようだ。水戸藩公の所に紹介したところ、それぞれ得意とする絵を二人は描かせられた。

谷文晁に可愛がられ

出来栄えは断然香村の方が一日の長を示した。永海は恥じたが、ここで発奮して、谷文晁の写山楼に入る。香村も一緒に入門するが、文晁が二人に会ってみると、香村は画業既に漢画に秀でていたので、京にのぼって四条派の絵を学ぶように勧められた。一方、永海はまだ未完成の故をもって写山楼で学ぶ事になった。

当時の谷文晁の評判は高くその門に入る事は難しかった。しかし、文晁は永海のどこかに見所があったのか、手許において修業させた。門人には既に有名になった天下の画人たちが多く集まっていた。

このような才能ある画人たちの中で、永海は十五年の間、辛抱して画業を磨く。永海にとって幸運な事に、なぜか師に可愛がられ晩年になった文晁は永海に後事を託して写山楼の塾頭に推す。天保十二年（一八四一）、永海三十九歳の時、師の文晁が亡くなる。

彦根藩主井伊直弼に召し抱えられる。その時期は、文晁の死後四、五年を経てからとの説がある。弘化元年（天保十五年）九月には会津に帰っている。その節、高田村（現会津美里町）を訪れている。

天海を尊崇し高田を訪問

高田村の郷頭、田中重好が『重好日記』（仮称）に永海の訪れを記録している。それは、弘化元年（一八四四）九月三日から九日の頃に、永海が弟子の周水を伴って訪れている。その部分をあげてみる。

同三日（弘化元年九月）〈前略〉文晁門人當国ノ産、永海ト云画工久シク東都ニ有テ上達甚高名ニナリ彦根侯エ十七口ニテ被召出、御近習並ニテ御奉公ト云云。此人慈眼大師ヲ甚尊信シテ當村ハ御誕生ノ地ナルヲ聞キ、星岩松ヨリ典章ヲ以テ我等留守ヲ尋ヌ。ヨツテ先ヅ龍興寺ニツカハス所東都ヨリノ知己ナリ。〈略〉

扨永海懇切ノ望ニヨツテ慈眼大師ノ御キレ、我等代々伝ル所ノ品ヲ半分、永海ニユズル。〈以下略〉

これによると、この時既に永海は彦根侯に召し抱えられていた事がわかる。そして高田村での滞在が予定よりも長くなったので許可を請うているが、「江戸表へ暇取延ノ願、飛脚ノ左右無心許ニヨツテ止宿セズ帰ル」というように残留する事ができなくて帰っている事がわかる。

これらの記述によると、高田の片田舎にも永海の名声は伝わっている事がわかる。それにしても、高田の郷頭、田中重好が天海の御衣の布を持っていた事、それを永海の懇望によって半分与えている事などは新しい事柄である。本当かどうかはいささか疑問ではあるが…。

彦根侯からは早急に帰れとの事など、永海は井伊直弼に愛されているのがよくわかる。また、彦根城下の楽々園の襖の絵も描かせている。しかし、安政六年（一八五九）桜田門外の変により死去、その後永海も悲境に陥る。

庶民性ある作品　永海は地元よりも江戸での活躍の方が長いせいか、会津の画界ではそれほど厚く待遇されていない。文晁の写山楼での塾頭という彼の地位は、それほど会津では認められてはいない。むしろ彼の実績はある程度認めるものの、その人柄に関して評判は良くない。それは彼の豪放磊落で細かい事にかかわらない言動には、誤解されやすいものがあった事は確かである。

したがって、永海の会津での評価が低いのは残念である。特に両親を蔑ろにして江戸に修業に出かけた事に対する風評は、彼の没後も残っていた。しかし、その谷文晁の流れを汲む作品はむしろ彼の個性的で、狩野派の儒教的なものとは異なる特色を持っている。どこか庶民的な作品が多い。人物を描くにしても親しみのある画風は、もっと評価されてもいいと思われる。

功あって、尊崇している天海に縁ある地、高田の郷を訪れた際にも、こころよく「馬と鍾馗」の絵を二枚も描いているところは、彼の庶民性が滲み出ている。会津の蒔絵師の家に生まれた者が、当時中央画壇最高である文晁の写山楼の塾頭を務めるまでに至った永海の努力は、並大抵のものではなかったであろう。

最初の師、萩原盤山からは手厳しい評価を下されたが、人間永海の評価は軽薄だったかもしれない。しかし谷文晁と井伊直弼の二人の温情は、終生忘れなかったという。遠藤香村とは異なった歩みをしたが、江戸後期の会津出身の絵師の双璧といえる遠藤香村と佐竹永海という絵師の名は忘れる事はできない。

配色巧み、独特な着想

そんな永海の晩年は表立った活躍はせず、画業に専念していたようだ。彼の作品も写実的な手法により配色も巧みでその着想は独特なものがある。題材も師、文晁が描いたように中国の故事、名勝や人物を描いている。庶民の暮らしをテーマにしている風俗画には見るべきものがある。特にその人物の描き方は、庶民派永海の名にふさわしく生き生きとした人柄を示していると思われる。

若松の金剛寺には、雪村の「山水図屏風」の右隻が残っているが、この永海の絵もある。それは小野小町の栄華とその末路を八つの場面に分けて描いている絵である。庶民派の得難い永海は、もっと評価されてもいいのではないかと思われる。

左《ひだり》　一《いち》山《さん》（一八〇四〜一八五七）

根付の彫刻師　一山は、会津の数少ない彫刻家の中でも最も評価が高い者である。しかし、彼の詳しい伝記は残念ながらそれほど明らかにされていない。管見したところ、『若松市史下』の人物篇に七行（三五〇字）ほど書かれている。また、渡邉松淵の『會津墨客録』（昭和六年刊）の中に「一山　左一山　彫刻野田一甫ノ先生一石、松濤ノ先生ナリ」と記されているだけである。しかし、現在、東京四谷にある「根付」と「提物」の専門店の「提物屋」の見本目録には、写真で左一山の「煤竹網代一ツ提小物入　寝つけ蝦蟇仙人　左一山」とあって、蝦蟇《ひきがえる》の木彫りの根付が紹介されている。

現在も好事家の間では知名　このように根付師としての左一山の名は、現在も好事家の間では相当知られているようだ。それにつけても、会津においてはほとんど名が知られていないのは残念である。また、海外では彼の根付が英文で多く紹介されている。

そこで、彼の小伝を数少ない叙述の中からその一部を紹介しておく。姓は齋藤。左手で木彫りを巧みにしたので「左一山」と号した。越後の長岡の大工町の大工の棟梁、市郎右衛門の子として生まれる。彫刻師もこれからは幅広い学問や絵画などを学ぶべきだ、といって嘉永年中（一八四八〜一八五二）江戸に向かう。その途中、若松に寄った。そこで、書家である荘田膽齋の評判を聞き、この人に学ぶ事にした。

遠藤香村、荘田膽齋に学ぶ　数年経って江戸で彫刻、学問を学び、再び会津に来る。そこで今度は絵師の遠藤香村に師事し、その彫刻の見事な技が認められる。藩御用達商人の林光正の推挙で、藩では御用彫刻師として三人扶持を与え、若松上二之町に住まわせた。

その工房には七五三縄《しめなわ》を張って、妄りに人が入るのを許さなかったという。優れた床飾や印籠、根付、鯨製の目抜などの作品を多く残した。会津では彼の優れた技術を学ぶ者が頗る多かったという。その特徴は写実に徹して、特に亀、蝸牛などの小動物を得意としていた。

近年、欧米では根付のブームに乗って一山根付の評価が高く、その洗練さをあらわす「遊び戯れる姿」が注目を浴び、専門書にも多く取り上げられている。

一山は、彫刻の外に、俳諧、書、絵画にも優れて会津で長く活動した。安政四年（一八五七）二月二十三日病死す。南町の明栄寺（現在廃寺）に葬られる。享年五十四歳。

塩田《しおだ》　牛渚《ぎゅうしょ》　（一八二九～一八六六）

書院の襖に悪戯の絵　牛渚は幼い頃より絵を描く事が得意であった。本名を番といい、弁、升夫ともいい、牛渚は画号である。若くして小姓となり、城中に出仕していた。或る時、父権六と共に城中の本丸の書院にいた時、遊んでいるうちに夢中になって、書院の襖に悪戯に絵を描いてしまった。

父は驚き切腹を覚悟して八代藩主容敬に事の次第を申し上げた。容敬は子供の悪戯だからといって叱らず、むしろその見事な絵を褒め称えたという。

その後、牛渚は堅苦しいお城勤めを嫌って、専門の絵師になる事を目指すようになる。牛渚の性格からいっても、自由に好きな絵を描く事の方が性に合っていたのである。

そこで、文武の学問から遠ざかり、藩士の身分から離れる事を願い出て、はじめは越後の行田雲涛の所に行き修業する。その後会津にいた浦上春琴に花鳥画を学ぶ。

さらに清国の沈石田の画風を学ぶために長崎に赴く。そこで、僧の鉄翁や木下逸雲らの画人たちと交遊して和漢の絵に親しみ、この頃最も充実した画の修業の時期であった。

帝に褒賞され屏風絵を描く　京都で画塾を開き新しい画風に進む。文久二年（一八六二）松平容保が京都守護職となった時、牛渚は京の三条木屋町で画業に専念していた。容保は牛渚の評判を聞き、彼の絵を帝に御覧に入れたところ、大いに褒賞され、勅を奉じて屏風に絵を描くようになった。
この頃から彼の絵を求める者が訪れるようになった。幕府の医師、松本良順も弟子になり、会津からの門弟だった野出蕉雨も京都に来て再び教えを乞うている。

酒と絵は生涯の友　彼の日常は、酒を浴びるほど飲み、朝となく夕となく酔わぬ時はないほどであった。興が乗ってくると絵筆をとり、夜昼関係なく描き続ける。意に適わぬ時は決して描こうとはしなかった。彼にとって酒と絵とは生涯の友であった。その合間に彼は漢詩を好んで、風雅の世界をこよなく愛していた。
慶応二年（一八六六）三十八歳の若さで命を亡くした。人はいう。「飲酒過度の致すところなり」と。

野出《ので》　蕉雨《しょうう》　（一八四七～一九四二）

古武士の風格漂う

野出蕉雨ほど長生きして、会津の芸術、文化で活躍した者はいない。幕末から明治・大正・昭和の戦前まで生き延び、幅広く活動した。残されている写真を見ると、鋭い目にきりりと結んだ口元は古武士の風格を滲ませている。彼に幼い頃より親しくしていた山浦延子さんは、蕉雨の事を辺りの人たちは「蛤御門のおじいさん」と呼んでいたという。

はじめ、大内流槍術を学び、馬術は酒井輿一郎について習得し、剣は安光流の免許、のち、砲術の訓練を受けるという多彩な武芸を身に付けていた。幕末には、蛤御門の変にも長州兵と戦っている。

塩田牛渚から絵を学ぶ

会津にいた時に塩田牛渚から南宋画の絵を習っていた。京都に上った時に、当時、京にいた親友の医師松本良順と共に弟子たちの勧めで、牛渚は京で画塾を開く事にした。ここで蕉雨は彼に再び絵を学ぶようになる。

この牛渚は幼い頃から絵を描く事が得意だった。この頃から牛渚の影響を受けて、蕉雨は本格的に絵心が強まり、生涯絵画から離れる事がなかった。だが、残念ながら牛渚は生来の酒好きで、失敗も数多くあり、慶応二年（一八六六）、三十八歳の若さで波乱の人生を終えている。その後、蕉雨は牛渚が学んでいた渡辺崋山の門人の山本琴谷に師事する事になる。

「慶応二年焦雨十八歳であったがその時、いさかいからやくざな暴れ者、松本のお釈迦なる者を一刀のもとに切り棄てた」(『会津人物事典画人編』)という事件を起こす。戊辰の役では探索方として秘密の行動をとっていた。会津に戻ってからも祭文語りになって敵軍の動勢を探ったりしている。白河口の戦いには西郷頼母に従い、籠城戦ではしばしば城外に出てゲリラ戦を行い激しく敵を撃退している。

得意な絵は牡丹の絵　戦後は斗南から帰って一時農業に従事したり、いろいろな職に就いたりしていた。明治十年頃には本郷村に住んで磁器に花卉を描き、二本筆の応用を広めている。画人としての面から焼き物の絵付けの指導も行っている。その後、若松七日町の阿弥陀寺の東側に住み、これ以後、画の道に専念している。

蕉雨の最も得意な絵は、牡丹の絵である。特に牡丹に孔雀の絵は有名である。また、専福寺には絶筆の絵「蓬莱の図」二双が所蔵されている。この絵は鶴の目を未だ入れないうちに本人の方が目を閉じてしまったので、門弟の半石《はんせき》が代表して目を書き入れて完成させたという。

その外この寺には蕉雨に関する絵が残っているが、七日町の常光寺にも若い頃の屏風絵が二双残っている。明治十七年頃に日本画を本格的に学ぼうと東京に出るも、中央の画壇の移り変わりの変化には馴染めなかった。その後、花鳥画に力を注ぎ、優れた絵を残している。

なお、飯盛山下の栄螺堂には本朝二十四孝図の絵があるが、その中の「大江挙周」を描いている。このように絵画の世界では業績を残しているが、門人に著名な者がいないのは不思議である。

会津宝生流の発展に寄与　彼の芸術家としての業績は何といっても、会津宝生流の発展に寄与した事である。武家文化の成熟により能楽は盛んになっていた。会津藩でも能楽を重視し、町人の世界にも広がっていった。しかし、戊辰の役後の荒廃の中で、能楽界も立ち直るまでには時間を要した。

その時、宝生流の職分である桐谷鉞治郎《えつじろう》と囃子方の名手、長命新蔵が会津に来て定住するという幸運に恵まれる。この両人が戊辰の役後の混乱期に会津の能楽の復興に大きく寄与したのである。

明治の初期には、小田磯之助、多賀谷六郎たちからも教えを受けた。弟子には、安藤栄輔、神山左近らがいる。なお、戊辰の役後失われた能衣装、能面、諸道具などを購入するに当たっては大きな力となっていた。

近代会津の芸術に貢献　その後、蕉雨は生田虎之助に師事し、会津宝生流の近代能楽界のリーダーとして、会津の能楽界の基礎を固めていった。そして、当時地方色の濃かった「会津宝生流」を中央の家元と直結させ正調に復した功績は大きい。大正期に入ると会津各地で「謡」も盛んになる。当時の新聞によると、野出焦雨の主催する会は、いつも多くの来会者を集め、午前九時から午後六時まで素謡、囃子舞、仕舞と延々と続けられていたという。

大正十四年九月には「野出焦雨先生長寿建碑」の除幕式が行われている。この日、正午からは若松劇場で演能会が開催され、約千人の観衆を集めたという。

蕉雨は弘化四年（一八四七）会津藩士野出八左衛門の二男に生まれる。通称平八、名は善次、蕉雨は画号である。長生きしたせいか、戊辰の役後は会津在住の士族会の代表にも推されて活躍している。

このように、近代会津の芸能・芸術に貢献した蕉雨の名はいつまでも残るだろう。それは何といっても彼が九十六歳という長寿を全うした事にある。

昭和十七年六月二十七日没す。七日町常光寺地蔵堂境内には蕉雨の頌徳碑が建てられてある。野出家先祖の墓は若松、専福寺にある。

九、連歌・俳諧

猪苗代《いなわしろ》　兼載《けんさい》　（一四五二〜一五一〇）

「連歌」は「煉瓦」の事ではない　「連歌」を「煉瓦」と間違えられた事は、よく連歌を語る時に出てくるエピソードなのである。それほど、いまでは死語に等しい文芸となってしまったのである。

短歌の上の句（五七五）に別の詠者が下の句（七七）を付けて完成する形式、または、逆に下の句に上の句を付けて一首を完成する「短連歌」が連歌の基本形式である。それを五七五、七七、五七五、七七と続けて百句続けたのが「百韻」連歌（長連歌）なのである。尻取り遊びや文字鎖遊びのようなもので、会津の玄如節の歌の即興の掛け合いに似たものともいわれている。また、独吟といって独りで総て詠む事も行われていた。

そのためには、前の句を鑑賞して、それにふさわしい付け句を創作する事が要求される。それには細かいルールが決められるようになるが、複雑多岐なのでここでは触れないでおく。

つまり、それは多くの人々が集って作り出す集団性の濃い文芸といえよう。その連歌が、漢語や俗語を用い、リラックスした雰囲気を持つものへと移行していったのが、「俳諧」なのである。そして、連歌文芸は俳諧、俳句となって生き続けて行くのである。俳諧の連歌の第一句目の発句が独立して俳句となったのは明治になってからの事である。
この連歌の最盛期は十五世紀から十六世紀にかけてである。飯尾宗祇《そうぎ》の出現によって、連歌の社会的地位も高くなり、戦国大名たちがこぞってその興行を主催するようになってくる。そのように世の中が連歌一色になっていた時に、専門職人としての連歌師が多く活躍するのである。猪苗代兼載が登場してくるのは、そんな連歌華やかなる時代なのである。

兼載の生誕伝説　兼載は、葦名一族の猪苗代式部少輔盛実の子として、猪苗代の小平潟で生まれた。天神から授かった子という事で梅と名付けた。幼い時から聡明で、歌を好みよく詠んだので人々を驚かせた。

出自については、一説には小平潟の地頭、石部丹後の娘（あるいは婢）が容貌醜く結婚もできないでいたので、小平潟の天満宮に百日の祈願をしたところ、夢に梅の一枝が左の袂に投げ入れられた。その夢を見てから急に孕《はら》んで十三ケ月間を経て生まれたのが兼載だという。これは後から付け加えられた、いわゆる有名人の生誕伝説の一種だと思われる。

六歳の時、その才すこぶる顕著なので、母は僧として後世に名をあげさせたいと思った。そこで、若松の諏方神社の社僧自在院に預けられた。その当時、諏方神社では歌や連歌の会がしばしば開かれ、兼載も幼いながら出席して優れた歌などを詠んで人々を驚かした。あまりにも秀でた句を多く詠んだので会衆から嫉まれ、誤って指を一本折られてしまった。そこで発奮して志を立てたという話も残っている（寛文五年の『自在院縁起書』）。

盛んだった会津の連歌　では、この当時の会津の連歌の状態はどうだったろうか、塔寺の心清水八幡宮に残る『塔寺八幡宮長帳』の寛正七年（一四六六）の裏書に、「賦何連歌　風と聞雨ともおもふ木葉かな」という発句がメモ風に記載されている。また、連歌の寺や社への奉納もしばしば行われていた。この事から、会津では連歌の会が既に盛んに行われている事が窺われる。

その中心的人物が、興俊《こうしゅん》という大徳だった。これは、後世「中世の芭蕉」と称された心敬の書いた『芝草句内岩橋』の奥書に、「文明第二暦初秋日於奥州会津興俊大徳依頻競望白地注之左道　旅客隠士心敬」とある。

奥州会津興俊とは誰か、金剛寺の住持であるという説と、兼載の法号とする説（『俳文学大辞典』）とがあるが、文明二年（一四七〇）といえば、兼載はまだ十八、九歳で、いくら鬼才といわれても大徳とはいわれないはずだともいう。会津の研究者の間では、金剛寺の住持の興俊としている。

この興俊に連歌や和歌の指導を受けて、興俊に伴われて関東に行ったというが、定かではない。その折、心敬との運命的な出会いがあって、深く感銘を受け師事するようになったという。そして、この文明二年に心敬を白河から会津に案内して来ているのである。

華やかな連歌界に登場

文明七年（一四七五）に敬慕していた心敬と死別し、二十四歳の兼載は上京する。ここで宗春と号し、連歌師として活躍する。そして、連歌の第一人者の宗祇に兄事する事になるのである。翌八年には京の北野天満宮での連歌の興行に加わり、有名な北野天神社一千句連歌の奉納に参加するほどになる。また、古典の奥義を尭恵から伝えられ、中央の連歌師としての地位を固めていく。

文明十八年（一四八六）、三十五歳の時兼載と改め、各地の旅に出ている。延徳元年（一四八九）十二月十八日に、宗祇の後を受けて北野連歌会所の奉行になる。三十八歳という若さで地下連歌師最高の職に就く事になる。これは未だかつてない事で、しかも前任者の宗祇の推薦を受けてもいない事からなぜ兼載が選ばれたのかははっきりしない。

さらに、周防の大内政弘、阿波の細川成之らの有力な戦国大名の保護を受け、しばしば周防、阿波には下向している。これは連歌集として最高の『新撰菟玖波集《しんせんつくばしゅう》』の成立という大事業に後押ししてもらうための訪問だともいう。兼載はこのように主に武家社会がその行動圏だったのである。

地方へは文化を、中央へは経済を　戦国武将の連歌熱は、戦勝祈願などの宗教性や遊戯性だけではなく、政治的効用を持っていた。それは、古典教養や連歌を持つ事により権威性を発揮するという側面もあったようだ。このようにして、多くの地方出身の連歌師が活躍する舞台が整っていた。出雲の梵燈庵《ぼんとうあん》、但馬の宗砌《そうぜい》、紀伊の心敬、近江の宗祇、駿河の宗長、越前の宗牧などを輩出してきたが、中でも会津の兼載が最も伝記的には明らかな者だという。

当時の連歌師は地方には中央から文化の情報を運び、中央の貴族には地方から経済（金銭）をもたらす存在だったのである。その典型的なのがこの兼載だったという。

連歌の第一人者と呼ばれた宗祇でさえ、後の世の『醒酔笑《せいすいしょう》』の落書《らくしょ》（一二五）で、「都よりあきなひ宗祇下りけり言の葉めせといはぬばかりに」とある。言葉の商人と思われていたように、連歌師は地方の有力者に媚びを売っていたという面もあったのであろう。兼載も有力者との間に親密な関係を持っていたようだ。

さらに、後御土御門天皇の寵愛を受け、地方出の連歌師の中では宗祇と肩を並べるほどだった。さらに兼載は天皇の姫君を妻にしているという。会津の俳人で、熱心な兼載の研究家である上野白浜子（故人）

の『猪苗代兼載年譜』の中に二ケ所、女性が出てくるからである。
文明十八年、三十五歳の項で「静子姫、兼載の庵を訪う」、明応三年（一四九四）四十三歳の項で、「初夏の頃都に帰る。静子姫、兼載の妻に内定」とある。兼載が結婚していたかどうか、ほとんどの伝記には語られていないのはどうしてなのか。これが事実とすれば、その経緯がぜひ知りたいものである。

宗祇には始め、先輩として教えを受けていた。『新撰菟玖波集』成立の時は宗祇に協力していたが、有力者の句を入れるかどうかで争い、険悪な空気になっていった。宗祇は老巧でその人柄によって兼載を説得したが、この両者がいなければこの連歌集は成り立たなかったといわれるほど、兼載の力は大きかったのである。

晩年の猪苗代兼載　文亀元年（一五〇一）には岩城で庵を結んでいる。翌二年七月、宗祇が箱根の湯本で客死したので、その跡を訪れて追悼の長歌を詠んでいる。性格的には正反対の両者は度々衝突をしたが、お互いになくてはならない存在だった。文亀三年七月に会津に帰って『竹林抄』を講義し、諏方神社で会津の文人を集めて、盛大に連歌興行を行っている。

この時、会津では葦名家の同族間での争いが激しく、兼載はこの争乱を鎮めるために『蘆名家祈祷百韻』の独吟を行っている。その間に、関東各地や白河、岩城などで古典の講義や連歌興行に参加して、関東の文芸の先導者としての役目を果たしていた。

古河公方の足利政氏の所に滞在し、歌や連歌を講じていた。ところが、永正六年（一五〇九）八月に中風になり、翌七年六月六日に没した。享年五十九歳、野沢村の萬福禅寺に葬られ、一株の桜が植えられてそれを墓表とされたという。

兼載には子がなかったようだ。縁続きの広幢の子、兼純を養子に迎えている。広幢、兼純は岩城を中心に活動していた。岩城にも兼載はしばしば訪れている。また、兼純は、和歌、連歌論書の『兼載雑談』を筆録している。

その後、猪苗代家は広幢の弟、長珊の子宗悦が後を継いでいる。この頃には伊達稙宗の家臣となっていたようだ。猪苗代家は、宗悦から兼如、兼与……と続き、驚く事に明治の初めまで「連歌の家」として存続していたのである。

写実的で新奇さを求めた兼載　室町後期の地下連歌師として、宗祇と兼載は両雄の扱いだったという。しかし、宗祇の名は普く連歌史上に燦然と輝いているのに反して、兼載の名は連歌研究者の間では評価されていても、一般には宗祇の後塵を拝する者と受け取られている。

その理由の一つには、兼載の性格的な面からきているのかもしれない。それは、口に出していえないような内容まで、ズバッというところがあった。そして、強靭な性格を持ち、安らかな姿がなかったからではないかともいわれている。水と油のような相違点のある二人は、当時の連歌界では面白い存在だったようだ。ここに二人の代表的な発句をあげておく。

花ぞ散るかゝらむとての色香かな　　兼載

限りさへ似たる花なき桜かな　　宗祇

古典的幽雅美を求めている宗祇に対して、兼載は写実的で、新奇さを求めていった。そんな新しい趣向を鋭く描こうとする兼載は、より攻撃的にならざるを得なかったと思われる。

「兼載の最大の業績は、陸奥南部から関東にかけての諸豪族に和歌、連歌を普及せしめたことであろう」

（井上宗雄『中世歌壇の研究、室町後期』）という説がある。

猪苗代兼載、会津を歩く　兼載の生まれた「小平潟」は、いつの頃か摂津の国、枚方《ひらかた》より天満宮の画像を背負ってここに一祠を建て、鎮座させた事から名が付いた村という。国道四十九号線より南に入った所にある。猪苗代湖の東岸、湖中に突き出たような洲崎にある。この風光明媚な松原の中に「小平潟天満宮」がある。天神様と親しまれ、大正時代には、祭礼の旧六月二十五日には磐越西線の関都駅から延々と人の列が連なり、臨時列車が出るほどだった。天満宮の建物は、町指定の重要文化財になっている。

兼載が幼い頃、修行したという「自在院」（真言宗）は現在の相生町にあるが、兼載の頃は、「諏方神社」に隣接していたという。さらに兼載は会津の各地を廻っている。その時の発句をあげてみる。

於蘆匠作館（葦名盛高）

花にきていくあす契るかへさ哉

「實成寺」と云寺にて

実になるもゆかりむつまじ梅の花

「柳津円蔵寺」にて

川霧や音に舟行ゆふべかな

「左下と云所に観音堂」にて

海のごと深き麓の霞かな

「東明寺」にて

花もみぢ夏こそ盛り庭の松

猪苗代天神法楽久敏興行にて
さみだれに松遠ざかる洲崎哉

若松城下の七日町に「金剛寺」という寺があるが、ここには菅天神画像一幅、心敬筆の歌書一巻、兼載筆といわれる『十問最秘抄一巻』などを所蔵していたと『新編会津風土記』には記載されているところから、興徳という大徳の関係からこの寺にあったのか、ともいわれている。

なお、兼載の句碑は、「小平潟天満宮」「自在院」「東明寺」（川原町）にある。

関本《せきもと》　如髪《にょはつ》　（一七四八〜一八二九）

『河上集』を残す

耶麻郡小田付村（現喜多方市）に生まれ、名を直房、通称を輿次兵衛という。如髪は俳号で、外に睡翁、六種園、市中庵などとも号している。父も巨石の俳号を持つこの地方きっての俳人であった。如髪は本宮の塩田冥々に師事して俳諧の道に入り、諸国を巡り、『四海句叢誌』の中にも、

片枝は正月するぞ寒椿

の句が入っている。

如髪は『謡百番合発句集』『加羅婦久辺』や『河上集』などの著書がある。文化十四年（一八一七）に書いた『河上集』は、僅か和紙三十枚ばかりの小冊子であるが、如髪の序文の後に、田中月歩の柳津全景

の絵があり、次に芭蕉の句と共に、
川上とこの川下や月の友
と如髪の句を載せ、さらに当時の全国の俳人の句を二百句ほど集めている。
文政十二年（一八二九）九月十五日、八十一歳で天寿を全うした。

田中《たなか》　東昌《とうしょう》（月歩《げっぽ》）　（一七六三〜一八三八）

在郷の奇天烈な人物

在郷には時々、面白い奇天烈な人物があらわれる。江戸も後期になると、武士では下級武士や、農村の役人の中から学問を身に付けようとする者が多く輩出してくる。そんな一人に高田組郷頭の家柄である田中家から、異才ともいえる人物が誕生する。それは、田中慶名《よしな》（東昌）なる人物である。名を売る事を極端に嫌った者なので、会津でも一般にはあまり知られていない。しかし、そんな名を知られたくないと思っていた彼が、我々の目の前に登場してくるのには、嫡男の田中重好の存在が大きい。重好ほど、この時期における筆マメ男はいなかった。それらの厖大な記録が、在郷の会津の高田の郷に残っているのである。特に父、慶名の事は敬愛の念厚く、その記録の節々に示されている。

「出来蔵《できぞう》」という名前

その記録の中から、田中東昌の人物像を追って行きたい。彼の生涯は物語に登場するにふさわしい。まず、生まれた時から変わっている。田中家三十一代目の種富が男子を幼年にて失い、家を継ぐ子がいないのを嘆いて、出羽の国八聖山の不動尊に祈ってようやく男の子が授かったので、幼名を「出来蔵」と名付けたという。ところが、なぜか生まれた月日を深く隠して知らせなかったという。

諱は重吉、のち慶名と改め、昌之進とも称した。東昌は字で、俳号を叢竹庵草蘿《そうちくあんそうら》といい、のち月歩と号した。晩年には遼來山人、再児などと戯れに号としている。宝暦十三年（一七六三）生まれ、天保九年（一八三八）七十六歳で没し、高田の龍興寺に葬られた。法名は真珠院賢岳義範居士である。

命がけで書を読む　若い時から賢く、五、六歳になった時、書簡を読んだ片端から覚え、その読んだ文字はどう書くのかと訊ねるほどだった。その後、急速に文字を覚え神童だと人々の噂になっていた。

その後、何故か物読む事を疑って、ただ遊び暮らしていた。十四、五歳になって、自らの学問に対する姿勢を恥じ、深く反省して懸命に学に志す。夜も惜しまずに書を読む事に熱中した。

眠たくなると、熊膽を舐めてその眠りを覚まさせていた。ところが熊膽は当時、高価なものだったので、毎晩用いる事ができなかった。そこで今度は、机上に小刀を立てて置き、もし眠って顔を伏せようとすると、その小刀の切先に喉が当たるようにして、命がけで書を読んでいたという。

その後、城下の講所にて、山室新助の弟子になり、句読師《くとうし》（文章の読み方の師）となって、同門に教えていたという。天明八年（一七八八）には経学（儒学）で有名になり、郡役所に召し仕えられた。そこで、在郷の学校の師に選ばれ、そこを継声館と名付けられた。

三十余国を遊歴する　その後、江戸藩邸焼失後、土木の仕事に就任し、会津各地で難しい土木工事には常に召され、その功績により賞賛され、褒美をしばしばもらっている。また応湖川の絵図を献じて賞を得ている。

寛政七年（一七九五）九月、三十三歳の時、父種富が亡くなり、高田組郷頭を継ぐ。ところが、享和元年（一八〇一）病気と称して、十四歳の嫡男重好に郷頭代をさせる。それ以後二十年もの間、三十余国を廻る。それによって、交際の範囲が益々広くなり巡見する所も多かった。

特に桂川甫周翁を師とし、物産の学問を極めた。文化三年（一八〇六）四十三歳の時、郷頭代をしていた十九歳の重好に家督を継がせる。東昌はこれより暇をもらって諸国を遊歴する。

その間、書画、医方、茶儀、瓶花、鉄筆の分野などに通暁していた。「新創奇闘」に秀で、当時の平賀鳩渓（源内）の右に出るほどの者といわれていた。

俳諧の門弟千三百人

一方、俳諧の道に入り京の蘭更を師と仰いだ。江戸の成美、道彦、甲斐の可都里、浪華の長齋、鎌倉の雲蘿僧正、奥州の冥々らを友として交際甚だ広く、諸国にその名を知られるほどだった。その門弟は千三百人にも及んだという。享和の頃、門弟の麻蔵が師の月歩のために伊佐須美神社の境内に碑を建立したが、いま、清龍寺の門前に移されている。

文化十三年（一八一六）三月廿七日、北越の頸城郡針村よりの帰り道に、米山にかかり一人の偉い翁に会った。その時、「韜畧《とうりゃく》」（兵法）の奥儀の秘伝を伝授された。その奥儀を秘かに数十年、他人に語らなかった。晩年になって、仙台の隠士、大屋士由と会津藩士桜井弥一郎右衛門、嫡男の重好に知らせた。しかし、末期一人に対しての相伝であるので、大屋、桜井にはその極意を伝える事なく、重好のみに相伝したという。

護身の妙器と石油

また、「東昌ギリ」と名付けた護身の妙器を造り、千人ほどの者を卒倒する器物と技とを発明した。さらに、両股の槍を製作して「天来槍」と名付け、戦争の時、隙を撃つ古人の知らない器物をも造った。ところが、多くの人がその事を知らず、用いる事がなかったという。

また、越後に産する燃料（石油）は日本紀の古にも出ているけれど、千年経ったいまでも燈火とする事を誰も知らなかった。東昌は越後に遊んだ時、これの悪臭を取り去り、燈火の皿に盛って燃やす事を教えている。

「知る者は言はず、言う者は知らず」

このように博学多才な東昌は、「知る者は言はず、言う者は知らず」といって、己の業績を公にする事を極端に嫌った。嫡子の重好は「何を書き給ひても終り給ふ事なく、たゞ随筆一巻は予を側に置き、しかゞゝと物語るを直に書かせ給へば文を選び給ふる事なし。されど書き給ふ程のものは皆ひとつに納め置きたれば是を見て子孫その徳を知るべし」と書き残している。

この事から、会津では東昌ほどのエンサイクロペディスト（博覧強記の人）は存在しなかった。とにかく、その幅広い分野といったら、驚くほどであった。そして、彼ほど我が身の宣伝を極端に嫌った者はいなかった。ところが、この東昌の事跡が子の重好によって記録に留められていたから、今日に残る事になったのである。

俳諧の門弟たちが、彼の俳諧句集『袖塚集《そでつかしゅう》』を出そうとしたが、東昌（月歩）は名聞をことの外嫌って、この発行を生前許さなかった。そこで、仙台の大屋士由が、天保十年（一八三九）、東昌（月歩）の一周忌に当たり発刊した。そこには全国から多くの俳人たちも句を寄せている。

思うがままの人生

とにかく、この時代に彼ほどの博学者は会津にはいなかった。そして、彼ほど磊落に思うがままの人生を過ごした者はいなかった。しかし、その出生の経緯から何か霊魂を感じるものを持っていた。神童と呼ばれた頃、一時学問への疑問を持った事があったが、その命がけとも思える読書から、彼の興味の対象が次から次へと目まぐるしく変化して行く様は、外にはないものだった。科学者として、兵法家として、俳諧師、芸術家、すべての分野でこれほどその才能を発揮した者はいない。しかもそれを殊更外部に出される事を嫌悪している姿は、神々しく感じられるほどであった。

このような東昌が活躍できたのは、子の重好の存在があったからである。三十三歳で、十四歳の息子に激務ともいえる仕事が要求される郷頭の代理をさせ、十九歳で郷頭を後継者として持つ事ができたのも、彼の自由闊達な行動をとる事ができた要因でもあった。

齋藤《さいとう》 阜雄《おかお》（一七七九～一八六四）

円満様と呼ばれた粋人　安永八年（一七七九）、塩川村の呉服太物商、吉田屋の長男に生まれる。この吉田屋齋藤家は栗村・一重・赤城・深田・穴沢と共に、塩川の六家と称された名門の町人であった。幼名を浜吉、通称を直右衛門、後に猶右衛門と改めた。彼は商売柄、花嫁衣裳の着付けを得意としていた。外に絵画、書、浄瑠璃、篆刻などにも優れていた。俳諧は独学で修めた。根本精器や荒川梅二と並び称せられるほどで、その洒脱な句風は、会津の蕪村といわれるほどだった。

俳人や風流の墨客仲間との交友も多く、自宅の草庵は常に俳人たちの交歓の場となっていた。句集『荻日集』を編集し、画家の遠藤香村も阜雄の教えを受けていた。その香村の撰の『会津俳諧六々仙』に「小屛風や通りみながら二日灸」が選ばれている。

その飄々とした人柄から「円満様」「円満翁」と呼ばれていた。元治元年（一八六四）九月十九日、八十六歳で没す。彼の忌日は「円満忌」といい、大正二年の五十回忌には曽孫の月雄が句碑を建て、彼の俳諧・連歌・和歌などを集めた『円満集』を刊行した。

初春や舟にけぶりのほっと立つ

根本《ねもと》　精器《せいき》（宗兵衛《そうべえ》）（?～一八六二）

化政期の宗匠格の俳人　若松城下、下二之町に生まれる。名は宗兵衛、已秋庵、梧屋と号した。家は代々塗師を職業としていたが、精器は鍔師《つばし》となる。天保三年（一八三二）の行脚では京の俳人、桜井梅室を訪ね、教えを受けたという。

文化文政時代の会津の俳壇では宗匠格であった。また妻も素琴《そきん》といって俳諧を嗜んでいた。芭蕉が会津迄来なかったのを惜しんで、仲間五人と共に滝沢峠に句碑を建てた。

「六雅園社」を結成し多くの門人を指導していた。この門人たちと一緒に、熱塩の示現寺の門の前に芭蕉句碑を建てている。安政三年（一八五六）遠藤香村撰の『会津俳諧六々仙』に、

里の名やかかる清水のあればこそ

の句を載せている。安政六年、江戸から『野かたま集』を出した。和紙五十七枚の会津で最大の句集であった。

文久三年（一八六三）十二月八日、鍔を売りに江戸に行っていた時に病死する。法名は已秋庵壽昌精器居士、菩提寺の東山正法寺に墓がある。その門前に、

静けさを人にもうつす若葉かな

の句碑が、死の翌年の元治元年（一八六四）に建立された。

伊藤《いとう》 衆年《だねん》 （一八〇〇～一八七九）

『会津俳諧百家集』を編纂　耶麻郡小荒井村（現喜多方市）に生まれる。通称、伝内、蛍光庵と号した。仙台の俳人、巣居の門弟となる。当時、小荒井を代表する宗匠となった。弘化四年（一八四七）九月に、素月たち地元の俳人たちの援助を得て、芭蕉の「草の葉を落つるより飛ぶ蛍かな」の句を刻んだ「蛍塚」を建立した。現在は喜多方駅近くの熊野神社境内に移されてある。

嘉永五年（一八五二）には『会津俳諧百家集』を編纂している。また、安政三年（一八五六）の遠藤香村撰の『会津俳諧六々仙』にも、

人音に起つも殊勝や稲すすめ

が選ばれている。

五十嵐《いがらし》　茶三《さぞう》（一八〇八〜一八六九）

俳諧集『会津盆』を著す　文化五年（一八〇八）、会津坂下新丁の油屋に生まれる。名は清兵衛、数行といい、石華斎、栗園と号した。俳諧を高田の田中月歩に学ぶ。同じ坂下の門人、秋田斗南と共に、師の危篤の枕元に侍《はべ》っていたという。のち、俳諧の道に精進し宗匠となる。交友関係も全国にわたっていた。俳諧集『会津盆』を著す。

明治二年三月朔日、六十三歳で没する。昭和五十三年の茶三の百十年忌に寄せて、会津坂下町文化財保存会によって光明寺の門内に辞世の句碑が建てられている。

地に下り遠き巣に行く雲雀かな

十、小説

柴《しば》四《し》朗《ろう》（一八五二〜一九二二）

『佳人之奇遇』の熱狂

会津生まれで、明治に華々しく活躍した作家は二人いる。一人は、『小公子』の若松賤子《しずこ》、もう一人は、この東海散士《とうかいさんし》こと、柴四朗である。

明治十八年十月に『佳人之奇遇』と題して博文館から出版するや、若者たちから熱狂的に迎えられた。次から次へと続編を出し、明治三十年の第八編まで続いた。特に編中の漢詩が、書生たちの間で盛んに持てはやされたという。

若くして海外への関心

柴四朗は、嘉永五年（一八五二）、会津藩士柴佐多蔵の四男として安房の富津の会津陣屋で生まれた。はじめ、茂四郎ともいっていた。幼年期に藩校日新館で学び、漢学の素養を学んだ。若くして四朗は、海外渡航の志を持ち、塾に通ってフランス語を学んでいた。その時、藩でも藩士を留学させる事になったが、彼もその人選に入った。ところが、病のため目的が達せられなかった。

十六歳の時、父に従い、鳥羽伏見の戦いにも参加している。戊辰の役では、病に臥せって参加できず、籠城戦に加わる。家族五人は自刃して亡くなっている。これが後々まで彼の生きざまに関係してくる。

城陥落後は猪苗代に謹慎の身となる。この時、滝沢の妙国寺に幽閉中の藩主容保、喜徳父子の助命嘆願書を提出するために、四朗たち五名の少年は西軍本部に行き、その責務を果たしている。その折、藩の処分に対する西軍の意向も探るようにともいわれていた。

谷干城《たにたてき》らの知遇を受ける

斗南藩では苦労の連続だったが、英語を学び、赦免後は上京して、沼田守一の塾に入り、イギリス人の書生も経験している。明治五年春には斗南に戻り、広沢安任の牧場で通訳をしたり、実家で開墾の手伝いなどもしている。この間、四朗は流浪苦学の時期だった。

明治八年、兄太一郎の世話で、横浜税関長の柳谷謙太郎の書生となって、三年間学問に専念できた時代となった。この時の英学の勉強が後年、役に立つのである。

明治十年二月に西南戦争が起こり、四朗も山川隊の臨時将校として従軍した。その傍ら東京毎日、東京曙新聞などに戦況報告を書いている。この戦いが縁となって、谷干城らと知り合いになる。中でも豊川良平は四朗の才能を認め、岩崎家に彼をアメリカ留学させるように働きかけてくれた。

その結果、明治十二年、二十八歳でアメリカ留学を果たす事ができた。四朗にとって、西南戦争は多くの知遇を得た貴重な戦争だった。その上、横浜税館長だった柳谷謙太郎がサンフランシスコの日本総領事となっていたため、いろいろ世話になる事ができた。

商法学校をはじめ、二年後にはマサチューセッツ州のケンブリッチに移り、ハーバード大学では政治、経済を、ペンシルバニア大学では理財学を学んだ。そして、アメリカ各地を旅行して、政治経済を実地に学ぶ事ができた。

欧化主義への危機感

明治十八年、三十三歳の時、帰国したが、日本は鹿鳴館時代で、欧化主義の真只中であった。四朗は、アメリカ滞在中、欧米の東方侵略が着々と進んでいるのを目の当たりにし、この日本の浮かれた欧化主義の騒ぎには悲憤慷慨であった。

そこで、彼は小説形式によって危機を訴えようと、小説『佳人之奇遇』を公にしたのであった。ところが、その趣向が時代にマッチして大受けするという皮肉な様相を呈してしまった。文名は大いに上がり、憂国の士が時代の寵児となってしまったのである。

さらに四朗は様々な時事問題に奔走する。明治十八年（一八八五）という年は、伊藤博文総理のもとに谷干城が農商務大臣となったので、請われて秘書官となり欧州視察随行を命ぜられる。二年後、帰国したが、伊藤の目論見では、この欧州視察で保守的な谷干城の思想を欧化しようとした。ところが、谷は西洋の侵略計画に驚き、逆にますます強いナショナリズムを強めて帰って来たのであった。

谷は、外国人に迎合する当時の風潮に我慢できず、意見書を天皇に差し上げて辞任してしまう。勿論四朗も辞職し、読書と著作に専念する。政治界にも新たな動きが出て、後藤象二郎を中心に谷、板垣退助と連携する計画を進めるが、なかなか思うようにはいかなかった。

六回の選挙で政界に進出　明治二十三年の総選挙には、若松市から打って出たが、先輩の山川浩将軍との同士討ちにあって落選する。明治二十五年の選挙では山川浩が貴族院に入ったので、当選し政界に進む。以後、明治二十七年、三十一年、三十五年、四十一年、大正四年と六回の連続当選を果たす。

柴四朗は、壇上で派手に吠えまくるタイプではなく、むしろ、議会外での駆け引きやまとめ役としての動きに特徴があった。進歩党に正式に加わり各地を遊説して歩き、明治二十九年には尾崎行雄や犬養健などと共に政務委員となり、進歩党の幹事も兼ねていた。これらを見ていると、柴四朗の人望は並大抵のものではなかった事がよくわかる。

彼は、表立って派手に動き廻る事よりも、意外に冷静なジャーナリストの目を持っていたと思われる。彼の『佳人之奇遇』の中の人物とは異なる知的な情を内に秘めていたように思われてしかたがない。

初めての政党内閣で農商務大臣の大石正巳のもとに次官に任じられたが、彼の人物、キャリアからすると当然大臣を要求できたのに、先輩に譲ったといわれているほどだった。

晩年は熱海の山中に住んで、晴耕雨読の日々を過ごしていた。人柄は温厚で風格のある態度を崩さなかったという。大正十一年九月二十五日亡くなる。享年七十歳。若松の恵倫寺に眠る。

会津亡国の悲憤描く『佳人之奇遇』

『佳人之奇遇』の冒頭は、

東海散士一日費府ノ独立閣ニ登リ、仰テ自由ノ破鐘ヲ観、俯テ独立ノ遺文ヲ読ミ、当時米人ノ義旗ヲ挙テ英王ノ虐政ヲ除キ、卒ニ能ク独立自主ノ民タルノ高風ヲ追懐シ、俯仰感慨ニ堪ヘズ。愾然トシテ窓ニ倚テ眺臨ス。

とある。アメリカのフィラデルフィアの独立閣に登り、自由の鐘を仰ぎ見て、独立の遺文を読んでいた作者が偶然、スペインのドン・カルロス党員の幽蘭と、アイルランドの独立を志す紅蓮とからそれぞれの祖国の悲境を聞くというのが発端である。その後にも明の遺臣泰瑾やアイルランドの独立党の波寧流女史などが登場してくる。

また、初編の「自叙」の最初に、

散士幼ニシテ戊辰ノ変乱ニ遭逢シ、全家陸沈迍邅流離、其後或ハ東西ニ飄流シ、或ハ筆ヲ投ジテ軍ニ従ヒ、遑々《こうこう》草々席暖ナルニ暇アラズ

とある。ここに述べてあるように、会津の亡国の悲憤が全巻を貫いているのである。そして、自由、独立、

民権を求める当時の知識青年たちは、この書から熱烈にほとばしるロマンを感じたのである。

評論家、中村光夫が「青年の憧れをこれほど純一な熱情で多彩に表現した小説は、その後も我国の近代文学に現れなかったのです」(『明治文学史』)と述べているように、紅毛碧眼の美女と日本青年との交歓という場面は、憧れを抱かせるものがあったのだろう。

また、徳富蘇峰は「其頃佳人之奇遇と云ふ小説が出て、文字を読む程の者は皆読んだ」といい、書中に出てくる漢詩は書生たちの間で盛んに吟誦されたという。

文体は全文漢文読み下し体をとり、所々に漢詩が挟んである。作者は漢文の素養があった事はわかるが、これを競って読んだ読者だというのだから、当時の読者層の質の高さがわかる。

政治嫌いの文壇人からは、文壇外の傑作といってもらいたいという声が大きかった。確かに、その後の『佳人之奇遇』の評価は消え失せた。その上、いまの一般人にとって、この漢文体はなかなか馴染みにくくなってしまっている。しかし、東海散士の会津の亡国の惨憺を語るところは特別実感がこもっており、当時の人たちの心を動かすものがあった事は確かであった。

弟の柴五郎は、陸軍士官学校を明治十二年に卒業し、暴動化した義和団の北京城の包囲攻撃の際、籠城の指揮官として、勇敢かつ巧妙な戦闘の指揮により守りきった。柴五郎中佐の活躍は世界中に知られ、日本軍に対する信頼を高めたのである。そして、大正八年には会津人で初めての陸軍大将に進む。

柴五郎は、情の厚い謙譲の武人として慕われた。戦場でも、会津人たちが味わった敗者の体験からその立場を決して忘れず、部下には特に現地の難民の立場を常に理解させるように心を砕いた。

そんな五郎は昭和二十年八月の敗戦を迎え、密かに身辺を整理し、十二月十三日静かに自決した。享年八十三歳。その墓の墓碑には「陸軍大将に任ぜられ従二位、勲一等功二級を与えられた」と記されている。

柴四朗を生んだ会津の地を訪ねる

会津若松市の花見ヶ丘にある「恵倫寺」を訪れる。恵倫寺は曹洞宗の寺である。新しい立派な山門が建てられてある。小田山の西斜面にある、寺の裏の墓地の中央には「柴氏家属之墓」がある。その墓碑銘には「明治紀元戊辰八月二十三日、敵城下に迫り、柴家の人々は皆自害しはててしまい、その死を悼んで、恵倫寺住職盛道がこの墓石を建てる」とある。背後の「小田山の中腹」から西軍は城に向けて砲弾を浴びせた所である。この付近は会津戊辰戦争の戦いの場となって、悲惨を極めた所でもある。

戊辰の役で、自害したのは、祖母つね、母ふじ、太一郎妻とし、姉そい、妹さつの五名であった。結局、柴家で戊辰以後まで生き残ったのは、父佐多蔵、長男太一郎、二女つま、三男五三郎、四男四朗、五男五郎だけだった。

さらに、その墓石群の一隅に「柴四朗夫妻の墓」がある。四朗は、明治四十二年五十五歳で、妻きくを迎えるが、ついに子を得なかった。

若松《わかまつ》　賤子《しずこ》（一八六四〜一八九六）

織物商の番頭の養女となる

元治元年（一八六四）三月一日、会津藩士松川勝次郎の長女として生まれる。明治三年、賤子七歳の時、二十八歳の若さで母が病没してしまう。孤児となった賤子（甲子《かし》）と妹のみやは親戚の家に引き取られる。その頃から「甲子は才長《さいた》けた子だ」というほど頭がよく評判の高い美少女だった。

明治三年、横浜の織物商山城屋の番頭、大川甚兵衛が商用で会津に来ていた。甚兵衛は遊女おろくを後添いにしていたが、子が授からなかった妻を慰めるため、利口で可愛い賤子を養子にして横浜に連れて来た。おろくはとても喜んだ。

西洋人の手による教育を受く　この時、横浜で育てられた事がその後の賤子の生涯に大きな影響を与える。この養母のおろくは無教養だったが、それをはっきり自覚していた事から賤子は最高の教育を受けさせてもらえるという幸運に恵まれる事になる。明治四年九月、賤子八歳の時、ミス・ギダーの学校に入り西洋人の手による教育を受ける事になる。

翌年、養父の勤務していた山城屋が、明治政府の疑獄第一号事件となって倒産する。養家は東京に移るが、寄宿制のフェリス・セミナーが開校され、彼女は残る事になる。

明治十年五月二十七日、十四歳になった賤子は横浜の海岸教会で、E・R・ミラーから洗礼を受ける。ミス・ギダーの学校はフェリス和英女学校となる。そこで西洋の書に親しむ事となる。

いつも袂の中に英文の書を忍ばせる　当時の人は賤子の事を「厳格に守られていた毎日の礼拝でも、長い袂の着物に白い帽子を被っていた彼女はその袂の中に英文の書を忍ばせて、祈りの時間さえ惜しくて目を離さなかった」といっている。

賤子十九歳の時、初めて高等科第一回の卒業生となった。その時の事を校長のブース博士は「ほっそりとして真っ直ぐに伸びた肢体、華奢な肩、少し大きすぎる頭、やや広すぎる額を快い洗髪で覆ったところなど心にくいほどだった。知的な顔、鋭い観察力には稀な天賦が窺われる」と感想を述べている。卒業後も母校に残り教壇に立っている。この頃、英文の朗読や演説など行っている。特に「月世界の会話」という演説では、あの世へ行った紫式部と清少納言とが話すという筋は素晴らしいアイディアだと評判になった。

成長をやめたらあなたを置き去りにする　信州上田の世良田亮《せらたたすく》と婚約するが解消する。その理由はよくわからない。明治十九年の『女学雑誌』二三号に初めて若松賤子のペンネームで「旧き都のつと」という擬古文の鎌倉紀行を発表する。明治二十二年に『女学雑誌』の主宰者で明治女学校の創始者の巖本善治と結婚する。

この時、新郎の善治に「花嫁のベール」という英文の詩を贈る。「あなたが成長する事をやめたら、私はあなたを置き去りにして飛んで行く。ベールの下にたたみ持つ我が翼を見よ……」という激烈なる詩を夫に贈っているのである。

結婚後賤子の文筆活動は活発になる。ところが、明治二十二年頃は翻訳小説が不振に陥った時でもあった。そこで、家庭的・宗教的な文学の翻訳に力を注いでいた。

反響の大きかった『小公子』　明治二十三年には「The Sailor Boy」という詩に感激し、散文体に書き換え『忘れ形見』と題して仕上げている。その反響は大きかった。さらに、バーネット女史の「Little Lord Fauntleroy」を読んで、その訳を『女学雑誌』二二七号から延べ四五回にわたって掲載した。『小公子』と名付け、前編は明治二十五年三月に出版された。彼女の死後、明治三十年に前後編を合わせて桜井鴎村《おうそん》の手によって完成された。

この『小公子』は、当時の翻訳王といわれた森田思軒《しけん》は「余が紛々たる世間の訳文において平生甚だ許すこと少なし。独り若松賤子の『小公子』に慶嘆する」と絶賛の言葉を送っている。

文体は当時としては、洗練された言文一致であった。読者の対象を児童に直接与えるよりも、まず最初に母親が読んで聞かせるのにふさわしい作品を心掛けたという。

執筆とお産は命がけの仕事　この頃、賤子は肺結核に罹っていた。明治二十四年にはまず長女清子、翌年長男正治、同二十七年には二女民子を産んでいる。四度目のお産の時は医師も心配して中絶を勧めるが、彼女は「先生！ナポレオンが生まれるかもしれないのに……」といって承知しなかったという。

このように、賤子にとって、文筆とお産とは命がけの仕事だった。明治二十九年（一八九六）二月十日、心臓麻痺を起こして神に召された。享年三十三歳の若さだった。染井墓地に葬られ、丸い自然石の正面に「賤子」とだけ刻まれている。

賤子の天性の明るさと洞察力と努力は、明治の女性の中でも抜きん出ていた。そして、生まれながらに沁みついていた会津の心を最後まで持ち続け、その上に強いキリスト信仰を貫いた女性でもあった。

遺児は長男の正治がアメリカ大使館勤務で、その妻マグリートは東京教育大学の講師となり、賤子の孫娘、真理は有名なバイオリニストである。長女清子は早稲田大学総長の中野美雄夫人、二女民子は東京大学教授松浦嘉一に嫁いでいる。

とにかく、この若松賤子の『小公子』と柴四朗（東海散士）の『佳人之奇遇』は明治の文壇に大きな影響を与えたのである。

〈番外編〉

大内宿の保存に賭けた二人の男

大内の魅力

江戸時代の宿場へタイムスリップ　ここ十年ほどの大内宿への訪れる人々の群れは物凄い。

大内の何が人々を惹き寄せるのか。それは、何といっても茅葺の家並みにある。四〇〇ｍに及ぶ宿場の景観に人々は目を見張る。まるでタイムスリップして江戸時代の街道の一場面に遭遇しているような錯覚を呼び起こすのである。

しかも、ここは幹線の主要な街道ではなかった。ほんの山越えの「道」にあるささやかな宿場の村に、いまなお江戸時代の宿場の姿を見せてくれる事に驚嘆の叫びを呼ぶのである。

集落の中に茅葺の家が群を成して点在している光景は見かけるが、ここは、街道筋の宿場として茅葺が列をなして歴然と残っている事に魅力がある。部分的な宿場の匂いを嗅ぐだけではない。大きな宿場の空気を胸一杯に吸い込む事のできる所だ。その空気を吸いに来る人々の群れが、毎日何百人何千人と訪れるのだ。

列をなす茅葺のある家並み　その旅人の中には二つのタイプが目に付く。一つは、こんな山奥の集落を見るだけでは遊び心も満たされず、面白くないという一過性の旅人である。もう一つは、村の人々と触れ合って、もっとゆっくりと宿場の昔の空気を吸いに来たというリピーターの群れなのである。この人達は、大内とその宿場に関する知識と村人の生活を理解する事によって、さらに大内宿への憧れを増幅していくのである。そして、大内の人々との素朴な交流が始まるのである。

大内宿の魅力は、何といっても茅葺にある。そのための保存の努力はいまもなお絶えず行われている。茅の育成から屋根葺きの講習などによる技術向上に精を出している。ここ二十年余りの「大内宿保存」の努力がようやく実を結んで近来の大盛況を巻き起こしてきたのである。

大内宿保存への道

保存活動家の二人の軌跡　大内宿は、二人の男の大きな力によって保存されたのである。それは、武蔵野美術大学で建築学科を学んだ、相沢韶男《つぐお》と、下郷町の町長をしていた故大塚實の二人であった。

相沢は、昭和四十三年、大学卒業後、各地の街道を歩いて多くの宿場や本陣を見て歩いた。その時、二百あまりの宿場を自分の足と目で確かめていた。ところが、この大内で受けた最初の衝撃は、どこの宿場でも得る事のできない強烈なショックであった。

消え去った幾つかの宿場の現況の中で、最も昔の面影を残している宿場が現存しているのに感動したのである。数多くの宿場風景を撮った写真や報告は宮本常一著『大名の旅（本陣を訪ねて）』（社会思想社・昭和四十三年十二月発行）に載せた。

その本を購入して、相沢の師、宮本常一先生の付け加えた箇所だけに赤鉛筆で線を引いていた人物がいたのである。それは、後に下郷町の町長となった、郷土史家の大塚實だったのである。相沢は大塚が教員だった頃に自宅を訪ね、この地方の歴史を学んだという。相沢も大塚實を「この宿場保存では欠く事のできない人物。保存に大きな力を発揮した」という。

大塚は、町の広報誌に大内について、昭和三十九年から二十回もの文を掲載していた。その頃は宿場大内は未だ知られざる村であった。特に昭和四十六年から県会議員になり、五十三年からは下郷町長になって、しつこいほど大内宿場の保存に取り組んだのである。

狂信的ともいえる、この大内宿場の保存活動を行った二人の男の名前はいつ迄も、後の世の人たちに伝える必要があろう。

相沢韶男の熱い想い

昭和四十四年六月二十五日付、朝日新聞に「この宿場ぜひ残して！　若き建築家が訴え　いまでも完全な姿、文化保存に乗出す」という見出しで掲載された。これは、当時二十六歳の相沢韶男の情熱溢れる訴えであった。彼が大内を初めて訪ねたのは、昭和四十二年（一九六七）九月二十七日であった。その時の心境を次のように述べている。

当時の日本の建築家の仕事は、近代化の名のもとに地方文化の香り高い建物を壊して、新しい建物を造ることにあった。これが時代の現実と受け止めたものの、目指した職業が文化の創造者なのか、破壊者なのか、わからなくなった。何かが狂っていると感じ、いたたまれない気持ちになった。そうした時期に今では世にも稀な大内という村に出会った。

（相沢韶男『この宿場、残して！』）

相沢は、「大内の草屋根の家並は衝撃的な美しさだったが、それ以上に草屋根を作り維持してきた村人の相互扶助の力に強く心を打たれた」（前書）という。昭和四十四年五月に、元茅手《かやて》職人の山形屋の浅沼一の所を再訪した。その時「出稼ぎしなくてすむ仕事を見付けてくれ」という浅沼の言葉が心に強く残った。その後、浅沼の家に宿泊して野良仕事を手伝っていたが、村人は「本ばかり読んで頭がおかしくなった気違いの学生がいる」と噂されていた。

貴重な歴史遺産の中の暮らしを　そのうち、一ケ月以内に村の道路の完全舗装工事が始まり、従来の石組の用水路がコンクリートの側溝に変わるという事がわかった。それは、村の長年の陳情の末に福島県が一ケ月後に工事を始めるという話であった。

道路が舗装されると宿場の面影がほぼなくなる事を各地の宿場で見てきた相沢は、いまさら中止する事はすぐにはできないが、せめて延期だけはさせたいと活動を開始した。最初に、村人たちにこの問題を、村の問題として考えてもらわねばならないと思った。つまり、相沢は、貴重な歴史遺産の中に暮らしているという自覚を村人に促す事が必要と思ったのである。

しかし、一ケ月後に迫った工事を何とか延期させねばならないとあせった。それには、村の人の身になって考えようとした。「大内には農村としての人間の生活がある」事を強く意識し始めていた。また、南会津では「自然を保護する考えはない。自然は利用するもの」という意識が強いという事もわかった。

そこで、大内の存在を最初に教えてくれた、旧田島町の郷土史家の故室井康弘の教えを乞うた。保存運動には、まず、専門家の意見を出す事、さもなくば、お上から上意下達の方法しかないといわれた。相沢は、新設されたばかりの国の機関、文化庁に直接訴える事にした。

ちょうどその時、宮本常一先生の知り合いの、木下忠（当時、文化庁の記念物課）に連絡をとってもらい、大内の写真や経緯を話したところ、関心を持っていただき、県のほうに働きかけてもらって、漸く十一月まで、延期となって、ホッとした。工事は石組の用水を残して簡易舗装とするなどの変更になった。また、会津出身で、亜細亜大学の山口弥一郎教授にもその旨を理解してもらって側面から応援をしてもらったのである。

新聞報道で大騒動に　その時に、前述した朝日新聞社から取材を受けて、全国版に三段抜きの大きさで報道されたのである。さらに六月三十日には、ほぼ一面に写真で、大内の様子が「カメラ追跡」として掲載されたのである。村はこの報道でひどく動揺した。

これ以後、村を多くの人たちが訪れ始めたのである。さらにマスコミの取材が続々と行われ、新聞・テレビ・週刊誌などが押寄せて来た。最初は、《保存するという配慮》をする心ある見学者が多かった。ところが、日が経つにつれて、受け入れ準備のない大内の村へ全国から見学者が日を追って多くなってきた。夏の三ケ月間には約八千人の見学者がやって来たという。急激な変化に村は大混乱に陥った。

村人は、昼間は野良仕事で留守になるが、鍵などかけていないその家を覗き込んだり、無断で家の中に入る者もあらわれた。そして、村人を曝し者にするという事が出てきた。それは「電気はあるのか、テレビを見たことはあるのか」という馬鹿げた問いかけをして、村人たちの心を傷付けたのである。

「**文化財が来た！**」　そのうち、村の若者との話の中に、「自分たちの家が都会風に新しく改造できなくなる」という事がよく出ていた。それに対して相沢は「草屋根の生活の方が都市の生活よりもはるかに文化的水準が高い」といつも口にしていた。そして、村人全体が、自分たちの継承してきた生活に自信を失っている事がより深刻な問題なのだった。さらに「未来の村の生活全体を考えた上での保存なのか」と問われると、相沢には自信ある答えは用意できなかったという。これは難問でもあるが、必要な事でもあった。

このような大内の生活は、朝日新聞の記事から村の大騒動になってしまったが、それでも何とか舗装工事に待ったをかける事ができた。昭和四十四年の年は大内村にとって、相沢韶男にとって、右往左往した恐ろしく長い一年であった。

この頃、相沢は「文化財が来た！」と村人にいわれていたという。彼はいつも「文化財、文化財」といっていたので、村人は冗談にそういっていたのだろう。村人にとって、自分たちの家は風雨から守るものであって、日常の暮らしを送っている場所が文化的価値あるなどとは、到底考える事ができなかったのである。

大塚實の執念

大塚實は、下郷町の林中の生まれで、中学校教員から、県議会議員を経て、下郷町の町長となった人である。その後は会津史学会の会長として、会津の郷土史のリーダーとして活躍したが、残念ながら平成十六年七月十二日に亡くなった。

大塚と大内とのかかわりは、早くから亡くなる前まで長く続いていたのである。特にその保存に関しては、行政とのかかわりに大いに骨を折った人だった。保存については、文化財保護法の裏付けがないと行政は動かない。そこで、文化庁による国の「伝統的建造物群の指定」を受ける事を検討するようになった。

福島県教育委員会でも遅ればせながら調査を開始し、民俗班・交通史班・建築班の三部門に分けて行ったが、当時、下郷町立旭田中学校に勤務していた大塚は前々からの大内の調査員としては絶対に欠かせない人だったので、山口弥一郎教授の推薦で交通史班に入った。その報告書が昭和四十六年三月に『大内宿―福島県文化財調査報告書第28集―』（写真とも198頁）となって発刊された。これは、貴重な報告書で、ここでも大塚實の裏方としての仕事は貴重な存在であった。

昭和四十六年四月に県議に当選し、昭和四十八年二月の県議会で「文化財指定以前に災害によって失われないように、県に対策」を要望している。これは大内で子供の火遊びによって小屋がボヤになった事があったので、火災などから守るための対策を質問したのである。

保存指定の活動とダム工事　村の方では、昭和五十三年までは保存指定の活動から遠のいてしまう。それは、直接生活の改善につながる問題は住民たちの利益に結び付くので、意見の一致は早い。ところが、大内が単なる文化財としての保存だけを論ずる国や県や町には地域の誰もが関心をなかなか示さなかったからである。

その間、昭和四十六年から大川ダムの建設が具体的な日程にのぼった。翌年からは、補償問題に村は揺れた。このダムは下郷町と会津若松市の境界に計画が立てられたが、多目的ダムとして揚水発電もその一つに加えられた。この揚水の上の池は大内の追分沼にするという調査が行われた。この時から、大内の人々にとって宿場保存の問題は、頭の片隅に追いやられてしまったのである。
つまり「文化財としての宿場保存の問題」と、「数千億円の巨額の金を投じるダム建設の問題」とが、まったく時を同じくして行われていたのである。ダム補償の金が入ると共に、村の人たちは競って屋根をカラートタンに替えたり、雨戸はアルミサッシにと、ドンドン改装が始まってしまったのである。

町長としての献身的な活動　昭和五十四年には、国の文化庁と県の文化課から何とか保存に関する村の意向をまとめて欲しいとの要望が出されたが、町長として大塚は「復元するには地元の人には一銭も出させなくともよい条件を作らなければまとまらない」といった。それは「大内のような伝統的な屋並みの保存はそこに住む人の心に接し、その人たちの心を理解して初めて保存対策が立てられる」という事を絶えず主張していた。また、大塚は「文化財の価値云々をいくら説明しても駄目、最も単純な損か得かの一点」だという持論を持っていた。つまり「観光地として生きるか、もとの山村に化するか、損か得か」で押し通そうとしたのである。

昭和五十五年五月十日の集落の会議で、屋根の葺き替え、修繕、道路側から見える家の周囲の復元については全額、国、県、町が出す事を提案した。自分たちのふところを痛めないでできるのか、と疑問に思っている人もいた。しかし、大塚は議会対策の事もあったが、独断で決めて、会議では賛成を取り付けた。そこで、集落全員の同意書を付け、町に陳情書を出す事を条件にした。

学者たちの中には「大内保存を観光開発の一環として取り組むのは邪道だ」という声も聞こえてきたが、大塚は地元民として、行政者としての立場から非現実的な論には耳を貸さず、「まず保存に踏み切る事しか、頭の中にはなかった」のである。

次にこの時の「陳情書」と「趣意書」を資料としてあげておく。

陳情書

旧宿場町としての形態を残す当大内部落の復元につき、町のご指導、ご助成を仰ぎながら部落一同、一致協力して元の姿にすべく努力いたしますので、下郷町伝統的建造物群保存地区として決定下さるよう、同意書を添えて陳情いたします。

昭和五十五年五月二十六日

大内区長　佐藤久衛㊞

下郷町長　大塚實殿

町伝統的建造物群保存地区同意書

趣意書

去る五月十日大内宿保存の協議会で電源開発工事が終わった後の大内の招来を考えるとき、部落ぐるみ「文化財」として観光客の誘致を図ることが、部落の生きる道につながるとの結論に達し、満場一致で保存に踏み切ることになりました。

つきましては、区民のこの総意を反映させるため、本同意書に署名押印の上、町当局に対し、下郷町伝統的建造物群保存地区指定の申請をいたしたいので、本趣旨ご理解の上同意方よろしくお願い申し上げます。

昭和五十五年五月十二日

大内区長　佐藤久衛㊞

この同意書には最終的には四名の未同意者がいるまま、条例制定、保存対策を強行せざるを得なかった。しかし、この盛り上がった時に、この条例を通すべきだとの思いから、この年の七月十二日に、「下郷町伝統的建造物群保存地区保存条例」は下郷町議会で可決されたのである。ここに、福島県内では初めての保存条例が制定されたのである。

大塚實は、この事について、次のようにまとめている。

1大内部落の将来を考える時、全国にも珍しいこの宿場家並を保存する事によって、大きな観光資源となる。これに反しこのまま推移するならば、ダム完成後は過疎化が進み、何等取り得のない山峡の集落に逆戻りすることを推察し大内地区民としては、生活をかけた選択ということになる。

2国、県の関係者を始め新聞、テレビ等報道機関も大きな関心を寄せ、全国的な注目の的になっている。この機会を逃せば二度と取り戻すことはできないだろう。

3一年遅らせることによって、また家並は変ってくる。年々新築、改築する家が増えてくる。当然に町が持ち出す経費が増えてくることになる。おくれたと言っても今のうちなら町の持ち出しも軽くてすむのではないか。

4既に承諾した九〇％以上の住民が、生活をかけて選択している事実を無視することはできない。条例とすべきだ。

（大塚實著『大内宿』歴史春秋社より）

国の伝統的建造物群に指定　このような考えを主張して町の議会を乗り切っていったのである。さらに県との交渉で、県費補助事業を次の六つにしぼった。

①電柱等の移設　②道路の取付け　③付属屋根（車庫、物置等）の移設

④茅保存倉庫建設　⑤本陣の復元　⑥表通りの復元

町単独事業として、①駐車場の設置　②茅保存庫建築　の二つの事業を行う事にした。

その結果、昭和五十六年四月十八日、文部省告示第六十六号で、大内宿重要伝統的建造物群保存地区に「国の指定」が決定されたのである。思えば、昭和四十四年に脚光を浴びてから十二年間の長い歳月であった。

今年も亦、多くの人々の訪れで、村の広い駐車場は一杯の状況である。（文中敬称略）

※なお、この事については、相沢韶男著『この宿場、残して！』のシリーズ（ゆいでく有限会社）、大塚實著『大内宿』（歴史春秋社）、歴史春秋社編『大内宿』などに詳しく書かれている。

—あとがきにかえて—
「伝記」に惹かれて

「伝記」に惹かれたのは「文化は人が創る」「歴史とはその時代に生きた人々との語り合い」にある事を意識したからだ。それを基にして人間の生き様に思いを持つようになって早や四十年ほどになった。人間、特に「文人」を対象に選んできた。

会津は昔から尚武の強い所で「武人」を尊ぶ気風があった。ところが、江戸期になると武断政治から文治政治へと変わった事により、各種の百花の文化が開化してきた。様々な文化・学問の隆盛は激しく人々の活発な知識欲を刺激した。学問の世界では儒学から蘭学へと目まぐるしく移行し、江戸後期の人々を賑やかにさせた。

そこで、会津文人たちの動向を探ろうとした。そのためには、まず文人たちの足跡を見ようとした。文人を追いかけようとしたが、なかなか難しかった。特に新しい資料に乏しくその効果は惨めなものであった。

拙者に伝記研究に関する示唆を与えてくれたのが森銑三だった。『森銑三著作集第十二巻・人物研究雑感』によると、伝記資料としてはまず本人の自筆の「日記」「記録」「随筆」類や「書簡」などの身辺雑記の重要性をあげている。しかし古い人ほどそれが残されていない場合が多い。そこで、他人の書いた既成のものに頼る事になる。手始めは「墓碑銘」だという。

それでも自筆のものがない場合には、既にまとめてある伝記の類書を頼る事になる。それでもその資料がない場合はさらに、本人はもとより、その周囲の者たちからの伝聞に頼る事になる。これほど危ない事はないが、つい信用して取り上げてしまう。時間があれば真否を整合できるが、今回の拙者のこの書はそこまで綿密に行う事ができなかった。したがって一つ一つ誤謬を正すには、ほど遠かった。さらに森銑三の言に留意すべき事があった。それは「著書を通してその著者の人物に触れる事」だった。つまり「先人の言説には左右されずにわが目わが心に感ずる」という言葉であった。

　さらに痛い事に「資料の羅列がすなわち伝記ではない」「他人の褌で相撲をとるような真似はしたくない」という言葉が心に沁みた。拙者の場合は、類書を読んで、つい面白い逸話にのめり込む傾向がある。つまり、その中にこそ、その人間の特性が感じられて、ついサービス精神が旺盛になってしまう。困ったものだ。また、森銑三は伝記研究に関して、

研究家の書いたものと、文筆家が書いたものとに二大別せられ、文筆家の書いたものは読物になっても内容的には取るべきものがなく、時には信用の置きかねる事が平気で書いてあったりする。研究家の書いたものは信頼して手にせされるけれども、一般の読物になりかねる。（『近世人物夜話』―「人物研究に就いての私見」講談社文庫）

という。彼の豊富な体験から、このような指摘が出てくるのである。資料と読物とのバランスをどうとるか、極めて難しい。どちらかの立場に立って書いた方がすっきりするだろう。肝に銘ずべき事である。

　さらに、森銑三の考えから啓蒙された事をもう一つ。それは、「既成の伝記を《種本》として既成の研究を《丸取り》して書いたといふに過ぎぬものも伝記の名で行はれてゐる」という厳しい指摘である。今迄それに近い仕事をしてきた我が身には、ぐさりと突き刺さる言葉であった。

＊　＊　＊　＊　＊

書簡について感じた事を述べてみる。最近は文学全集が売れないというが、作者の身辺雑記の中には人物像が見え隠れして面白い。『夏目漱石全集』(岩波書店)の中で最も興味深かったのは、第十四巻の「書簡集編」であった。特に二十二歳という若い時のものが五十三通ある。主に漱石が正岡子規に宛てた手紙である。

書簡の中に、彼の人間像があらわれて面白い。若い時の漱石の茶目っ気ぶりが生きいきと描かれて興味が惹かれた。中でも、相手の子規には名前が百種もあったという。その幾つかはその時の気分や内容で宛名を異なって用いているのである。御本人の漱石も、その時々に名前を変えて署名している。その一つに「平凸凹」とあるが、これは幼い頃に疱瘡にかかり痘痕《あばた》となっているところから付けられたのだ。また、井上眼科医院で可愛い娘に見とれた話を子規に知らせている。このように親しくしていた子規に、その時の気分や内容で、揺れ動く漱石の青春時代が彷彿と出ているのに気を惹かれてしまった事が思い出される。余談ではあるが、これが拙者の人間への興味の始まりであった。書簡から滲み出る一端から、その人物像を描く一例として出してみた。

＊　＊　＊　＊

この書では、会津の文人たちを紹介し、その人間像を知っていただくようにと思って、書いたつもりである。だから、伝記研究の一人者である森銑三にひとまず目を瞑って頂いて、会津の文人たちを取り上げてみた。

七十人に達するほどの文人を取り上げる事になってしまい、できるだけ一般的にわかり易く書いたつもりだったが、時々襤褸《ぼろ》を出しているところもあると思う。ただ辞書的、事典的や経歴だけにならないようにと心掛けたつもりだが、若干だが、資料不足から思うようにならなかった。

ただ、繰り返しいうが、この書はあくまで啓蒙書である。文筆家が書いた読物である。狙いは会津の文人の紹介にある。したがって、ここに取り上げた文人は、拙者好みの会津の文人を選んだのである。また各文人の文量の差が激しい事を感じると思う。

しかし、敢えて文量をきちんと揃えなかった。それは、筆者の評価によってわざと較差を付けたと見てもらってもよい。もう一つは資料不足によって残念ながら差が生じたものでもある。どうしてこの較差が出たのか、そこにこそ、この書の生命線があると思ってもらってもいい。

文人の範囲だが、まずは文人が多く活躍した江戸時代を中心に取り上げた。ただし、戊辰の役以前に生まれた文人で、明治時代に活躍した者も多く取り上げた。明治以後の現代については、未だ評価が定まらないので選択が難しい。不可能なのは、筆者の力だとも思ってもらっていい。

ただ、例外的に、最現代の人物として相沢韶男と大塚實の二人を特別に取り上げた。最も強烈に印象に残ったこの二人をどうしても紹介したくて、「番外編」として書き留めておきたいが故に、収める事にした。

配列についてはいろいろ意見があろう。一応、分類別に整理してみたが、便利よくするために最後に索引を付けた。そして、どこからでも読んでもらえるように配慮した。ただ残念な事に、もっと会津の文人で価値ある人物を発掘する事がしたかったが、総花的になってしまい、不満が残るものとなってしまった事である。

歴史春秋社の佐藤萌香さんには、何かと面倒をかけた。感謝々々！

平成三十年一月

笹川壽夫

参考文献一覧

『国史大辞典』（吉川弘文館）／『国書総目録』『国書人名辞典』（岩波書店）／竹林貫一編『漢学者伝記集成』（名著刊行会）／『国学者伝記集成』（名著刊行会）／『新編会津風土記』（歴史春秋社）／『会津大事典』（会津大事典編集会）／『家世實紀』（歴史春秋社）／『会津鑑』（歴史春秋社）／『会津資料叢書上・下』『続会津資料叢書上・下』（歴史図書社）／『明治維新人名辞典』（吉川弘文館）／小川渉『会津藩教育考』『志ぐれ草紙』／小島一男『会津人物事典・文人編』『会津葦名人物事典』『会津女性人物事典』（歴史春秋社）／坂井正喜『会津人物事典・画人編』（歴史春秋社）／会津史学会編『新訂会津歴史年表』（歴史春秋社）／平石辨蔵『会津戊辰戦争』

＊　＊　＊

『慈眼大師全集上・下』（国書刊行会）／須藤光暉『大僧正天海』／圭室文雄編『天海・崇伝』／田村晃祐編『波一論叢』／磐梯町『徳一菩薩と慧日寺』／生江芳徳『徳一とその周辺』／高橋富雄『徳一と最澄』／『日本農書全集19・20』（農文協）／『佐瀬与次右衛門と会津農書』（佐瀬与次右衛門顕彰会）／青山霞村『山本覚馬』（大空社）／吉村康『心眼の人　山本覚馬』／上野白浜子『猪苗代兼載伝』／金子金治郎『連歌師兼載伝考』／島津忠夫『連歌史の研究』／伊地知鉄男『連歌の世界』／大槻眠童・上野白浜子『会津俳諧史』／田中重好『櫻農栞・村中之巻』『田中氏相伝雑記』／『男爵山川先生遺稿』『男爵山川先生傳』（岩波書店）／尚友倶楽部編『山川健次郎日記』（芙蓉書房）／渡邉松淵『會津墨客録』／坂井正喜『遠藤香村』／井関敬嗣『会津坂下町の伝説と史話』／『明治文学全集5―明治政治小説集一―』／中村光夫『明治文学史』／『近代文学研究叢書2』／宮崎十三八編『会津戊辰戦争資料集』（新人物往来社）／徳田武『朝彦親王伝』『秋月韋軒伝』（勉誠出版）／秋月一江編著『秋月悌次郎伝』／松本健一『秋月悌次郎』作品社）

／松野良寅『会津の英学』／白井哲哉『日本近世地誌編纂史研究』（思文閣出版）／『会津本郷焼の歩み』／『会津松平家譜』（国書刊行会）／福島県女子師範学校編『福島縣碑文集―徳川時代篇』

＊　＊　＊

池内儀八『会津史』『若松市史』『会津若松史』『会津若松市史』『喜多方市史』／『会津高田町誌』『会津高田町史』『会津坂下町史』／田村重雄編『会津坂下町史』『猪苗代町史』『金山町史』『河東町史』『塩川町史』『下郷町史』『田島町史』『只見町史』『西会津町』『西会津町史』『磐梯町史』『本郷町史』『三島町史』『柳津町誌』『山都町史』／『会津高郷村史』『熱塩加納村史』『奥州会津新鶴村誌』『北会津村誌』『北会津村史』『昭和村の歴史』『舘岩村史』『南郷村史』『桧枝岐村史』『湯川村史』

既出一覧

「澤田名垂の人と作品」―『歴史春秋』第81号
「会津高田組郷頭　田中重好」―『歴史春秋』第82号
「大内宿の保存に賭けた二人の男」―『会津人群像』第28号

会津の文人列伝　人物索引

著者略歴

笹川壽夫（ささがわ・としお）

昭和８年（1933）会津美里町生まれ。

会津高校卒業、國學院大学文学部卒業。

会津川口高等学校、坂下高等学校、大沼高等学校、会津高等学校、白河女子高等学校、会津女子高校教頭を最後に退職。

現在会津史学会理事、会津美里町文化財保護審議会会長、会津高田郷土史研究会会長。

主な著書『会津の文化』『ふくしまの地名を拾う』『会津のお寺さん』『会津の神社』『あいづやきもの紀行』『わたしの会津古寺巡礼』など。

他に編者として『会津の寺』『新編会津の峠　上下』『ふくしまの文化財（会津編）』などがある。（全て歴史春秋社）

会津の文人たち

2018年１月28日　初版第１刷発行

著　　者　笹　川　壽　夫
発 行 者　阿　部　隆　一
発 行 所　歴史春秋出版株式会社
〒965-0842　福島県会津若松市門田町中野
電　話（0242）26-6567
ＦＡＸ（0242）27-8110
http://www.knpgateway.co.jp/knp/rekishun/
e-mail　rekishun@knpgateway.co.jp
印　　刷　北日本印刷株式会社

笹川壽夫の本

会津の寺
会津若松市・北会津村の寺々

笹川壽夫・滝沢洋之・間島勲・野口信一共著

信仰の里〝会津〟に存在する寺々を、歴史や伝説を織り交ぜながら、写真をふんだんに盛り込み分かりやすく紹介。歴史の研究に、ぶらりと散策に最適！

在庫なし

2,381円+税

会津の寺
耶麻・河沼・大沼・南会津の寺々

会津地区の郡部の寺を廃寺を含め約二〇〇寺を取り上げ、写真と各寺の縁起・寺伝などを纏めた一冊。第2弾。

3,333円+税

【改訂新版】会津のお寺さん

寺には会津の歴史がある。心静かな一時を求め散策すると、そこに新しい発見がある。そんなガイドに最適な一冊。

952円+税

歴春ブックレット14 会津の神社

会津近辺にある神社24社を来歴、名物行事、建築、お土産、写真などから紹介する。困った時の神頼み。勝手な人間の様々な願い事。神様はどこまで……。

在庫なし

486円+税

会津やきもの紀行

会津を代表する33の窯元巡り。それぞれの器には個性があります。自分のセンスに合う器を求めて歩いてみては……。

1,553円+税

ふくしまの文化財【会津編】

会津にある文化財全８３７点を紹介！国宝から市町村指定文化財まで完全網羅する。市町村ごとに、国・県・市町村の指定別に分類し、種別件数一覧など一目で分かる情報満載の一冊。

3,000円+税

会津の峠 上・下〈新版〉

生活や文化の交流に欠かせなかった会津の峠。かつて数多くの峠を調べあげた『会津の峠』が、今、再び調査を行い、新たによみがえった！【上巻】白河街道・二本松街道・米沢街道・下野街道とそれに附随する峠。【下巻】越後街道・沼田街道とそれに附随する峠。峠マップ付

各 1,500円+税

会津の文化 会津の文人を追い求めて

会津の仏教文化・文学・教育・芸術など様々な事件・事柄に関わった人間の行動や思想に焦点を当てる。会津の文化人にスポットを当てた、文化の諸相。

在庫なし

2,800円+税

わかりやすい 会津の歴史 幕末・現代編

鈴木荘一・笹川壽夫共著

激動の幕末から戊辰戦争、迫りくる近代化の波、高まる軍国化、そして現代へ。知りたかった会津の歴史や文化を写真を交え、わかりやすくまとめた。

在庫なし

1,500円+税

【改訂新版】幕末から明治に生きた 会津女性の物語

大石邦子・小桧山六郎・笹川壽夫・鶴賀イチ・間島勲・三角美冬共著

幕末から明治を駆け抜けた、井深八重、おけい、中野竹子、瓜生岩子、大山捨松、メリーロレッタ（ダージス・ノグチ）、海老名リン、山川二葉、新島八重に加え、照姫、沼澤道子、西郷千重子ら、十二人の女性の生涯を描く。

1,500円+税

会津人の誇り

前田新・笹川壽夫・庄司裕・三角美冬共著

会津の歴史を紐解くと見えてくる「会津人の誇り」。歴史に生きた先人たちの生き様から、現代に通じる精神を再発見！会津人の原点がここにある！

1,400円+税

わたしの 会津古寺巡礼

会津寺々の魅力に引き込まれ「会津の歴史や文化を理解するには、会津の寺社をまず訪ねることから始めるべきだ、という持論から、私の会津古寺巡礼が始まった」会津独自の寺々の魅力を、著者の目線で描いた寺社訪問記。

1,300円+税